新文科建设新媒体与传播系列教材

智能媒体时代下的公共传播学导论

庞　华　编著

天津大学出版社
TIANJIN UNIVERSITY PRESS

图书在版编目（CIP）数据

智能媒体时代下的公共传播学导论 / 庞华编著. --
天津：天津大学出版社，2024.4
新文科建设新媒体与传播系列教材
ISBN 978-7-5618-7700-5

Ⅰ. ①智… Ⅱ. ①庞… Ⅲ. ①公共关系学－传播学－高等学校－教材 Ⅳ. ①C912.3②G206

中国国家版本馆CIP数据核字(2024)第068341号

出版发行	天津大学出版社
地　　址	天津市卫津路92号天津大学内（邮编:300072）
电　　话	发行部:022-27403647
网　　址	www.tjupress.com.cn
印　　刷	北京虎彩文化传播有限公司
经　　销	全国各地新华书店
开　　本	787mm×1092mm　1/16
印　　张	11.25
字　　数	281千
版　　次	2024年4月第1版
印　　次	2024年4月第1次
定　　价	58.00元

前　言

公共传播学,作为传播学中的一个新兴分支,是对人际传播学、组织传播学、大众传播学以及社会传播学的深化和完善。该理论对传播学的理论研究和实践应用作了进一步的补充和扩展,在国家与社会管理、人民福祉与国民素质提升以及全人类的生活改善方面,为政党、政府机构及其领导人提供了一类崭新的理论支撑与途径方法。互联网的跃迁将人类带入了信息化时代,随之而来的信息激增不仅深刻地影响与重塑了人们的日常生活和社会活动,同时也让人类自身发生了变化。坚持战略思维、创新思维、辩证思维、法治思维、底线思维,对于如何面对新媒体环境的挑战和机遇有着重要的指导意义。随着人工智能技术的突飞猛进,智能媒介呈现出新的传播态势,进而打破了大众媒体时代的传播实践和组织形式,深入人类社会的各个层面。随着智能媒体时代的浪潮席卷而来,公共传播学领域迎来了前所未有的挑战与机遇交织的新局面。这个时代信息数字化、个性化、智能化的特点,让传播变得空前复杂和快速,勾勒出了一幅万物泛在互联的图景。智能媒体不断进步与发展,逐渐实现了人与人、人与物、物与物之间的紧密联结,任何一类智能终端都有潜力成为用户获取和分享信息的重要工具,以及进行平台投放和内容推广的有效渠道。此外,相对其他媒体而言,它的推送能力更为强大,分发的场景亦更加广泛。在这种情况下,传播平台的角色已经不再局限于单纯的信息输入和输出,它在塑造传播内容、影响人们的行为方式和思维模式甚至建立各类社会关系等方面的能力也将越来越突出。

在技术变革跃进的今天,随着万物互联模式的持续深化,媒介特征使得各种物体都有潜在可能成为媒介进行信息传递与分发的工具和载体。信息不再受到任何维域的限制,认知对抗的主体遍布各处;公共传播范式发生转变,如大数据时代信息的海量化;传播中心的离散与话语权的结构性颠覆;媒介活动日常生活化、社交化;媒介成为身体的延伸;人与机器互为尺度等。现在,智能媒体可以深度介入并促成人际交往、数据交互和信息交换。在信息战与国家安全的视野中,它还在扩展认知域的作战空间和力量种类方面发挥了间接作用。此外,它还具备对社会生产活动、公众思维认知与人际交往进行全面控制的潜在力量。信息作为国家的一种基础性、全局性资源的重要价值与作用愈发凸显。而媒介作为负载和传播信息的渠道,成为当下社会用来探究自身演变过程和发展模式的有效手段与工具。总之,公共传播学在信息泛滥的现代社会背景下,具有独特的地位和深远的意义。它的发展程度与现实状况也与国家的进步水平紧密相关。

在一个以传统媒体为主导的时代背景下,公共传播更多作为大众传播的一个抽象概念而存在,它是对大众传播公共属性的一种提炼和强化。尽管学界对于公共传播的认识与理解存在一定的分歧和争论,但其本质上仍然与大众传播紧密相连。随着新媒体时代的兴起,公共传播的领域范畴和样态已经悄然发生转变。其中最明显的变化是从一个相对可以控制的传播行为模式转向了一个更为开放多元的传播场域。在这一趋势下,媒介即讯息,每一类新型媒介的诞生和发展，台前幕后所操演的不仅包含信息传播的规模与其速度的变化，更深层次的影响还在于，它将催生新的传播理念，并且赋予这些理念变革性的力量。当下，印刷媒体和电子媒体相继推动了“新闻传播”与“大众传播”观念的形成与确立。而作为继报纸、广播和电视后的“第四媒体”，互联网已经塑造且正在激活“公共传播”的理念，并将为其在智能时代背景下注入新的内涵。现今，公共传播的角色与作用已经超越了单纯的价值层面的抽象概念和倡导，它正在逐渐成为一项富有深刻变革意义的实践行动。

新媒介的赋权创造和释放了新的表达空间，并重塑了传播生态，这使得正处于社会转型关键时期的当代中国成为公共传播实践的重要场域。在这样一个近乎开放的媒介环境里，所有的机构、组织和个体都有潜力成为公共传播的主体与参与者。这既有可能带来积极的发展前景，又存在滋生干扰性因素的风险。由此可见，公共传播将会成为一个日益重要的社会话题。因此，迫切需要对其进行基础性与前瞻性的研究和探索。在新媒体的背景下，公共传播可以被定义为个体、组织等多类主体在一个由不同特性的媒介组成的开放式传播网络中，围绕公共话题和利益而进行的沟通交流与互动对话，在不断的冲突和妥协中逐渐形成的知识、符号、图像与信息流等。严格来说，公共传播不是一种特定、明确的传播方式。相较于大众传播、组织传播和人际传播等一般意义上的一些传播样态，公共传播在主体、结构与空间方面往往表现出更高的开放性和不确定性，并具有更大的变动可能。

在智能媒体兴起所催生的媒介化社会背景下，公共传播业已成为学界业界关注的焦点。在这种全面发展的、多样化的媒介生态中，信息传播在全球范围内的运作，促使国内、国际的信息、话语与舆论日趋同频共振和互相贯通。因此，公共传播作为一种新的模式与范式，为受众带来了一个多元化的媒体环境，人人都可以经由依托互联网与移动终端的社交媒体发布信息，感受信息世界的变动不居与丰富多彩。“公共性”有“公开”“共享”“公共舆论”“公意”“公益”的思想内涵，与信息传播的资源共享、公众参与、民主监督、与其所塑造的舆论场域密切相连。公共传播的特征包含信息传播的多元主体属性、空间开放属性、信息丰富属性、公共利益属性等。因此，公共传播在诸如传播主体、传播关系、传播内容以及传播理念等多个方面都需要遵守“公共性”原则。

此外，与之相应的新闻传播教育亦呈现出从“新闻传播”教育模式向“公共传播”教育模式转变的时代诉求与内蕴趋势。在传播主体方面，要求由新闻传播教育范式的专业教育与人才培养转变为面向多元主体，尤其是政府、组织及普通公众的公共传播教育；在传播内容方面，当前正呼唤着由“新闻传播”模式所培育的“媒体中心化”的文字专才转向面向社会的全媒体人才；在传播关系方面，需要将传统新闻传播教育所依托的传播者与信息接收者的“主体-客体”关系，转化为公共传播教育背景下的“主体间性”，也就是各个主体之间的平等沟通和互动的传播模式；在传播理念方面，则应视公共意识和公共精神为新闻传播人才培养的关键评价标准和衡量准则。

在当下公共传播的理论与实践中，传播过程的“传”“受”关系经历了显著变化。由于互联网媒介的飞速发展，所有的公众、组织以及相关机构都能够成为信息的生产者、传播者与接收者，“传”与“收”的界限进一步模糊与含混。公众已经不再是信息的被动接收者，媒体作为传统媒体时代的唯一传播主体地位被颠覆，公众的媒介素养，特别是对信息的辨别、理解、使用、核查能力不断提高。在这一前提下，特别是站在公共性的视角来看，传播行为应打破信息传播者与信息接收者之间的二元对立关系，构建一个互为主体的公平传播机制，确保信息能够双向、均衡和对称地传递，从而推动信息传播关系由原来的主客二分的“主体性”向互为主体的“主体间性”转变。

随着新闻传播模式向公共传播的范式转变，社会的结构和连接方式也经历了翻天覆地的变化，这进一步加速了媒介化社会的到来。因此，对于专业学院来说，培育能够满足社会和时代需求的新闻与传播人才成为当下极其重要的任务和艰巨的挑战。目前，互联网技术与媒介化社会的发展速度已经远超各大高校新闻传播教育各方面改革的速度，这导致新闻传播学科教育，特别是人才培养方面的理念与实践革新迫在眉睫。正如二十大报告中所倡导的“坚持问题导向，强化创新驱动”，我们必须不断更新与完善教育方法。与人工智能技术相伴相生的智能媒体方兴未艾，应对传统的新闻传播教育模式进行全面改革，利用公共传播教育模式系统性地指导新闻传播的各个方面，涵盖学科建制、专业设置、课程布局、培养理念、教学方式和目标等，可以更好地发挥高等教育在培养多元化的传播主体、建立具备主体间性的传播关系以及培育能够适应新时代传播内容需求的智能媒体人才和公共传播人才等方面的作用。

公共传播范式下的新闻传播学科教育应改变传统新闻传播教育范式中将公众对象化的局限观念，进而在尊重传播规律的前提下，将公众对信息的自主接收、解读纳入考量，并树立与公众进行平等对话与理性沟通的观念，以期与公众建立互为主体的关系。新闻传播教育向公共传播教育的范式转变的重要抓手和发力点，则在于学科范围的延展与课程设置的重构：不应仅仅依托新闻教育范式中的新闻基础、新闻写作、新闻摄影等以培养行业人才为目标的业务课程，更应与社会学、心理学、公共关系学等学科建立关联，深化学生在公共传播环境下对社会特别是公众的理解，尤其是如何理解媒介化社会及面向社会公众沟通的心理与技巧等，例如，社会学、社会心理学、公共关系、传播心理学等宽口径课程，这有利于在传播过程中构建双方互为主体的传播关系。

新媒体的一个重要特征是“用户即媒介”，传播主体所具有的话语权与其能够吸纳的用户数量是密切关联的。正如保罗·莱文森所强调的：“所有与媒介接触的人……在面对媒介讯息时，都有权选择对其作出回应抑或保持沉默，每个人都把控着选择的权柄。”在智能媒体时代，信息流的终端变得海量、多元。各个节点都依托关系网络进行信息传递，议程设置在其中变得异常困难。由节点、信息流与关系网络共同组成的扁平化信息传播结构，确保了公共信息传播的每个节点都具备成为意见领袖的潜在可能。当信息终端被下放至个体层面时，个体的话语权和社会话语的权力结构将经历新的转变——个体开始享有更高程度的自主权。在这样的大背景下，当新媒体将一般的个体转化为能动的阐释者时，个体便会成为独立而又自觉的表达者，最终导致话语权的转移，而那些阻碍话语权力进行重新分配的传统模式和机制也将被打破和转变。

要深入理解智能媒体环境下的公共传播学，首先，需要简要梳理其孕育、诞生和发展的历史路径。从宏观角度看，公共传播的理念主要根植于西方正在急剧分化着的大众传播实践。基于这一粗略描述的传播历史视角，我们能够显著认识到公共传播的萌芽并不是自然发展的结果，它是在历史进程中与社会相互作用后形成的产物。它还随着控制与反控制、重构与解构这两种关系和力量的交替出现而变化，若隐若现、时强时弱。新媒体的兴起触发了传播秩序的变革，重新塑造了公共传播的基本样态，还唤起了人们对公共传播的想象和向往。游走在应然与实然之间，智能媒体背景下的公共传播内蕴了强烈的时代张力。媒介的历史表明，尽管大众传播拥有无法替代的宝贵价值，但它最终会是公共传播的重要展现形式。追溯其根源，公共传播向我们展示了一种更为开放和理性的传播理念。因此，在这个开放、互动和共享的新媒体时代背景下，树立公共传播观念，增强公共传播的实践能力，将逐渐成为当前公众媒介素养的核心内容。

从根本上讲，公共传播这一概念反映了人们对于信息传播理想图景的追求。公共传播的理想模式是，在每一个特定的公共场域，所有多元主体的在场和参与都可以被观察和听到。这些自发的、分散的信息与观点都能够有序地流动，并最终汇聚成寻求"社会最大公约数"的共识和力量。在新媒体的背景下，公共传播被赋予了崭新的时代内涵，它在某种程度上被视为"公共领域"的理想化身。对此，我们须投以理性的目光和观点，进行深入、辩证的审视。我们既需要密切关注公共传播的内在价值，尤其是被公共传播观念赋能的那部分变革性力量，同时也要避免对公共传播持有过分理想化的期望或冲动，更不能简单地将其与西方的新闻自由相提并论。实际上，除了自由以外，公共传播更重要的是负责任的态度。要对公共传播要义进行完整解读，即要将其理解为"以自由和负责任的方式进行传播"。此外，我们还需要警惕另一种可能的趋势：在充满利益交织的传播环境里，公共传播可能会在技术、资本以及政治的共同作用下发生变异，从而演变成为一种难以捉摸的无形整合机制。

从当前的角度看，公共传播的理论研究严重落后于其实际应用，这构成了准确理解和充分发挥公共传播价值与其功能的一个不容忽视的限制因素。智能媒体时代下的公共传播学面临着巨大的挑战和机遇。为了更好地适应时代变局，我们需要重视媒介素养教育、强化媒体监管、提高信息可信度，同时也需要将新兴技术的发展纳入其中。只有在这些方面取得相应进展，公共传播学才能更好地因应智能媒体变革的挑战，为当今中国的信息传播环境和意识形态建设作出积极的贡献。实践是理论的基石，唯有密切关注和深入探索不断变化与发展着的公共传播实践，才能为正确地理解公共传播以及推动其向前发展奠定坚实的基础。只有通过这种方式，公共传播这棵传播学之树上的"旧枝"方能真正地萌发"新芽"，从而推动全人类的传播事业迎来更为美好的春天。

因此，本书在全景式地呈现智能媒体视域下的公共传播学知识版图和谱系的目标指引下，将深入探讨智能媒体时代下的公共传播学的具体方面，包括其定义、特征、挑战和应对策略、推动因素、理论范式、传播效果，以及对社会的影响和未来发展趋势，进而在知识表达层面关注我国与当今世界全局的公共传播实践和发展，凸显出兼具专业性和公共性的公共传播学在知识形态层面的品格。为了便于知识的传授和普及，本书基本遵循教材的编写体例，把知识取向和层次定位于新闻学、传播学、新媒体等专业的本科高年级和硕士研究生阶段的学生。作者希冀以此书为媒介与读者进行交流和对话，把本土公共传播研究引向新的境界。

在教材编写过程中,在资料收集和整理方面得到了课题组研究生阮阳、刘炎鑫越、王一、张凯歌、柯文雪、胡筑云、赵逸开、金晓仪以及全莉同学的大力协助,在此表示感谢。在教材编写出版过程中,得到了天津大学新媒体与传播学院及其他相关部门的支持和帮助,在此谨向其表示诚挚的谢意。在本教材即将出版之际,尤其要向各参考文献的主要责任者深表感谢。由于编者水平有限,书中难免存在疏漏或不当之处,恳请读者批评指正。

庞华

2023 年 10 月 6 日

目　录

第一章　理论渊源与研究概述

伴随着媒体技术的持续进步，传统的大众传播观点已经不能满足现今庞大的传播体系的需求。传统的传播模式所经历的深刻转变，不仅重塑了公共传播的生态格局，还为公共传播实践注入了新的活力。公共传播的意义已经超越了单纯的理念定义，它已经演变为具有独特实践性质的活动，并将影响力延伸到多样的新媒体研究方法和框架中。微博、微信等社交媒体平台的崛起，为公共传播创造了前所未有的机会，为公共传播注入了强烈的时代动力，并在公共议程中起到了关键作用。公共传播作为一种以社会大众为主要对象的信息传播手段，旨在向公共传达信息、专业知识和价值观念，同时促进了社会各方面的交流与互动。得益于新兴的媒体技术，公众传播的方式和工具经历了巨大的拓展和革新，如社交媒体、在线论坛、博客和播客等。这些创新的信息传播方式不仅让公众能更便捷和高效地获取与分享信息，还促使他们更加主动地参与到公共事务的讨论和决策过程中。

以微博和微信为例，这两种社交媒体在公共传播中都起着重要的作用，它们都具有强大的社交功能和传播能力，可以迅速将信息传播给大量的用户，同时也为公众提供了一个可以自由讨论和表达意见的平台。在公众传媒领域，智能媒体的角色远不止简单的信息传递，更为关键的是，它为大众提供了一个参与讨论和影响决策的场所。公众有能力通过智能媒体平台来表达自己的看法、提供建议、参与投票等，从而对公共事务产生直接的影响。此外，社交媒体为政府创造了一个与大众直接交流和互动的场所，这有助于更深入地了解大众的观点和需求，从而增强公共决策的透明性和民主性。

第一节　探析公共传播基本内涵和功能

在新媒介技术的推动下，公共传播这一观念逐渐展现出新的生命力，并逐步演变为一种创新的传播解决方案。公共传播扩展了传播学的主体范畴，多元主体间存在互涉的主体间性，由此创造出公共性价值。公共传播的具体内容及其内蕴的公共利益和公共精神都是为了交流观点、产生行为、构建意义。公共领域主要通过对话和协商来实现身份、共识和认可等目标和效果（胡百精等，2016）。在新媒体的背景下，公共传播的定义变得越来越丰富，其核心的价值和功能对于促进社会的进步和稳定也起到了不可忽视的作用。

一、公共传播在新媒体语境中的定义

（一）公共传播溯源——过度商业化背景下媒体公共性问题思考

如果想要深入了解公共传播的本质，就必须仔细分析其起因和结果。西方的传播历程提供了一个洞察视角，使我们更加真切地体验到公共传播从初始阶段到成熟阶段的生命活力。以美国为例，虽然电视、广播和报纸等主流媒体让信息传播得更为迅速和广泛，但这些

媒体并没有为美国人民提供一个理想、自由和民主的公共讨论平台，反而使信息成为市场和消费者的消费对象。媒体产业正逐渐走向寡头统治，大众媒体为社会提供的新闻资源，在种类和数量上都呈现出显著的下滑趋势。然而，随着大众传播逐渐走向集中化、垄断化和产业化，新闻媒介的专业化和公共化运动也开始浮现，并迅速崭露头角。在两大势力的不断竞争中，公共传播的种子开始悄然发芽并逐渐壮大。

在20世纪50年代，经过数十年的时间，媒介公共运动在全球范围内广受欢迎，并带来了充满责任感的信息。在20世纪70年代晚期至80年代，第三世界国家通过与全球各国的持续信息交流和互动，逐渐认识到了西方国家在新闻信息方面的优势与弊端。这些国家逐渐形成了一个联盟，旨在改变国际新闻报道的不公平传播模式，但实现这一目标注定是充满挑战的。在这一目标失败后，新闻媒体的公共性逐渐向跨国商业集团妥协，同时，所谓的公共报纸和电视频道也开始被回收和再利用。到了20世纪90年代初期，大众传媒的过度集中问题日益严重，美国的大部分报纸已经形成了地方性的垄断。在20世纪90年代末，随着互联网技术的飞速发展，这种情况得到了深刻的转变，公共传播在媒体障碍逐渐消失的背景下，获得了更为丰富和优质的发展机会和空间。在新媒体构建的开放环境中，普通民众的表达自由得到了提升，他们的话语空间也得到了拓展。

（二）公共传播的定义

当我们粗略地描述公共传播的历史轨迹时，会意识到公共传播是在大众传播的连续实践中逐渐形成的。丹尼斯·麦奎尔坚信，在现代社会中，基于大众传播的公共信息网络是无所不在的（巴胜超，2014）。虽然这位学者非常明确地指出了公共传播与大众传播之间的密切关系，但他并没有提供一个相对清晰和具体的解释。戈尔丁的研究指出，公共传播系统在文化产业中起到了关键的角色，它直接影响了公众对全球的看法及相关的话语形成过程（Golding et al，1991）。从这个视角看，公共传播更倾向于指向那些具有公共属性的大众传播体系。也就是说，公共传播更多为了向社会有效地传递公共的知识和信息。但是，由于公共传播一直没有得到明确的定义和解释，这导致它在西方的主流传播术语中一直未被广泛接受。

在中国的社会背景下，由于新媒体的兴起，广大民众对于表达自已观点的热情达到了前所未有的高度，与此同时，公共传播研究的实际操作也变得越来越活跃。公共传播，这个与新媒体相关的焦点词汇，已经开始受到国内研究者的广泛关注，与公共传播相关的研究、分析和讨论也日益增多。虽然目前国内关于公共传播的研究范围广泛且数量众多，但很多研究仍然集中在大众传播的概念范畴，过分强调政府、媒体和其他传播实体对公共信息传播活动的重视，而忽略了在新媒体背景下公共传播中公众的参与特点。通过对比分析，我们发现石长顺与石永军对公共传播的定义基于新媒体环境，并在其中加入了公众参与的元素，这使得其定义更为全面和符合我们的研究视角。他们对公共传播给出了这样的阐释：各种社会团体和个人公民都可以利用各种媒体手段，向大众公开发布公共信息（石长顺等，2007）。在这个定义的基础上，结合公共传播的独特模式，公共传播的主要构成要素可以阐发为以下内容。

（1）公共传播的主体包括各种社会组织和公民，强调了公众的参与性。市民现在不仅仅是信息的接收者,他们也是公共传播中的主要传播角色,这打破了传统大众传播中的精英结构,既使得信息的传播更为多元和丰富,同时也更有利于社会共同理解和接收信息。

(2)社会大众是公共传播的主要受众。这里的公众是一群关心公共事务和公共利益的市民。学者们倡导公众通过参与特定的公共议题来达成基于特定利益的共识,从而加快政治改革的步伐。然而,这种共识在实际生活中的联系并不多,它更像一个由社会上分散的个体组成的纯粹的精神集合体。

(3)所谓的公共传播,即是公众信息的传递。公共信息涵盖了公众对公共利益的各种观点和看法,以及这些观点和看法所形成的公众舆论。在公共传播过程中,获得公众信息是公众参与的先决条件,其价值主要体现在满足大众的需求和促进公共利益方面。在现代社会中,私人信息与公共信息之间并没有明确的界限。当私人信息的普遍性或公共性被挖掘和重视时,它便突破了私人领域的限制,成为一种公共信息(张鑫蕊等,2022)。

(4)公共传播是通过传播途径进行的,它具备了公开的传播性质。公开传播的本质是信息传播的方式是透明的,这意味着大部分的公众都能接触到传播的内容。从这个角度看,公共传播实质上是一种确保每个人都有权获取公共信息和表达自己观点的方式,这实际上是对信息自由的一种强调。

(5)公众传播的目的是实现公众的利益。公众利益应当与社会大众利益相一致,并应遵循公平、正义和民主的原则,以满足社会大众对社会文化价值观的期望。公共传播的核心目标是关心公共事务并促进公众的利益。在这种传播中,媒体承担着维护公众利益的重要职责。

公共传播在本质上是一个信息传递系统,它依赖于大众传媒、人与人之间的关系以及组织网络来实现信息的传递和表达。因此,对这一主题的研究很容易停留在表面现象上,难以深入。明确公共传播的定义可以帮助我们更深入地理解新媒体环境下的公共传播问题。

二、保障公共利益——公共传播核心价值

在公共传播的过程中,对话处于中心地位。在公共信息传播领域,理想的沟通模式不应是单一方向的,而应采用一种持续互动、双向交流的方式。公共信息传播的一个显著影响是,它在公民之间以及公民与政府官员之间建立了有效的对话渠道。罗伯特、珍妮特等学者也观察到,公共利益不仅仅是对个人利益的简单补充,而且是多个参与方通过对话达成的共识。同时,通过频繁的对话,公共领域能更快地获得合法性(丁良超等,2019)。因此,为了保护和维护公众的利益,公共传播需要经常进行对话,而如何构建这些公共利益成为公共传播的中心和关键议题。

大卫·克罗图持有这样的观点,公共利益是指那些在社会中公然、易于接触、共享、集体和普遍存在的利益部分。在公共传播领域,公共利益是如何实现的呢?石永军将公共利益在公共传播中的实现过程分为平等共享和平等参与两个阶段,并对这两个阶段进行了深入的解释。在平等共享阶段,公共传播的内容,即公共信息,被分享给公众这一平等的个体。共享意味着每个人都有权利和机会获取他们所需要的公共信息,个人享受这些信息并不会拒绝或妨碍他人,因为这些信息本质上是公共资源。在平等参与阶段,除了公共信息的平等分享,公众还可以在公共信息的输出、发布、传播以及获取更多的信息发布权方面享有平等

的参与权。这两个阶段,都强调了一个核心原则——平等。真正的平等意味着开放和宽容,而不是简单的拒绝和排斥。包容性不仅体现了公民的基本权利,如实际的政治和民事权利以及他们应当承担的职责,还涵盖了在公共领域内参与公共活动的权利(韩红,2005)。李佃来在对哈贝马斯的思想阐发中指出,理想的交往共同体强调了互相规范的平等性,确保每一个参与者都有平等的机会来启动和保持交往;每个人都有机会获得相似的解读、观点和介绍;每个人都有机会平等地表达自己的情感、欲望和需求(黄小洲,2023)。另外,新媒体技术的进步也为广大民众开辟了多种传播手段,这在很大程度上确保了公众信息的公平分享和传播。

三、公共传播具有三种主要社会功能

当我们谈到传播时,大多数人通常将其定义为信息的传播。实际上,信息传播的意义不仅仅局限于广泛、迅速和客观地传达信息,更重要的是,它通过包含丰富内涵的信息和观点来影响和改变人们的思维和行为方式。在公共传播领域,首要任务是满足公众获取和发布公共信息的需求,确保他们能够自由地接收信息、表达观点、参与公众讨论、分享知识、保护自己的文化特质并分享公共文化。这些公共信息的传播可以在不知不觉中对大众产生影响,进而充分发挥其在社会中的价值和作用。

(一)形塑现代政治公民与政治参与

要实现社会和经济的持续发展,广大民众的积极参与是不可或缺的。公众有能力通过持续的参与活动来达成社会民主的目标,并建立与大多数人的利益需求相匹配的方法和标准。公民持续参与公共事务,有助于确保个体和集体的利益在政治体系中得到足够的关注和倾听。因此,对政府而言,在公共信息传播的支持下,政府能够获取更多富有创造性与贴近性的资源,这些资源既符合公共利益的处理方案,也是民意和民情信息的来源。从公共的角度看,公共传播为大众提供了一个广泛讨论的信息平台和论坛,这种多样性的公众观点和信息可以被完整地呈现出来,从而让社会的权力结构得到更好的构建与披露,公众有能力真诚地参与政策的制定、调整,并持续地维护和塑造公众的利益。

公共传播不仅可以作为一种传播手段,为公民的政治参与提供平台和渠道,还可以在政治参与的过程中发挥培养和塑造当代社会政治公民的作用。若将现代民主政治定义为公民政治,那么要想确保当代民主政治的成功建设,关键在于培养具备民主、理性和独立特质的公民权利和义务主体(李毅等,2022)。公共传播通过稳定、全面和公正的方式传递公共事务的信息,为社会中的众多声音创造了广泛的表达空间,促进了观点的多样性表达,并让公众有机会参与政治和社会活动。通过持续的政治参与,公民能够学习到如何更好地展示自己的政治职能、增加对政治的依赖,真正理解自己在社会中的位置和角色,从而获得真正的满足感。公共传播还应通过公众宣传将公民塑造为真正的政治公民。

(二)整合社会、建立社会共同体

社会的认同构成了共同体能够生存和发展的关键基础。如果没有广泛的共识,共同体可能会失去其内部的团结力量,变得毫无实际意义。在互联网高度开放的时代背景下,个体及其所处的社群有机会摆脱外界环境的限制，自由地进入一个无边无际的网络空间，以实现信息的自由交流。然而，在多方共同参与的背景下，不同社会阶层之间的矛盾逐渐加剧，这种矛盾不仅会直接影响人们的判断和理解，还可能妨碍社会的普遍接受和认同。在新媒体技术构建的公共平台上，只有将信息传播整合到公共实践通道中，才能真正促进不同社会阶层和社群之间的对话和交流。这种整合成功地消除了由社会转型引发的各种冲突和矛盾，从而使人们对社会价值有了更加深入和广泛的认同。社会认同涉及的领域越广，它的基础面积也就越大，这样才能构建一个真正的人与人之间的共同体，从而更好地实现个人与国家、个人与个人、组织与个人之间的和谐与融合。从这一视角看，公共传播有能力促进社会共同体的建立和稳定。公众传媒通过在全球、集体、地区和国家层面持续进行的活动，吸引了每一位公民的参与，从而有助于加强社区的凝聚力。因此，一个能够连接社会和塑造个体身份的公共传播体系，不仅应该成为一个理想的对话和沟通场所，还应该充分发挥其在人际交往中的纽带作用。这样做不仅可以引导大众更加积极地参与公共生活，还可以为新的合作关系的形成和发展提供必要的前提条件，从而更好地承担和实现促进社会有序发展和社会整合的责任和任务。

（三）使公民个人社会化

社会化描述的是一个社会中的独立个体，通过不断的学习和模仿，逐渐成长为一个真正合格的社会成员的过程。同时，从生物个体到社会成员的转变，也代表了个体在能力、观点、思维和知识上的持续学习。随着社会化进程的推进，个体逐渐将学习与文化传统相结合，从而实现文化的广泛传播和继承，同时也确保了特定类型知识的持续积累。为了实现社会的持续进化，知识的传承是绝对必要的，只有这样，社会的结构才能得到持续的发展和维护，同时个体的人格也会逐渐完善和成熟。公共信息传播可以有效地促进社交互动，特别是面向社会的多样区隔创造出的异质性群体，因此它被视为社会化进程中的关键路径，也是社会学习和参与的主要途径。通过公共传播，公民可以更深入地与他人建立联系，探索或打造自己的社区，从而增强自身对该社区的归属感。保持与社会的紧密联系，掌握相关的知识和技能，可以帮助个人摆脱孤独感和压抑感，找到一种安全感和归属感，实现自我价值并得到社会的认可，以完成整个社会化过程，这也是公共传播具备个体社会化维度的原因。

第二节 回顾公共传播学的历史演变脉络

自改革开放以来，中国的新闻传播教育呈现出学科地位提升、规模快速扩张和领域全面覆盖的趋势，目前几乎所有重要的综合性大学都设有新闻传播教育点。由于其核心目标是培养新闻媒体领域的专业人才，学术界在探讨新闻传播教育中遇到的问题时，往往从供需不平衡或教育与实际脱节等角度进行深入思考。以南长森的观点为例，高等教育机构在人才输送和社会需求方面存在供大于求的现象，同时行业对急需人才的需求也存在断层，以及人才培养方面的不可替代性不足（南长森，2010）；雷跃捷还指出，新闻传播的教育与实际的新闻实践之间存在明显的断裂，一些新闻专业的学生对新闻的认识逐渐减弱，东部和西部的新闻教育水平存在显著的差距（雷跃捷，2013）。

如今，由于互联网的普及，传媒行业经历了翻天覆地的变革，与政治、经济、社会、科技和文化等多个领域的互动关系也在逐渐重塑。随着网络媒体尤其是移动互联网的发展，众多的传统媒体正在遭遇广告减少、发行量下滑和生存压力增大等问题。这导致新闻传播专业的毕业生需求急剧减少，也使高等教育机构在新闻传播教育方面面临供给过剩与结构失衡的新挑战。新闻传播学院是否在持续地为传统媒体培养专业记者，或者是否在为正在崭露头角的大型传播行业培养人才？在培养新媒体专业人才的过程中，新闻学与传播学的教育观念和知识结构是否能够实现全面融合？在新闻传播教育的改革中，是继续沿用传统的经典教育和理想教育的人文思想，还是更加重视对复杂世界的认知和融合报道技能的培养？广大的新闻与传播教育者正面临这些挑战。本书尝试从学科构建、培训目标以及知识结构这三个维度出发，探讨新闻传播教育当前所遭遇的问题和挑战，并在此基础上为新闻传播教育的范式转型提供一些具有建设性的意见。在这其中，学科的构建被视为新闻传播教育改革的逻辑起点，其培养目标作为战略方向，而知识结构则是实现这一变革的关键途径。

一、学科建制化与教育拼贴化并存

新闻学与传播学在学科的界限上有着显著的不同：前者主要关注职业人才的培养，而后者则更侧重于社会科学研究能力的提升。然而，在中国，这两者实际上属于同一所教育机构，并且也被认为是“新闻传播学”学科的一部分。这种学科的制度化趋势与教育的碎片化现实导致了在这两个学科背景下的教育方式产生了分歧。如黄旦所言，新闻学与传播学之间的联系一直是错综复杂的，至今仍然模糊不清。尽管它们表面上像两个兄弟一样，和睦地享受着屋檐下的食物（黄旦，2015）。当我们回顾美国新闻教育的历史时，可以发现它是在“进步主义”盛行的时代中兴起的。在早期，它还强调了职业技能的培训，并致力于培养能够满足社会需求的专业人才。尽管人文学科的特色和对社会理解能力的重视逐步增强，但新闻学与传播学之间在学科结构上的“隔阂”依然存在。虽然许多美国大学最终采纳了“新闻与传播学院”的组合模式，但这两个学科的培训方式和价值观之间的差异仍然存在。

利用传播学这一学科框架来对新闻学进行理论上的重塑是非常必要且有益的。在新媒体的大背景下，传媒行业正在经历一次深刻的转型：从过去以传统媒体、主流媒体和机构媒体为主导的“新闻传播舆论场”，逐步演变为一个由专业媒体、平台媒体和自媒体共同参与，相互补充的“公共传播舆论场”。鉴于当前的社会背景，新闻传播教育的改革迫切需要将新闻学这门注重规范和技巧的课程与传播学这门侧重于体验和方法的课程更紧密地结合在一起。我们应该将“新闻传播”这一更为特殊的子领域，放置在“公共传播”这一更广泛的领域中进行深入的研究和考察，这样可以使得长期被忽视的媒介生产能够走向更加广阔的传播实践领域。

从“新闻传播”向“公共传播”的学科融合和教育改革具有至少两个积极的层面。首先，从人才培养的角度来看，这有助于消除现有的新闻传播教育与传播教育之间的界限，打破“新闻教育”仅仅等同于“新闻职业教育”或“新闻理想教育”的传统观念，将培养目标从“以新闻行业为中心，培养专业的新闻人才”扩展到“为社会培养具有新闻业知识、研究能力和参与度的人才”。因此，相对狭窄的新闻教育逐渐成为更为广泛的传播教育的分支，明确了新闻教育在培养人才方面的目标方向。其次，在教学内容和知识结构方面，这有助于将社会科学的传播研究方法和实证理论全面融入新闻教育，将新闻的撰写和报道过程视为对社会实践的研究和思考，从而超越仅仅是技能总结和工具介绍的限制，提升新闻研究与教育学的理性和科学性。

“公共”这个词的优势在于它在公共性和人文思想之间构建了一个连接的桥梁，由此，“公共传播”这一概念不仅包含了传播学的实证研究模式、方法论和经验科学，还继承了新闻学追求的对家国情感、社会责任和人文观念的理解。基于新闻传播和公共传播导向的教育改革，不仅保留了新闻教育中最核心的“原则性知识”，同时也增强了传播学研究中的“经验性知识”，并由此促进了两者之间的紧密结合和全面整合。

我们必须认识到，“公共传播”的背后实际上是对“公共利益最大化”的理想化追求，但在实际操作中，实现“公共利益最大化”是非常困难的。因此，本研究认为新闻教育与传播教育之间的核心是“人文理念”。新闻教育深受家国情怀的影响，与传播研究超越功利主义和技术导向所需的人文观念应该是一致的。正如吴予敏所阐述的，人文理想的真正含义是希望每一个受过传播教育的人都能成为一个真正具备广泛的仁爱关怀、独立的反思和批判精神以及知识和艺术创新能力的人，而不仅仅是一个没有思考和良知的传播工具或技术迷信者。在传播教育中，人文理想的实现不仅需要增加人文社会科学的课程内容，还依赖于传播学科本身对人文精神的推广和弘扬。

二、对“边界”的重新审视：面向行业和面向社会

以往新闻学专业人才培养的一个明显短板是其学科知识结构的不完整，但吸引众多学生前来报考的最大优势在于面向行业内进行的技能培训与素养提升。尽管普通文史哲的基础培训相当扎实，但他们的就业市场并不依托于一个庞大的行业。新闻传播学的学生不仅接受了文史哲和其他学科的通识教育，还获得了写作、编辑、评论和影像制作的技能培训。此外，他们还以整个传统媒体行业为就业基础，使之在职业生涯方面得到迅速的发展。

在过去，新闻传播学专业的繁荣与“面向行业”的人才培养策略有着紧密的联系。但现在，支撑新闻学教育的整个传媒行业，尤其是以传统媒体为核心的专业媒体，都面临着生存的挑战和转型的压力。在当前的情况下，专业媒体对于专业新闻传播人才的需求已经降低，招聘新人的空间变得越来越狭窄，而保留“旧人”的吸引力也会逐渐消失。以美国的大学为例，新闻专业受到了冷落，而公关、广告和营销专业的热度逐渐上升。

鉴于传统媒体的快速衰退和新媒体的持续兴起，传统的“新闻传播业”的招聘规模正在逐渐减少，而新兴的“公共新闻业”和“公共传播业”也正在逐渐崭露头角。特别是在移动互联网正在重塑的网络化关系社会中，无论是政府、企业、社会组织还是自媒体，各种机构都在不同程度上实现了“媒介化”。政务微博微信编辑、企业社交媒体编辑、平台型媒体实践者、民间影像工作室会员和公益组织传播专员等，已经崭露头角，成为我国新闻传播行业的“新参与者”之一。在这样的大背景之下，新闻传播教育需要摆脱传统的媒体导向和产业中心的模式，需要一个以公共传播行业为核心，同时更加关注社会需求的全新视角。正如吴予敏所指出的，大众传媒在我国的国家权力架构中始终占据着核心位置，而我国的传播目标始终是为大众传媒培养和输送宣传专才。传媒行业的人才是否对国家权力忠诚，以及他们使用传播工具的熟练程度，都是教育和培训的首要标准。在知识经济和信息社会的背景下，传播

学科的知识和技能正在不断地融合，这也意味着我们需要大量的新型传播人才，因此传播教育应该面向整个社会。

在未来的新闻传播教育改革中，一个显著的方向是为社会培训公共传播专才，而不仅仅是为传媒机构培训专业的新闻人才。伴随这一转变，新闻传播教育的培训内容已经超越了单纯的信息收集和传播技能，更应深入到公共传播和对话的技能上。现阶段，大部分传统的主流媒体都面对着赢利的压力和生存的挑战。然而，自媒体、企业微博、政务微信以及社会组织的新媒体平台和平台型媒体（类似今日头条等）正迅速崭露头角，并逐步形成更为开放和社会化的新传播模式，新闻的传播方式也从传统的“演讲式”逐渐向“对话式”转变。正如王哲平所指出的，越来越多的人认为新闻的本质是对话，其目的是为大众提供和维护公共信息和利益。新闻学的核心理念是从公众的利益出发，将受众视为服务的最终目标；而新闻的透明性和对话能力则是其吸引力、公正性和诚信度的最佳证明。因此，在制定公共传播人才的培养目标时，所培养的学生应当将自己看作“公共对话的倡导者”，而非“信息传播的专家”。

社会在培养新闻和传播专业人才时，有两个主要的目标期望：一是要培养公共传播行业的活跃参与者，二是要培养那些参与公共传媒行业建设并为其提供服务的杰出公民。前者依然是“职业教育”的一部分，它沿袭了传统的新闻教育观念，并专注于更广泛的行业领域；而后者更倾向于强调对学生进行媒介素养的教育，更加注重培养学生的独立思维、批判性思维和利用媒介的能力。实际上，在新闻教育领域，一些美国大学已经坚定地实施了“文明公民”的教育理念。例如，美国曼卡托州立大学的大众传播系就是致力于通过普及教育来培养具有广泛视野的公民和媒体消费者；美国西北大学的新闻专业致力于帮助公众和消费者认识到媒体在美国日常生活中的核心地位。

我们必须认识到，要推动新闻传播教育从“新闻传播”模式向“公共传播”模式的转变，关键在于扩大人才培养的行业领域，并在新的传播生态环境下，利用新闻提高社会透明度，同时通过传播促进社会进步。对于新闻教育而言，其所追求的言论自由、保护公众的知情权以及服务于民主政治的核心理念都是不可更改的。正如詹姆斯·凯里所指出的，新闻教育与传播学的三大核心理念是有所区别的：新闻教育与广告、传播、媒体研究、公共关系和广播研究之间存在差异，并且这些差异是不被包含的；新闻作为一个独特的社会行为，不应与传播和媒体混淆；新闻是民主思想的另一种展现。他持有的观点是，新闻教育更多的是人文学科的一部分，而不是社会科学与传播学的融合。尽管这种观点具有精英化的解读含义，但它对于新闻教育的核心价值仍然提供了宝贵的启示。

三、知识形态——“规范性理论”和“经验性理论”

多年以来，新闻学的专业教育涵盖了新闻理论、新闻史和新闻业务这三大领域。在教学过程中，我们强调实践导向、实践训练和职业精神的培养，致力于培养出合格且杰出的“新闻宣传工作者”。在教育流程、职业职责和职业准则方面都给予了高度重视，主要教授的是“如何操作”和“规范性理论”。

采用传播学中的“经验性理论”来对新闻学的“规范性理论”进行改进和升级，无疑是新闻传播教育内容创新的一个有效方法。在新闻学的“规范性理论”中，关于真实性、客观性和精确性的“专业主义”准则仍需坚守，同时新闻行业的独立性和公共性也应得到维护。传播学中的“经验性理论”所蕴含的对现实的认知规律和反映传播特性的知识体系，是新闻传播教育亟待加强的领域。只有这样，经过培训的学生才能在“规范”和“经验”之间找到平衡。在面对“网络化关系”的“事实性知识”时，我们需要对原新闻学中所强调的“原则性知识”进行重新塑造。从研究的角度看，我们应该将研究焦点从“科技作为中介”转向“作为一种实践传播”；在新闻教育改革的大背景下，我们应该从网络关系的角度出发，打破现有的专业界限，更加关注人才培养的目标，并对教学方案、教学方法和课程结构进行调整。

强化新闻传播教育的“经验性理论”，即社会科学经验研究的方法和认识，也是基于对当前中国社会实际需求的一种深入思考。公共传播行业正处于一个开放和社会化的发展阶段，这对从事公共传播工作的人才提出了更高的标准。基于对中国复杂社情民情的深入理解和掌握，学生需要具备社会调查、研究和判断的能力；在转型社会的背景下，我国对科学、健康和风险传播的了解不足，在一定程度上导致了政府沟通的难题和企业声誉的损害。为了解决这些问题，我们需要更深入地理解公共传播的规律、特点和知识，并培养能够在政府、企业和公众之间实现利益和风险均衡分配的专业人才。因此，将“公共传播”作为扩大“新闻传播”领域的手段，在一定程度上具有实用主义的倾向，这与当前中国的国情有着紧密的联系。

显然，新闻传播教育的改进应当助力学生建立对历史的认知，理解其复杂性，并激发他们的责任意识。历史的感知倾向于时间的流逝，而复杂性则偏向于空间的维度，基于历史和现实的“时空观”正是社会科学研究和实践中的思考方向。培养学生的历史感可以帮助他们更深入地理解当前的情境，并从历史中确定现实的方向；培养学生对现实复杂性的认知有助于提升他们在社会判断和社会调查方面的能力。

更明确地说，在未来的新闻传播教育改革中，我们应该更多地关注学生在哪些方面的素质培训？作者持这样的观点：在推进“经验性理论”知识体系的改革过程中，新闻传播专业的学生有必要拥有四个核心技能。

（1）具备出色的社会调查技能。新闻传播学的核心目标是快速地洞察和展示社会的焦点和变迁。要真正理解社会，首先需要对整个社会有深入的结构性洞察。如果不能从一个宏观的角度去理解和评估，更不用说进行深入的调查和报道了。新闻传播教育的社会调查手段与传统的社会调查手段既有整体性，同时也满足特定行业的标准。新闻传播学的社会调查方法与传统的社会科学调查方法之间最显著的不同在于，它不仅需要对具体情况有深入的了解，还强调对事件的基础性判断与认识。

（2）迅速的写作技巧。不论是在报纸、网站，还是微信和微博上，文字的表达都必须是精确、通俗和富有创意的。“倚马可待”的写作技巧是新闻传播学生的核心技能，无论是在传统媒体时代还是在网络时代，这种能力都是不会改变的。显然，在古今中外的新闻传播教育机构中，如何有效提升学生的写作速度，并兼顾准确性、客观性一直是普遍面临的挑战。

（3）对数据的分析技巧。对于新闻传播专业的学生来说，数据分析和挖掘的能力具有双重重要性：首先，要准确地理解和传播受众的需求，他们必须基于数据分析，这样才能更深入地了解用户的行为、情感和心理状态；其次，现代社会用于揭示事实和真相的工具都强调数据分析的重要性，因此“数据洞察”逐渐成为挖掘信息价值的关键环节。

（4）对视觉的表达技巧。在传统的新闻表达方式中，人们更多地关注信息的内在价值，而在整合新闻表达的过程中，他们更倾向于强调基于信息价值的视觉体验。将这两者结合起来，将是未来公共传播发展的不可避免的方向。如何更好地从新闻教育的角度培养学生的表达思维和能力，以及如何在视觉设计教学中坚守信息的价值，已经成为人才培养中的新挑战。

四、结论

在媒介融合的大背景下，新闻传播学院的教学改革主要由持三种观点的教育教学与研究人员组成：坚守者、改良者和变革者。其中，坚守者坚信技术的变革是分阶段的，传统的教育理念和知识体系是不可更改的，而这种观点也与教师结构、习惯的固化，及其在课程设计和教育模式上的体现密不可分；改良者认为，新技术对新闻传播行业的生态环境产生了巨大的冲击，因此新闻传播教育的改革需要得到回应，但主要是新增新媒体相关的课程或者实习、练习、实验等教学环节；改革者主张，新闻传播教育的整体模式需要进行重新定位和启动，这需要在当前新的传播生态环境、新的语境以及全社会对公共传播人才的新需求基础上，明确新闻传播教育的战略方向和发展路径。因此，变革者开始尝试以结构化的方式重新塑造新闻传播的教育体系。从作者的视角来看，那些坚定的人对于观念的坚守是值得我们关心的，对于策略的持续性需要深入思考，而那些只是进行局部改革的人并不能促进整体的进步，真正的关键在于改革者的思维方式和他们的积极行动。

从宏观角度看，新闻传播教育的模式变革受到了多种内部和外部的限制，例如由过去的教育实践所塑造的文化传统根深蒂固，现有的教师队伍未能跟上教育改革的步伐，学术界、产业界甚至整个社会之间存在明显的隔阂，以及新的传播技术对行业人才的需求难以被大学所吸纳等问题。因此，为了真正实现新闻传播向公共传播模式的转型，新闻传播教育需要进行深入的观念重塑、整体机制的重塑以及积极的实践改革。

第三节　公共传播学教育之根本使命

在教育部的倡导和推动下，新文科建设于 2019 年 5 月开始逐渐推进。随后发布的《新文科建设宣言》，对新文科的建设进行了全面的指导和部署。但是，“新文科”的确切定义，目前在国内学术界尚未达成共识。一些人更加重视教育，比如时任教育部高教司司长吴岩将新文科视为“文科教育的创新发展”；部分学者指出“新文科”的显著特点是学术与现实、社会、政治和意识形态之间建立了更为紧密的新联系。

目前，关于新文科议题的讨论中，也存在着一些广泛的交叉话题。比如说，新文科建设的核心任务是深入了解和解释中国的经验和问题，并努力构建具有中国特色的人文社会科学结构和中国的学术流派。教育的核心目标是培育了解中国、热爱中国以及人文与社会科学的专才。此外，新文科也被认为是一个标志，它强调在问题导向的背景下，学科的整合、人才的培育和学术研究的价值导向。

新的文科建设为我们提供了一个重新审视公共传播教育及其宗旨的宝贵机遇。例如，在创建新的文科背景时，我们需要重新审视传播学对中国的认同和再造。传播学与经济学、管理学、法学等社会科学在某些方面具有相似性，它是一门源自欧美地区的西方学术领域。欧美的影响从理论观念到研究模式，再到知识结构都是深远的。这个学科的背景被认为是在中国特色锻造过程中必须面对的重要任务。

比如，新文科的建设再次引发了人们对经典议题的关注——如何在学术知识的创造中平衡学术与实际情况。传播学，作为实践导向的社会科学领域，其知识产出不仅是不可避免的，而且与当前中国社会所遭遇的关键实际问题有着紧密的联系。真正的挑战可能不仅仅是学术与现实之间是否需要建立联系，更关键的是如何去构建和确立这种联系。学术研究，作为知识创造的实际操作，天生就拥有超越事实价值的独立性质。如果完全放弃这种独立性，那么知识在实际应用中的作用可能就无法实现了。然而，在社会科学领域，事实与价值的二元对立就构成了“有害二元论”。终究，仅仅通过科学和精确地描述和解释事实是不足以让我们明确在规范和价值层面上应当采取何种行动的。本书建议在努力推动传播学向科学化和学科化发展的过程中，必须明确其与社会议题、人文价值和科学理性之间的紧密联系，并利用人文价值来确定公共传播教育的未来方向。

一、人文、科学和社会——公共传播知识基础研究

在高等教育机构里，通常涵盖了人文、科学和社会这三个主要领域的知识体系。目前，在不同的国家或地区的大学里，自然科学、人文和社会科学之间的认同和界限并不是自然存在的，而是人为因素造成的。在19世纪中叶之前，自然科学和社会科学尚未完全制度化，相关的研究和知识散布在不同的学校中，特别是在教会学校、学会和知识分子之间。尽管大学已经在欧洲和北美地区建立，但它们主要是为了传授人文和古典知识并以培养人们的虔诚和自我约束为核心教育目标的学院。在美国的大学历史中，哈佛大学是最古老的。在1884年之前，它是一个古典学院，但随着时间的推移，它逐步转型为研究型大学。随着19世纪末现代大学的兴起，学科的分类和制度化在高等教育机构中逐步确立，它具备了独立的课程体系、学术刊物和专业组织结构。

人文学科被认为是最古老的学科领域之一。人文学科的理念、知识及其深厚的历史背景，为未来自然科学和社会科学这两大学科的兴起打下了坚实的基础。人文研究的起源可以追溯到古代的神话和祭祀活动。从古希腊到欧洲的文艺复兴和启蒙运动，再到18世纪的工业革命，人文传统在那个时代的学院、教会修道院和其他的知识传递机构中始终是主导力量。在18世纪之前，科学尚未完全制度化，它主要还是作为业余爱好者的职业存在。然而，在19世纪的工业革命之后，科学迅速获得了制度化的地位，取代了人文学科，成为一种主导的独立知识体系。

自然科学解答的问题包括内容及其背后的原因。科学家的行为与科学息息相关，但对这些行为的解读并不涉及科学本身，更多是一种哲学思考。从历史角度看，社会科学是人类解放的产物，而自然科学则是人类追求掌控自然、不向自然妥协的驱动力。当然，科学的起源和其在现代的影响都不是固定不变的。自然科学的研究目标是对外界进行深入的探索，其核心职责是全面地研究世界的各个方面。从一个科学的视角来看，我们应该重视创新、前沿技术以及对未来的展望。对于科学共同体而言，通过可观察和可复制的控制实验来回答问题是一种有效的方法。从科学的角度看，一个事物如果能被有效地控制，并在这种控制之

下不断地重现,那么它就被视为真理。在科学研究领域,回答问题的方法主要是实验和观察,这也包括使用调查问卷等方法。科学研究的目标不会因为个人意志的改变而有所改变。

社会科学位于自然科学与人文学科的交汇点,它关注人类的社会、精神和物质世界之间的影响。辩证唯物主义的观点“物质决定意识”探讨了自然物质世界是如何塑造人类的精神世界的。社会科学与人文学科和自然科学相比,出现得稍晚。社会科学以当前为核心,重点探讨当下社会面临的关键实际问题。在社会科学领域,经常涉及的学科包括心理学、社会学、政治学、经济学以及管理学。社会科学的研究焦点集中在符号和话语的领域,包括社会的认知、行为倾向、观点和态度、情感倾向、社交互动以及社会的思潮等方面。所有这些情况,都承载着某种意义的表现。在人文和社会的现象中,我们并不能通过五官直接感知到具体的事物。没有人能用肉眼从物理的角度看到日常生活中常见的爱、诺言等社会现象,它与自然科学所关注的自然和物质世界截然不同,它们既没有意识,也没有意义。

在社会科学领域,大部分的知识是基于特定情境的。在社会科学领域,没有一种真理是普遍适用于所有情况的。众多学者,尤其是人文与阐释领域的传统学者,在社会科学研究中对自然科学研究方法的模仿和应用上存在诸多问题。这主要是因为自然科学和社会科学分别关注不同的研究对象,并且采用了完全不同的研究方法,因此它们可以被视为不可一概而论的两个主要类别。在人类文明的领域中,当人们采取行动时,他们对意义的追寻、深入的反思以及对各种利益的参与都是自然科学研究中自然和物质现象所不具备的特质。

二、价值使命——提升人文价值,促进人类认识与解放

为什么传播学的学生需要拥有深厚的人文知识基础呢?一个广受欢迎的观点是,当涉及传播和沟通管理时,必须“说人话”。“说人话”不仅要求我们对人类的实际情况有深入的了解,还要对共享的文化和价值观进行精确的掌握。否则,我们就无法进行有意义的沟通。关于人文经典的定义以及如何解读人文经典,已有大量的相关研究和讨论。这一部分旨在深入探讨为何在人文经典中人文知识成为研究传播学领域。

人文的真正含义是什么?达成简单的共识是困难的。然而,在大多数情况下,人文主义代表着对人类的价值观、兴趣和尊严等一系列思想体系的尊重和推崇。人文的核心是以个体为焦点,而不是以家族、种族、教派或国家为中心。因为每个人,而非整个群体,都有能力去体验各种情感,如喜悦、愤怒、悲伤、悲伤和同情。人文主义将人类的理解和解放作为其核心理念。尽管如此,人文主义这一思想拥有深厚的历史背景,并在各种文明发展和历史时期中展现出其独特的含义。中国古代儒家思想中的“己所不欲,勿施于人”是被普遍认同的道德准则。此外,印度文明和伊斯兰文明等,都拥有其独特的文化和思维传统。欧美的人文思想起源于古希腊和雅典的人文传统,随后又经历了文艺复兴、启蒙运动以及工业革命这几个不同的历史时期。

几千年来,人类积累的人文观念和经典文献成了我们获取人文知识的独一无二的路径。人文学科的知识和科学知识之间存在明显的差异。人文学科知识中的“无用”意味着人文知识无法像科学知识那样,直接转化为有益于经济和产业发展的应用知识和财富机会。人文知识的真正价值,或者更准确地说,“实用性”,在于为人们提供情感和道德上的支持,以及为人们应当采取的行动设定价值标准和评价准则,这些都是科学知识所不能提供的。

我国在新闻与传播教育领域，始终保持着深厚而广泛的人文教育传统。新中国成立以来，仍有大量的新闻传播系位于文学院或人文学院，这也意味着在课程设计、培训计划和教师队伍结构上，新闻与传播教育都在不同程度上融入了人文教育的元素。

多年来，新闻学一直被认为是具有政治和文学特质的学科。然而，为何我国的新闻学领域与文学有着紧密的联系，而与政治学的联系相对较少？我们可能需要在大学的人文与社会科学学科的发展历程中寻找答案。1952年和1956年的两次学科调整导致了政治学、社会学、心理学等社会科学的停办或转型，这可能是20世纪50年代以后，国内新闻教育在重视文史教育的基础上建立的一个重要背景。在这一变革过程中，新闻学的基本理论和知识结构受到了压缩和细化，它逐渐成为文学、历史和其他人文学科的组成部分，与此同时，社会科学的部分也逐渐流失。这在一定程度上为20世纪90年代之后的国内新闻传播教育放弃人文学科，而迅速转向社会科学创造了条件。显然，矫枉过正在所难免。在目前的情境下，我们更应该警惕传播学教育过分强调科学方法而忽视人文思想这一新的传统。自20世纪90年代开始，为了摆脱新学科理论基础薄弱的困局，并在高等教育领域寻找学科正当性，中国的新闻传播学教育领域进入了一个与社会科学深度融合而相对忽视人文思想传统的全新阶段。

对于我们过去在新闻传播教育中的人文教育传统，我们确实需要进行深入的反思和修正。过去，我国的新闻传播教育中的人文传统是在特定的历史背景下塑造出来的，这种传统偏向于工具主义的技术方向，因此人文教育的传统是不完整的。工具主义的技术导向更多是为了技术的表达和服务，而不是在人文传统中追求人类的认知、解放和全面发展。“残缺不全”意味着过分重视文字、文学、文艺和书面表达，而忽视了哲学、历史和艺术人文教育的重要性。考虑到这一点，我们需要重新审视和确定人文教育的方向，并在此基础上重新界定传播学专业在人文教育领域的职责和任务。

三、方法使命——坚持科学理性并阐扬其精神与方法

当我们谈到“科学”这一概念时，通常会用到两个不同的术语：一个是自然科学，另一个则是社会科学。自然科学将自然与物质的世界作为其核心，并将创新和进步作为其价值观念。其知识追求的是揭示在这两个世界中，超越个体意志和文化差异的普遍法则，也就是真理。社会科学更多地关注人们在社会中的互动、交流和对话，它视社会为一种核心价值观，并将其视为认知的焦点，而不是跨越时间、空间或特定的历史文化背景。

这两个科学领域都有其独特之处。自然科学擅长进行分析性的解释和预测，特别是在解答实际问题上；而社会科学则更倾向于进行价值评估和选择，特别是在解答理论问题上。自然科学的优势往往是社会科学的弱点，反过来也是如此。正如社会科学在理论解释和预测方面的贡献相对有限，自然科学在理论的反思性分析和价值与兴趣的探索方面也没有作出太多实质性的贡献。然而，价值观和利益观念既是任何社会在政治、经济和文化方面发展的基础，也是构成实践理性的核心要素。仅仅对事实进行科学和精确的描述是不足以向我们展示在规范和价值层面上应当采取的具体措施的。在解答这个问题的方式上，社会科学明显优于自然科学。

为何传播学专业的学生需要学习科技呢？第一个原因是科学和技术有助于拓宽我们的

视野。科学知识的不断更新为经济和产业的持续增长提供了关键的推动力。人们常说,科技是第一生产力。只有深入了解科学技术的最新趋势,我们才能洞察现代社会的发展路径和潜在可能性以及社会问题的根源。从另一个角度看,在人文和社会科学的各个领域中,很少有学科像传播学那样直接受到科技进步的影响。在无线电、微波、卫星以及互联网的技术变革过程中,由于技术介质的不同,传播学的知识也经历了更新和变革。与科学和技术紧密相连的传播学研究涵盖了早期的控制论和系统论以及近期涌现的媒介与科学技术研究。这些研究主要关注科技与社会间的因果联系,对技术的生产和消费流程进行了深入探索,并分析了其对社会的影响。

第二个原因是将科学的精神和方法作为其核心的科学理性和方法论。接下来,我们将对两个科学领域的两种不同类型的理性,即自然科学中的科学与技术理性和社会科学中的价值理性,进行更深入的解释和讨论。

科学理性侧重于采用可信赖的客观手段进行探究,以揭示和理解世界的生产认识,而技术理性则更侧重于对解决问题的具体理解。在自然科学领域,科学理性和技术理性对社会科学的启示主要集中在研究方法和方法论这两个方面。从一个客观的角度看,这实际上是自然科学对社会科学产生的巨大影响。

与其他学科相比,科学最显著的区别在于它对客观性和可靠性的持续追求。科学利用实验、观察和理论构建等多种方法来了解、解释和预测这个世界中隐藏的各种秘密。怀疑、证伪、公开辩论和实证检测这些科学方法帮助我们获得可靠的知识。从 17 世纪中期开始,越来越多的科学家利用天文望远镜和显微镜技术,向人类揭示了宏伟的宇宙与微观细胞间的神秘联系。基于理性的思考和方法,科学犹如在黑暗中照亮方向的明灯。在过去近三百多年的时间里,科学在从迷信和愚昧向知识和理性的转变过程中,为社会进步作出了最为显著的贡献。

科学之所以能够保持其权威性和可靠性,并不是因为科学家们从不出错,而是因为科学家们普遍愿意承认,在当前的科学知识体系中,有一天会出现证伪的不确定性。虽然数据为科学理论提供了有力的证据,但它始终不能为某一理论提供确切的确定性,使其变为完整的真理。随着科学理论的持续进步和新证据的不断出现,那些在科学理论中被认为是正确的观点很可能会被完全推翻。然而,这并不影响对科学知识的可靠和客观的接受,正是由于人们对理论进行修订的强烈愿望,科学理论得以具备高度的可塑性和灵活性,从而成为科学能够长期维持其权威和可靠性的关键因素。

关于是采用科学的方式还是人文的方法来生产知识,这背后不仅蕴含了科学与人文在方法论上的差异,还反映了人们在知识的理解和立场上的不同。科学研究旨在揭示一种普遍存在的规律,即在不同的时空条件下,跨越特定个案和特定情境,存在普遍性,因而这种方法被称为普遍规律法。这种研究致力于通过众多案例分析来揭示普遍适用的规律。然而,人文和社会科学的研究更倾向于深入探讨在特定的时空背景下,每一个主体、事件或现象的可能性、多样性、复杂性和动态性。这种方法被称为特殊规律法。这一领域中的学术论文与著作,旨在通过一个具体的事实或在过程中出现的案例来进行深入探究,以便更好地理解这一特定案例。简而言之,自然科学的目的是寻求和解释统一性,而人文和社会科学的目的是寻找和理解差异性。

科学不仅为传播学的研究提供了更广阔的视角，同时在研究方法上也展现了其独特的方法论价值。当然，我们也必须警惕对科学的盲目崇拜，以及过度地将科学方法视为获取知识的唯一途径，这就是科学主义。盲目崇拜和信任现代自然科学，将科学知识视为人类知识的全部组成部分，认为自然科学的方法可以应用于哲学、人文和社会的各个领域的学习，这就是所谓的唯科学主义。那些反对唯科学主义的人士持有这样的观点：科学不是人类能够有效地进行智力活动或了解世界的唯一途径。反对者所反对的不是科学本身，而是他们对假设科学方法为解决所有问题提供了有效途径的不同意见。除了采用假设-演绎这种科学研究方法，还有如诠释、话语分析、民族志等基于人文和社会科学的定性研究手段，这也是一种理解世界的方式。因此，与唯科学主义的对抗并不意味着真正的科学对立，关键是要让科学回归其真正的本质，并将科学知识看作人类所有知识的归宿。

关于社会科学的价值观念问题，源于自然科学的科学和技术理性为我们提供了从比较中洞察人文和社会价值理性的途径。如果自然科学的研究方法能够帮助我们揭示自然界的深奥之处，那么它也将有助于更深入地理解人与社会之间的相互关系，从而减轻社会矛盾并促进社会合作。在启蒙运动的时代，这曾被视为一个梦想。受到启蒙思想家们的深刻影响，自由主义思想体系中出现了这样一个核心观点：赋予思想、言论和探究自由，而全人类共有的理性将逐步引领我们走向对真理的全面认同，同时避免错误和偏见。这个观点曾被认为不只是存在于自然界的物质领域，还存在于人类文化的社交领域。在人文社会的道德、伦理和政治领域中，正如人类的理性已经揭示了物质及其活动的普遍规律一样，人类的理性也会揭示人性、社会、道德和政治之间的普遍规律。

然而，社会科学、科学哲学以及伦理的当代进展，激起了人们对启蒙思想家的理性观合理性的质疑。由于我们的理性能力受到限制，人们在实际的自由理性行为中往往会在道德和社会规范上出现分歧，而不是达到共同的理解。面对这样的质疑，后启蒙时代的思想家们在对理性的理解和阐述上摒弃了启蒙思想家们的理性观中的许多观点。尽管如此，启蒙思想家们的理性观的核心仍然被认为是正确的：理性能够引导我们在确保人的自由的公共原则中走向一致而非分歧。

以启蒙思想家的理性观为导向的思考和质疑，主要源于自然科学和人文社会科学之间存在的显著差异。考虑到研究的目标、方法和任务，科学对于自然世界的探索与人文及社会科学的研究之间存在着显著的差异。

赛亚·柏林曾持反对态度，认为自然科学的实证知识范式不应被视为人文社会科学的评价准则和模仿目标。他认为，无论是从研究对象的性质还是从知识的种类来看，人文社会科学和自然科学之间都存在着显著的差异。人文社会科学专注于研究人类自身创造和居住的人文世界，而自然科学则更多地关注自然的物质世界。自然科学家致力于从外部角度去探究自然界的物质结构，是自然界的观察者。人文社会科学家则是从内部到外部，对人文世界进行深入的研究，并最终成为人文世界的思考者。在人文和社会科学领域中，研究人员的思维、日常生活和经验构成了主要的研究焦点。但在自然科学领域中，研究人员被视为客观的、不受主观影响的独立研究实体。

考虑到这一点，自然科学家在他们的研究领域中可以保持绝对的独立性，而社会科学的研究者则与他们的研究目标更为接近，他们永远无法完全独立。社会科学主要关注在负载意义上的社会行为，其研究焦点是具有强烈反思性的个体，这与自然界和物质世界中的粒子构成有着显著的差异。正是因为物质现象的存在，人类及其对语言的应用才变得有意义。这一被赋予或描述为关键的过程，在不同的时代、文化和人群中可能会呈现出不同的特点和差异。换句话说，在社会科学的研究领域里，并没有人能够与外界保持距离。社会科学的研究需要研究者深入到社会世界中去，这个社会世界是通过其社会成员进行意义创造活动而形成、定义并持续存在的。

通过自然科学手段获得的知识通常被认为比通过人文社会科学或其他途径获得的知识具有更高的公众认可度。我们需要对这种想当然的偏见保持高度警惕。简言之，这种偏见在 18 世纪之前就已经存在，并逐渐被制度化。早在 1795 年，法兰西学院就已经确立社会科学为二等科学，而自然科学则是一等科学的一部分。德国将社会科学看作科学的一个分支。另外，在社会科学这个巨大的屋顶之下，历史上的各个学科都有过不同的位置。心理学、社会学和人类学的研究人员被尊称为“知识分子”，而政治学和行政学的研究者则因其主要服务于政府行政任务而被誉为“专家”。

如果将自然科学中的科学与技术原理及其方法简单地应用于人文社会，那么可能会引发一系列的困惑和问题。韦伯是第一个对工具理性在当代社会单一发展模式所带来的负面影响进行全方位和系统性分析的人。韦伯的分析主要集中在理性主义导致的社会文化影响上，这主要体现在理性如何异化人类以及如何侵蚀传统价值观。无论 20 世纪的两次世界大战还是环境污染和气候变暖，都在提醒我们：科学不一定能带来真正的进步和社会福祉。例如，核技术在发电和医疗方面为人类带来好处的同时，亦蕴藏着被用来制造杀伤性武器的威胁。

总之，传播学专业的学生接触科学技术相关知识，不仅可以拓宽视野，而且能够激发以科学精神和方法为核心的科学理性思维。相较而言，在这两个科学领域中，自然科学的科技理性和社会科学的价值理性这两种不同类型的理性，对于传播学的研究方法和方法论产生的影响特别值得我们关注和重视。

四、功能使命——从解决社会问题入手建设社会和谐

社会科学的研究对象是社会成员及其之间的交往方式，社会科学直接关注社会关系中的问题、矛盾和冲突，旨在构建一个更加和谐的社会环境。尽管社会科学中的各个领域关注的议题各不相同，但它们的共同之处在于，社会科学的终极目标是通过解决实际的重大问题，从而提升社会的整体福祉，并持续改善道德和社会状况。

现代社会科学的形成和发展，经过了三个极为关键的历史时期。14—16 世纪的文艺复兴和 17—18 世纪的启蒙运动为社会科学的兴起提供了有利的环境。目前较为普遍的看法认为，社会科学这一学科在 18 世纪中期至 19 世纪中期这 100 年间诞生，其中英国的工业革命、法国的政治变革以及美国的革命都是这一演变过程的产物。在这一时期，人类社会正处于向现代社会过渡的关键阶段。孕育而成的社会科学与社会剧变之间存在着相互依存、相互影响和相互作用的关系，这些因素共同构成了推动人类意识、认知革命以及共同塑造现代社会在政治和经济转型方面的关键驱动力。

在社会科学成为一个独立的学科之前，例如在启蒙运动的晚期，自然哲学曾被普遍认为

是欧洲最值得信赖和最具权威性的知识体系。自然哲学的核心思想是探索自然世界的运作法则和原则，以替代那些超越自然的深奥思考。不可避免地，与此相关的还包括公共领域中民族国家的建立，立法、行政和司法的政治思维，以及私人领域中的道德观念和生活方式。人们通常将其称为“道德哲学”，也就是社会科学的先驱。

在启蒙运动期间，许多思想家的观点被认为是法国大革命的潜在推手，这场大革命是人类进入现代社会的一个重要转折点。基于事实，研究社会问题的学者们从政治、道德和经济等多个角度对世俗社会进行了深入探讨，并成功地超越了传统的建制权威和教会教条。平等、宽容、民主和个人自由的观念已经转变为一种对君主、贵族、权威和传统观念的挑战。

在18世纪中期至19世纪中期，人类社会的现代化转型引发了众多的挑战和问题。在世俗社会中，道德和社会秩序的存在，民族国家的形成和崛起以及工业革命后引发的各种社会问题，如贫困、阶级冲突、种族和民族差异以及移民等，都是重要的社会议题。这些问题恰恰是早期社会科学家们试图解答的，他们在启蒙运动和人文主义传统的交汇点上，寻求构建一个更为完善的社会框架。无论马克思、涂尔干还是韦伯，他们都在努力为现代社会中的核心问题提供自己的解读和可能的解决策略。空想社会主义者圣西门在社会科学的早期发展中，曾有过显著的贡献。对于英国工业革命和法国大革命后，19世纪初期的社会困境，圣西门、欧文和傅立叶这些空想社会主义者都有深入的了解。空想社会主义者坚信，对人类和社会的科学理解是摆脱那个时代的困境和进行社会重建的必要前提。社会学的奠基人孔德，即为主张使用实证科学的方法对社会进行改革的空想社会主义者圣西门的学生。

“社会科学”代表了以人类与社会互动为核心的多个学科领域，其主要研究的是社会成员以及他们之间的交往方式。社会科学的研究焦点集中在整个社会结构上，特别是那些在社会中产生互动和互相影响的个体。社会科学涵盖了众多的研究领域，包括以思维活动为核心的心理学、以公共事务为核心的政治学、以文化及其演变为核心的人类学、关注群体和阶层的社会学以及作为行动和行为规范的法学等。总体而言，社会科学的研究目的在于推动不同社会群体之间的宽容和和谐共处。在不同的社会实体之间，我们应当努力实现利益的协商和平衡，为这种利益的协商和平衡提供一个能够约束和赋能不同群体的标准和准则，确保每个人都能遵循既定的规范和法律，并在此基础上培养一个包容、理解、尊重和和谐的共同体。

在我国，传播学是一个新兴的学科领域，社会科学作为这一学科的基础和土壤，也是一门被称为“新兴学科”的学科，直到20世纪70年代之后，它才开始逐步经历重塑。这可能基于我国传播学在作为一个学科的发展历程中的薄弱历史背景。在1952年左右和1956年左右，我国的高等教育机构经历了重大的院系调整。社会学、人类学、法学、政治学、经济学以及其他与社会科学相关的学科从大学的学科结构中被排除。学科的发展脉络断裂，其影响持续不断。1977年5月，中国科学院哲学社会科学部创办了中国社会科学院，这被普遍认为是中国社会科学重建历程中的一个重要标志。

在20世纪80年代的农村改革、90年代的城市化和城镇化以及新世纪融入全球市场、全球化和社会问题的各个阶段，都为社会科学，包括传播学的发展，提供了一个错综复杂、丰富多彩的研究机会。传播学在20世纪80年代初被引入我国，并被纳入大学新闻学专业的辅修课程，这标志着它逐渐成为一个制度化学科（朱鸿军等，2019）。但在20世纪80年代和20世纪90年代的中叶，正如张国良教授所描述的，传播学作为一个学科，其地位主要是作为新闻学的补充和参考，因此它在学科中自然地被边缘化了。在1996年，传播学与新闻学被划分为两大二级学科，它们共同构成了"新闻传播学"这一一级学科的核心部分。2002年，传播学正式列入教育部高等教育机构的本科专业清单，标志着对其地位的认识进入一个新的阶段。

在社会科学的多个学科领域中，某些学科与人文学科的研究更为接近，例如文化人类学的研究。此外，有些研究方法与科学的研究模式更为接近，例如认知科学的研究方法。同样地，新闻传播学作为一门社会科学，在新闻学领域与人文研究的传统更为接近，而在科学的范畴中，传播学也被认为存在许多的交叉领域。然而，从宏观角度观察，传播学的研究经常是对问题的追问和假设的提出，这导致其研究范式与科学范式有较多的交集。为了修正研究者的直觉判断和偏见，研究者还会根据实际经验和资料来验证这些假设。当我们试图纠正自己的直觉和偏见时，科学的方法被普遍认为是最优选择。

社会科学主要研究的是特殊的事件，而与自然科学不同的是，它更关注那些可以反复发生的事件。17世纪的英国作家托马斯·布朗爵士曾经写下了这样一个美谈：人类是一种真正的两栖生物，他们不仅生活在自然的物质世界中，还生活在由感知、信仰和意图等主观意义组成的精神世界中。作为社会科学的一个庞大分支，传播学的核心研究领域正是人类的精神领域。传播学的研究主要集中在人的精神领域，与其他社会科学研究相似，它更倾向于深入理解复杂性，并擅长通过因果关系来解释，但很少能够准确预测未来的发展趋势。相较于自然科学能够精确地预测在气温、压力和容积的相互影响下天然气何时会爆炸，社会科学在预测个体、组织和制度因素共同作用下的集体行动时间和地点方面通常面临更大的挑战。

因为社会科学家在面对复杂问题时，很难或根本不能像自然科学家那样给出明确的解答，所以他们经常被视为在能力上不如自然科学家。这种观点实际上是将自然科学与社会科学视为同一概念，从而导致的一种误解。鉴于社会现象在本质上与自然物质现象有着不同的规律，因此有必要通过多种不同的理论和方法来进行深入的理解和解释。社会集体行动这一现象，产生因素的多样性和复杂性，再加上特定的社会政治结构和历史文化背景的差异，这些因素之间的相互影响可能并不存在普遍适用的规律。因此，社会科学家们很可能只是在探索那些没有普遍性的法则，而没有取得任何实质性的进展。（蔡华杰等，2021）。

2016年5月17日，习近平总书记强调"要加快完善对哲学社会科学具有支撑作用的学科，如哲学、历史学、经济学、政治学、法学、社会学、民族学、新闻学、人口学、宗教学、心理学等，打造具有中国特色和普遍意义的学科体系。"新闻与传播学是一门与实际操作紧密相连的社会科学领域，因此，将其与当前中国面临的重大社会问题以及社会科学的其他学科领域结合起来，形成一种既积极又有益的互动关系变得尤为重要。这也意味着新闻与传播学应当被纳入社会科学的转型和重塑过程中，成为其中的一个重要组成部分。

在1750—1850年，工业和政治的双重革命以及工业化和城市化等社会大变革导致了政治哲学和道德哲学的崩溃，并逐渐转向了包括社会学和经济学在内的更细致的社会科学领域。如今，我们正在经历一场前所未有的双重革命，即技术革命和社会革命，这两场革命相互交织并相互影响。在当前的背景下，新闻传播学如何能够作为哲学和社会科学的支柱学科，应对社会和时代的巨大变革，解决新的双重革命带来的社会问题，从问题的角度出发，构建一个更美好、更和谐的社会，是我们这代学者面临的机遇和任务。

五、结论：用人文价值标定公共传播教育定位

第二次世界大战结束后，传播学转变为一个制度化的学科，这在一定程度上与传播学的应用和权力的高度重视有关。在当前的新媒体背景下，传播学作为一个显著的学科逐渐受到关注。然而，其知识和工具的策略性价值，尤其是在解决实际问题方面的工具性价值，并没有受到这一学科内在变革的进一步推动。考虑到这一点，基于公共传播学科中的人文、科学和社会三大知识来源，我们提出了公共传播教育的三大核心任务：提高人文价值、坚守科学理性，并致力于构建社会和谐。

20 世纪上半叶法西斯主义的兴起和 20 世纪下半叶消费主义的流行，在很大程度上都是社会心理学和传播学等其他学科知识被用于操纵人们的意识和喜好的结果。传播、说服以及其他传播学的知识在过去都有过积极的推动效果。当我们回顾传播学这一学科的发展历程时，每一条路径都为我们提供了某种启示和警告，因此我们需要重新将人文教育与传播学教育相结合。如果我们不把人文价值放在首位，我国的传播学可能依然具有强大的影响力和显著的作用，但它可能缺乏深度，缺少明确的方向和意义，甚至可能面临各种危机。

人文价值既是衡量科学理性效用的指标，也是解决社会问题的导航仪。陶东风指出，新文科当然应该对现代性进行深刻的反思，这种反思的目的是推动现代性的发展，而不是回归中世纪，新文科还应该坚持从人文主义的传统视角来推动现代性的发展。从宏观角度看，现代大学教育正逐步从道德教育转向更加理性的教育方式。在这一变革过程中，现代大学的改革者并没有忽视人文教育的重要性。然而，人文价值本质上构成了大学教育的核心精神。如果自然科学的核心词汇是“真”，社会科学的核心词汇是“美”，那么人文学科的核心词汇则是“善”。无论欧美的古典学院还是中国的书院，在转型为现代大学的过程中，它们的主要方向都是追求自然科学的真实性和社会科学对美的追求。在此背景下，许多大学改革者并没有放弃对人文学科的研究和追求。在新媒体重新确立传播学的学科身份和知识体系的关键时刻，当我们努力推动传播学的科学化和学科化进程时，我们迫切需要重新审视并重振那些在传播学教育中模糊但实际上已经失落的人文传统。

思考题

第一节

1. 公共传播与大众传播的区别是什么，它们分别有哪些主要功能？
2. 公共传播在当代社会中的重要性是什么？在社会发展中的作用有哪些？

第二节

1. 公共传播学在发展过程中经历了哪些重要的理论变革？
2. 公共传播学在数字化时代下有何新的发展与挑战？如何应对这些挑战？

第三节

1. 公共传播学教育如何评估教学质量和学生的学习效果?
2. 公共传播学教育如何平衡传统媒体和新兴媒体的地位和作用?
3. 公共传播学教育如何应对社会公众对公共传播的日益增长的需求和期待?

第二章　智能媒体与公共传播学的融合与革新

当前的时代是一个开放的时代，传播形式发生了激剧的变化。首先，移动互联网的诞生使每个人成为传播者，传播泛在化；其次，移动互联网、大数据、算法推送使发布由点到线转变为面到线，信息发布更准确；最后，信息传播既可借助文字、图片和声音等方式，也可借助视频等方式，传播形式多样化。传播的丰富性和多样性也使得公共传播展现出自身魅力。新媒体平台不断涌现，人工智能快速发展，公共传播的方式也随之不断更新与变化，这些变化引发了我们对智能媒体时代下公共传播价值定位的思考。在人工智能赋权的媒介语境中，公共传播这一概念无论在内涵还是外延上都得到了较为全面的发展。相较传统媒体生态，新媒体参与方的多元性和互动性进一步凸显，公共传播被重新赋能和重塑，传播者和受传者的边界变得模糊，二者的过渡更快、更方便，这使得公共传播在更加便捷的同时也面临着挑战，也使得各界对于公共传播所呈现出的新的传播模式和特点产生了好奇。

第一节　对公共传播的价值定位思考

公共传播虽然渐渐呈现出比较清晰的学术图谱，但是其仍然面临着“知识危机”，它被赋予了几种不同甚至价值取向对立的学术想象。公共传播在实践中又被贬斥为在纯粹技术层面上的认知和应用，它所具有的价值维度及对应的实践品格受到遮蔽，这制约着传播研究想象空间的扩大与价值关怀的实现。于是，对公共传播价值定位和实践品格的重申就成了一个必须面对的学术话题。从公共传播的价值底色上看，公共传播倡导以公众至上为前提，以自由言说和表达为路径，追求公共利益和共同体的善。从实践品格上看，公共传播注重通过公民的积极参与来建构公共领域和推进民主商议。

一、公共传播中的知识危机

近几年，互联网技术不断创新，传播环境发生转变，国家和社会对多元治理的实际需求增加，“公共传播”这一将政治传播、大众传播乃至政府公共关系等多个方面融合在一起的概念越来越受到关注和重视。公共传播作为大众传播学的一个分支，尽管其学术结构日益清晰，但在知识创造和社会实践中尚未得出明确的结论。公共传播从一开始就和大众传播的理念紧密相关。传播学者彼得·戈尔丁（Peter Golding）在英国报纸、广播、电视等大众传播媒介盛行的时代，指出了公共传播系统是文化工业不可分割的一部分。丹尼斯·麦奎尔在其经典著作《麦奎尔大众传播学理论》中提出，现代社会公共传播网络主要靠大众传播来实现。很明显，公共传播通常会与大众传播交替使用。在国外，公共传播的正式引入，始于20世纪80年代（刘杰，2021）。其中，Stappers提出了“作为一种公共传播的大众传播”概念，并强调公共传播研究的核心目标是探索公众如何更好地接触和使用媒体以及如何更有效地传播公共知识和信息。在中国，史安斌早些时候对公共传播的概念进行了澄清，他认为公共传播就是指政府、企业等各组织以多种途径向公众传递信息、交换意见的活动过程。上述两个定义虽然来源于不同的社会现实与传播现状，但在内涵描述上也存在诸多契合点（Stappers，1983）。

实际上，公共传播这一观念的出现为人们提供了丰富的想象空间，但也导致了公共传播的传播模式与知识创造功能的分裂。从一个更广泛的视角来看，所有以大众为中心的传播行为都可以被视为公共传播。在互联网社交媒体的背景下，传播活动中的“主体”（传者）、“客体”（受者）变得越来越难以区分，这也使得公共传播的整体形象变得模糊不清。因此，尽管公共传播主要是为了满足公众的利益而展开的，但在知识的创造过程中，它始终呈现出一种愿意辛勤付出的面貌。对于政府来说，公共传播是一种与“政治宣传”相匹配的政府信息传递活动。政治权力有能力通过这种理念来消除对“宣传”这一词汇的意识操控和道德说教，并将其用于指导现代政府实施具有组织性和自觉性的“新闻管理”战略。然而，在当前的逻辑框架下，公共传播作为一个实践领域，其多样性和分散性都在提升。公共事件的传播、公共政策的传达、公众形象的塑造、政府的公关策略以及舆论的管理都可以被纳入此范畴。公共传播已经被视为“公共关系”的现代代表，它是政治营销和政治广告的代名词。

从学术研究的角度看，公共传播研究可以涵盖几个与大众传播相关的公共议题，包括健康传播、科技传播、公益传播和危机传播等所有非商业性的大众传播话题。公共传播强调一种与私人或商业沟通服务不同的公共服务或信息传播方式，即公共事业传播和公开传递，这是所有人都可以接受的。在当前的新媒体背景下，公共传播网络被看作个体、组织以及其他多种实体通过各种不同类型的媒介构建的一个开放性的传播网络。与大众传播、组织传播和人际传播这些传统的传播方式相比，公共传播在传播的主体、结构和空间上都显示出更大的开放性和不确定性，公共传播的公共属性和其对社会实际价值的深远影响经常被掩盖，公共传播正面临着知识共识的危机。随着时间的推移，更多的学者开始认识到这个问题，并再度强调公共信息传播的规范性。

吴飞在迈克尔·布洛维对社会学的分类的基础上，提出公共传播与专业传播学、批判传播学以及政策传播学等领域存在着明显差异。他的观点是，公共传播是对“芝加哥社会学传统”的一种回归尝试，这种传播基于公共社会的发展需求，让公众主动地参与各种社区实践活动，从而为实现权利平等、社会公众与民主发展提供了介入性可能（吴飞，2012）。另外一些学者认为，尽管公共传播的核心思想仍在不断演变和分化，但它主要方向的转变是非常清晰的，即从强调公共性向强调公共实践中的多元开放式传播转变。当社会面临“共识问题”时，公共传播有机会参与形成共识的生产流程；此外，胡百精等（2019）从历史维度分析了美国进步主义运动结束后，媒体在解决认同危机和推动多元共识方面所起到的作用和机制，并强调了公共传播在协商过程中的不可替代性，随后指出公共传播是基于现代社会治理主体之间平等对话的实践而诞生的。在公共治理的大背景下，它承载了意见交流、行动空间和意义网络的功能，能够增强社会认同、凝聚社会共识、推动国家和社会治理创新，这就是“国家与社会治理试验”的核心理念。

然而，在公共传播领域，知识危机表现出双重逻辑特征：一方面，公共传播的知识基础非常复杂，它在进行边界工作（boundary work）的过程中占据了传播学科的主导地位，与其他学科在主题和结构上持续产生冲突和合作，而在解决相关社会问题的想象力和穿透力方面，通常稍逊于其他学科；另一方面，大众传播的公共性和公众交往的公共性是公共传播的核心价值，而这一价值随着民间社会逐渐衰退而逐步减小，最终受到市场和政治权力的双重控制。现有研究对公共传播的核心价值着墨甚少，这就引起了我们对公共传播的规范含义、价值立场和学术意义的重新思考，所以对公共传播价值底色和实践品格的重申是相当紧要的。公共传播可以被定义为一个以公众为中心、以公共利益为追求、以政府与公众之间的价值平等为原则、以民主社会治理为标准并以恢复公民参与为准则的大众传播过程。公共传播的核心目标是创造一个更加适宜居住的公共生活环境，并致力于实现"共同体之善"的基本价值观。另外，公共传播注重通过开放的沟通和政治参与来促进政治对话、社会共识和集体活动。换句话说，公共传播不仅包含了政治哲学对"公共利益"和"共同体之善者"价值的基本解释，而且还具有强烈的行动和实践传统。因此，本书的目的是从政治哲学和社会学的角度深入探讨公共传播的核心价值和作用，并再次强调其在实践中的价值。

二、公共传播之价值底色——公众至上，公共利益及其表达

在现实生活中，共同体是人类群体生活中的一个基本单位。在一个共同体的生活环境中，除了情感上的联系外，它的持续存在主要围绕各种利益，根据这些利益将其划分为单独的个体和集体。因此，为了构建一个共同体的生活方式，公共利益的存在成为前提。公共利益，作为一种连接政治价值观与政治实践的核心理念，在现实主义政治环境下，不仅可以被理解为"社会福祉"和"公共福利"，还可以被视为社会共同体中所有成员生存和发展所需的、不确定的个体都能享受的价值观念，也就是"共同体之善者"。正如亚里士多德所描述的，各种社会组织建立之初，它们的核心宗旨始终是追求某种形式的善行。所有政治共同体的建立，在其应有的意义上，都应该追求"为善"的目标，这样才能形成共同体的固有特性，并为共同体的所有成员带来某种形式的幸福。考虑到"善"既是共同体的中心思想，也是所有共同体成员共同认同的价值观和社会道德准则，因此如何在共同体生活中通过高效的"沟通"来实现情感连接、善意和公平变得至关重要。另外，如何巧妙地将公共传播与"共同体之善者"相结合也是关键问题。传播学家斯普里查（Slavko Splichal）提出公共性可以从五个不同的角度来解读：首先是作为社会目标的"公众"（public），其次是作为活动或空间的"公共性"（publicness），然后是作为人的基本权益的"公开知情"（publicity），接着是作为国家和公民社会的"公共领域"（public sphere），最后是作为表达观点的"公共舆论"（public opinion）。其中，确立公众作为公共信息传播的应有主体和公共领域作为大众集体表达的"常识"是一条充满挑战的道路，这一过程中涉及复杂的政治和社会变化（Splichal, 1999）。

从 19 世纪末到 20 世纪末，伴随着欧洲工业化和城市化的快速发展，大量的人口和劳动力开始聚集，催生了大众社会的出现。然而，在精英主义的观念里，大众通常被认为是"乌合之众"，而群众政治则被错误地称作"群氓政治"。从这一群体的心理学观点来看，大众常常被认为是容易发怒、有偏见、夸大其词、逻辑不合和缺乏责任感的。他们很容易被各种信息所左右，这可能会导致他们的思考模式变得混乱和分散，从而使将有偏见的大众融合为一个有组织的团体变得困难。在这种逻辑的指导下，在一个商业广告和政治宣传日益盛行的

时代背景下,传播学的研究焦点已经从关注社会关系、分享社群观点转向了权力的控制和操纵,从关注个人和社会的创造力转向了分析受众以满足客户、赞助者的利益需求。因此,在信息传播的实际操作中,“公众”通常被认为是“目标受众”(target audience),在大众传播的线性模型里,它扮演着“接收者”的角色。为了更好地了解“受众”,政府和市场都在努力了解他们的投票行为和购买商品的趋势。到此,大众已经转变为管理、数据收集和统治的焦点,而不再是独立决策的核心。

实际上,尽管在欧陆大众心理学的阴影之下,大众传播被贴上了“胁迫术”的标签,但它的基因中依然蕴含着公共属性。托克维尔对美国的民主制度、民众情感和社会根基进行了深入分析,认为报刊能够公开神秘政治力量以供市民借鉴并保持社群融合,促成统一行动。在这期间,杜威也详尽地阐述了传播和共同体之间的密切关系。他强调:“我们共同经历的传播成果是经过深入思考和传递的。虽然一个事件不可能从一个传递到另一个,但它的意义可以通过符号来实现共享。欲望和冲动都与公共意义紧密相连,因为它们代表了公共的、可以相互理解的意义。这代表了一种新的联系,并将共同的活动转化为一个共同分享利益的共同体。”(约翰·杜威, 2017)这一理念通过与社会大众的互动,不仅扩大了个体间的交流范围,还构建了社群网络,进一步拓宽了公共空间和领域,并创造了公共利益,从而为共同体福祉的构建提供了新的可能性。

在之前提及的以欧陆为核心的传播学视角中,公共传播这一要素在现代传播的起源中就已经存在。而公共传播的背后,也隐含了追求“公共利益最大化”的理念,因此公共传播被赋予了促进公共利益和提高社会福利的重要职责。那么公共传播的实际操作应如何确保并维护其公共性?杜威的哲学思想或许能提供一个答案。他强调:“‘共同的’‘共同体’以及‘交流’这些词汇不仅仅在字面上有所关联。人与人之间以共同事务为基础,生活于共同体之中,沟通是人与人之间对这些共同事务具有所有权的途径。他们必须在目标、信念、愿望、知识等方面具有共同性,才能组成一个共同体或社会。”杜威强调了“沟通”的核心地位,这不仅为传播文化观和仪式观打下了坚实的基础,而且对后来传播观点的研究产生了长远深刻的影响,也为传播研究注入了“公共性”的基因(约翰·杜威, 2017)。

在公共传播被视为公共价值体现的情境中,新闻的生成和传播的中心角色得到了重新塑造。新闻实质上是一种涉及广大公众利益的重大时事信息的生产和传播行为,“公共性”被认为是评价新闻合法性的一个核心标准。但是,如迈克尔·舒德森(2020)所指出的,新闻报道中关于“餐厅评论家的点评、幽默专栏作者的玩笑、体育专栏的预期以及名人的私事”的内容,其公共属性尚未得到充分体现。公共领域作为新闻产业的中心议题正在经历一场重塑,这种重塑逐步被新闻界所忽略,同时公众在新闻制作的过程中也逐步被边缘化。无论是20世纪80年代在美国兴起的“公共新闻”(public journalism),还是现代社交媒体时代出现的“用户新闻”,它们都显示出公众与新闻业之间的关系正在经历大的变革。目前,社交网络正在飞速发展,网民的角色也从被动的信息接收者逐步转变为主动的信息发布者和传播者,公共信息的传播主体和范围都得到了无限制的拓展。这一变化引发了公众对互联网成为公共信息传播备选平台的期待,进而催生了网络公共事件,削弱了政府的权威性,并激发政府运用其监管能力在网络环境中进行舆论管控。

至此,大众传播和公众都在努力创建一个开放的沟通环境、公正的对话场所和言论自由的空间，这对于推动理性的交流显得尤为重要。然而在当下政府、市场和媒体的互动结构中，权力的传递和商业利益已经成为传媒的核心，这使得大众传媒面临被政治、商业和娱乐工具替代的风险。在当前的社会背景下，大众传媒作为一种“公共工具”，应该坚守其公共性质，将大众视为公共事务的潜在参与者，并鼓励大众积极参与公共信息的传播，使其成为一个可以自由表达、交换观点、服务于公共利益和实践的平台。另外，公众应该有平等的权利来讨论他们认为有意义的公共议题，并且能够通过言论自由地表达和交流，这样才能构成一个共同规划幸福的公共领域。在汉娜·阿伦特（2011）的行为哲学中，语言被认为是至关重要的部分，它为言语带来了前所未有的意义。沉默已不再是真实的行为，只有当行动者变成话语的主导者时，才能实现这个目标，从而区分那些不需要他人参与就能创造的事件。她进一步阐明，公共空间是人们通过他们的言语和行为（speech and action）来展示自己的空间（self-disclosuring），并且参与公共话语的各方都是平等和独立的，他们在公共的理性和平等对话的基础上，构建了一个理想的对话和协商环境，以实现共同的合作活动，从而实现“共同体之善者”的目标。

值得明确强调的是，以个体主义为中心的共同体，在现在遭受了“个体化”的反噬。法团组织、公众咨询以及由此产生的社会共识变得越来越难以持续，这也解释了为什么齐格蒙特·鲍曼（2003）觉得“共同体”已经转变为一个缺乏道德责任感、相对弱势和短暂存在的“美学共同体”，而非一个“道德共同体”。另外，以传播技术创新为标志的时代变迁引发了许多潜在的问题。在互联网时代的大背景之下，技术的独占、数字的多样化以及以“推特”为代表的社交媒体引发的政治极端化，都使得公共传播中的社会共识愿景变得更加暗淡。人类所处的生活环境是由科技殖民所塑造的，其中，科学、技术和行政理性是主导因素，它们将某些道德问题转化为成本和收益的问题，从而导致了社会的巨大分裂。特别是在目前的女性主义浪潮中，性少数群体的权利和种族关系等议题的出现，突显了传统的“共同体之善者”所面临的脆弱性。因此，重新构建共同体的目标是基于共同认同，从“排斥差异的政治”转向“平等地接受政治”。换句话说，社群不仅包含个体对社群的认同，还包含社群对个体的认同。这说明，在以爱、尊严和责任为核心的价值观下，在法律权益和契约制度的背景下，有必要建立基于对话和参与的多元共存和相互依赖的公共秩序。

三、公共传播实践品格——公共领域，民主商议和行动

虽然“人类天生就是政治生物”，但在现代社会中，现代人已经不再是固定、抽象和僵化的存在，而变成生活在一个充满流动性环境中的存在。正如前文所描述的个体化危机，现代社会中的共同体成员逐步丧失了他们应有的公众认知和能力，“个体公民身份这一保护性盔甲在个体化压力下的后期正在逐步且始终如一地被剥去，公民的能力与利益亦随之被夺走”。但在现代政治生活中仍然有必要协调利益冲突和紧张关系，合理地进行交流、商谈/谈判和开展公共行动，公共传播对这些行为的生效必不可少，所以说公共传播带有强烈的实践品格。

正如前文提到的，阿伦特为公共领域奠定了价值基石，而哈贝马斯的公共领域理论则进一步突出了社交媒体在公共领域的核心地位。于尔根·哈贝马斯（1999）认为，公共空间是对所有市民都开放的，它包括了多种形式的对话，包括那些以个体身份出现的人聚集在一起

形成的公众……他们以团体形式进行活动，自由集结，表达，公开自己的观点。在这类大规模的公共互动中，需要特定的手段来进行传播和产生影响，其中报纸、杂志和广播电视被视为公共领域的主要传播渠道。哈贝马斯不仅突出了公共空间的开放性和平等性的特质，还强调了社交媒体在社会中的核心作用：它能聚集大众，促进议程的制定，并为各种对话提供一个交流平台。正如卡茨所指出的，公众不只是身体上的存在，他们更像是一个分散的群体，他们聚集在一起，共同讨论当前的议题，并形成广泛的公众观点。因此，在公共空间里进行平等的讨论、辩论和协商不只是一种修辞手法，更关系到政治哲学的核心价值观，还与社会学中的公众参与和行为模式有关。多种媒体方式在这些行为中发挥了决定性的作用，从而促进了与知识有关的公共传播议题的出现。

除此之外，于尔根·哈贝马斯（1999）也强调民主协商的核心地位，它被视为一种确保公众意见能够真实反映公众意图的途径，并具有明确的实际效果。协商的过程是有序的，包括论辩、提出建议、考察和分享意见；协商应该是包容和公共的，不能排除任何一个人；在协商过程中，以公众对话为核心，采用理性劝导方式，而不是操纵、强迫或欺诈，以促进公众更多的实质性参与，减少由精英独裁和权威统治，推广民主和政治平等的价值观。然而，我们面临的问题是，尽管技术的进步已经塑造了众多的公共空间，但这些空间却日益缺乏公共议题。政治生活的现状也越来越不能为共同体提供足够的营养。因此，人们逐渐从公共领域中退出，转而专注于个人私人化事务，这导致了“公民唯私主义综合征”的出现。在现代的个体化社会中，私人事务的发展已成为一个不可回避的议题，如何实现公共交流和民主协商成为一个亟待解决的问题。

公共领域的核心职责是建立和优化公众咨询、讨论的流程和平台，并充分利用议程的设定功能，确保相关议题能被纳入公众议程，而不会受到权力或市场的制约。一个健全的公共领域为社会创造了一个交流的平台，从而避免了权力和金钱对公民的侵犯，使公民能够通过公共传播将自身转变为强大的传播力量。在现代社会中，政治活动建立在所有社会共同体成员平等参与的基础之上，而这一切都基于对公共议题有深入的理解。因此，在我们的日常生活中，大众媒体起到了社会公器的作用，保障公众的知情权，并确保社会的沟通渠道畅通无阻。此外，它也能确保各种议题得到广泛关注和公开、公平、开放的讨论，确保所有参与者之间的平等性。只有大众传媒对公众的知情权进行了制度化的维护，我们才有可能塑造出某种公共舆论的形态。这样的公众舆论有助于在不同的地域、社会层次和社群之间建立互动和对话，进而促进公共协商、合作和竞争，培育出平等参与的公共意识。

此外，为了塑造公共空间和民主协商，积极的公民行为是必要的。阿伦特明确区分了行动、劳动和工作，并认为行动是使人类与其他动物种类区分开来的第二大特点，除了语言，它也是人类所有行为中最具政治色彩的一种。她强调，人们之所以能够成为政治的一部分，是因为他们的行动能力使他们能够与合作伙伴团结一致、齐心协力地追求某个特定的目标。通过言语交流和实际行为，人们可以更好地展现身份、融入集体，形成一个完全不同的领域——公共场域。如果人类不采取任何行动，那么很难断定他们是生活在人与人之间的公共领域。阿伦特强调，公共领域为人们提供了一个独特的平台，使他们能够清晰地展示自己的身份和不可替代的角色。这为每个人提供了一个展现对政治的热爱的机会，从而使每个人都愿意在审判、辩护和公共事务中承担一定的责任。在这个共同体社区中，人们不仅需要通过自己的行为来展示个性，还需要承担起公共责任。因此，共同体的公共属性不仅指其表达的范围，还涉及共同体成员或公民基于对特定公共议题的关心而采取集体措施来保护共同体。

那么，在促进积极公民活动的过程中，公众传播扮演了怎样的关键角色呢？基于阿伦特的公共空间和行动理论，积极的公民政治行动主要集中在公民的行为和参与上。"公民政治实践"不仅为个体提供了一种展示自我的途径，同时也是公民之间沟通与融合的纽带。政治活动的核心是公民间的相互竞争与融合，从而塑造出有政治影响的公民组织。公共传播的核心目标在于通过社会动员手段来达成社会共识，并进一步推动公共事务和政治参与。在传统的政治信息传播框架下，传播技术和系统的核心职责是提供从上到下的政治信息，以达到政治说服的目的。在现代民主制度的实施过程中，它高度依赖公民从基层到高层的广泛参与、磋商和实际行动。因此，所有的传播技术和系统都应该回到其最初的规范立场，为市民意识、市民参与提供更多可能的解决方案，同时也要保护媒体的公共性。换言之，大众传播并不是公共传播结构中的"中立""信息服务系统"，而是现代社会共同体向民主参与迈进的必经之路。对共同体的成员而言，当公民参与政治活动时，他们不仅要展现出热情、勇气、友谊和才能，更关键的是要认识到共同体的未来是由每个成员的思维和行为所决定的。公共传播的核心目标是赋予公民传播的动力（communication power），从而激发社会活动或提高公民的主动性（civil activism）。

第二节　智能媒体对公共传播的赋能与重塑

新兴媒介技术带来传统传播秩序的变革，公共传播已不仅仅是理念的存在，而是有着特定实践性的活动。当代信息传播活动在科技大潮的持续冲刷中得到了重建，促进了传播理念的改革，大众传播因已不能覆盖越来越复杂多样的传播实践而正在悄然退隐，而公共传播这一理念则借助新媒介技术的赋能卷土重来，它被赋予新的含义，充实了传播理论。微信、微博等社交媒体平台不仅催生了由智能新技术引发的传播变革，同时也激活了公共传播的观念和实践变革，极大地促进了公共传播的进步。智能媒体对公共信息传播的影响可以从三个主要方面来看。首先，它通过显著的赋权效应让公众能够更加积极地参与公共信息的传播过程，从而使公众的利益诉求能够得到有效的表达，并为实现真正的公共利益提供了依据。其次，智能媒体利用其独特的信息传播能力，为广大民众打造了一个开放的虚拟公共空间，每个人都可以平等地交流和互动，从而自由地表达观点。最后，智能媒体在推动公共和私人领域的融合方面起到了关键作用，通过私人事件来表达公众需求已经变成当前公共事务参与的一种普遍方式，实现了公共空间结构的一次重大转型。

一、公共传播：定义、价值及社会功能

新媒介技术为公共传播这一观念注入了新的活力，使其逐渐成为一种创新的传播策略。公共传播为传播学注入了更多的传播主体，它们之间存在相互的主体性和公共性的价值观和实践需求。公共议题及其涉及的公共利益和公共精神等特定内容，都是为了在公共领域中交流观点、推动行动和构建意义，通过对话和协商来实现身份、共识和认可等目标和成果。

在新媒体的背景下，公共传播的定义变得越来越丰富，其核心的价值和功能对于社会的进步和稳定也具有不可忽视的价值。

（一）公共传播在新媒体语境中的定义

1. 公共传播溯源——过度商业化中媒体公共性问题思考

如果想要深入了解公共传播，就必须仔细分析公共传播产生的各种背景和条件。回溯西方的传播历程能让我们更加真切地体验到公共传播从初始阶段到成熟阶段的生命力。尼罗指出，虽然电视、广播和报纸等主流媒体让信息传播得更为迅速和广泛，但这些媒体并没有为美国人民提供一个理想、自由和民主的公共讨论平台，反而使信息从大众传媒转变为市场和信息的消费者。媒体产业正逐渐走向寡头统治……大众媒体为社会提供的新闻资源，在种类和数量上都呈现出显著的下滑趋势。然而，随着大众传播逐渐走向集中化、垄断化和产业化，新闻媒介的专业化和公共化运动也开始崭露头角。在两大势力的不断竞争中，公共传播的种子开始悄然发芽并逐渐壮大。

在 20 世纪 50 年代，美国新闻自由委员会针对大众传媒的集中化和商业化趋势，编撰了一本名为《一个自由而负责的新闻界》的书籍，旨在帮助公共报纸和杂志确立其原有的职业目标和信仰。后来，媒介公共运动在全球范围内广受欢迎，为我们带来了“有责任感的新闻报道”。在 20 世纪 70 年代的后期至 20 世纪 80 年代，第三世界国家通过与全球各国的持续信息交流和接触，逐渐认识到了西方国家在新闻信息方面的优势。它们逐渐形成了一个联盟，希望能够改变国际新闻报道的不公平传播模式。然而，这一目标并没有实现，新闻媒体的公共性逐渐向跨国商业集团妥协，公开发行的报纸和电视频道也开始被回收和利用。到了 20 世纪 90 年代初期，大众传媒过度集中化问题日益严重，美国的大部分报纸已经形成了地方性的垄断，单一的大型公司拥有高达 88%的报纸发行权。在 20 世纪 90 年代后期，随着互联网技术的飞速发展，这种情况得到了改善，公共传播在媒体障碍逐渐消失的背景下获得了更为丰富和优质的发展空间。在新媒体构建的开放环境中，普通民众话语空间也得到了拓展，传播的主体变得更加多样，一个公共的话语空间逐渐形成，并为公共传播描绘了一个初始景象。

2. 公共传播的界定

当我们深入探讨公共传播的发展历程时，会发现公共传播是在大众传播的连续实践中逐渐形成的。因此，公众对公共传播的了解在很长一段时间里都受到了大众传播的影响。丹尼斯·麦奎尔坚信，在现今的社会背景下，基于大众传播的公共信息网络是无所不在的。虽然他非常明确地指出了公共传播与大众传播之间的关系，但他并没有提供一个相对清晰的解释（McQuail, 1987）。戈尔丁的研究指出，公共传播系统在文化产业中占据了关键位置，它直接影响了公众对世界的看法。所以，公共传播更倾向于指向那些具有公共属性的大众传播体系。随后，Stappers（1983）推出了公共传播的概念，旨在帮助公共传播摆脱传统的大众传播观念，也就是公共传播注重向大众有效地传达公共知识与信息。然而，到底何为公共传播，Stappers 也没能明确界定。由于对公共传播始终缺乏准确界定与阐释，致使其在西方主流传播术语中始终未被接受，至 20 世纪五六十年代以后，这一概念甚至几乎不再存在。

反观中国社会，在新媒体的推动下，广大民众表达意见的热情达到了前所未有的高度。

与新媒体焦点相关的“公共传播”这一概念，已经开始受到国内学者的普遍关注。但是目前我国在公共传播领域的研究大部分依然聚焦于大众传播的时代，过分强调政府、媒体和其他传播实体对公共信息传播活动的控制，忽视了在新媒体环境下，公众在公共传播中的参与特性。新媒体塑造了一个多元化、高度开放的传播氛围，公众传播的方式也发生了转变，其含义逐渐丰富。石永军等（2020）在新媒体环境中对公共传播的定义增加了对公众参与的重视。他将公共传播定义为：“各类社会组织或个体通过各种不同的传播渠道，针对广大社会人群进行的公开信息传播活动。”就 5 W 模型而言，该定义也隐含着公共传播这一特定范式，并指明如下具体内容。

（1）公共传播的核心是各种社会组织和大众，它强调了公众的积极参与。公众不只是信息的接收者，他们在公共信息传递中也将起到核心作用。

（2）公众传播旨在为广大的社会公众提供服务。但是，在此场合，我们所说的“公众”并不是指一般大众，而是指那些对公共事务和公共利益持关心态度的公民。

（3）公共信息是公共传播的核心内容。公共信息是关于公共利益的信息，包括公众对公共利益的观点、看法和舆论。在公共传播过程中，获得公众信息是公众参与的先决条件，其价值体现在满足大众的需求和促进公共利益方面。

（4）公共传播主要以媒体为其传播途径，并带有明显的公开传递特性。公开传播的本质是信息传播的方式是透明的，这意味着大部分的公众可以轻易收到传播的内容。

（5）公众传播的核心目标是追求大众的利益。为了满足社会大众对社会文化价值观的期待，公众的利益应当与社会大众的利益保持一致，并且应当遵循公平、正义和民主的基本原则。通过明确公共传播的具体定义，我们可以更深刻地洞察新媒体背景下的公共传播议题，避免将公共传播研究仅仅视为概念的简单应用，或者仅仅将其看作一个抽象但美好的传播修饰词，这有助于我们更好地理解公共传播的本质。

（二）保障公共利益——公共传播核心价值

在公共信息的传播过程中，一个理想的交流方式不应局限于单一的方向，而应该是一种持续的互动和双向的沟通模式。塔尔德曾明确表示，对话是一种永不过时、涵盖多个维度和领域、能够在任何地点和任何时间进行流动和渗透的沟通方式。公共信息传播产生的一个突出效果是，它在公众之间以及公众与政府官员之间构建了一个高效的沟通路径。珍妮特等（2004）学者也注意到，公共利益不是对个人利益的简单补充，而是多个参与方通过对话达成的共识，频繁的交流和对话有助于公共领域更迅速地获得法律认可。因此，在公共传播活动中，为了维护和保障公众利益，对话成为一种常态，而如何有效地构建公共利益成了公共传播活动的核心和关键议题。

大卫·克罗图等（2007）认为，公共利益是指那些在社会中公然的、易于接触的、共同的、集体的利益部分。在公共传播领域，公共利益是如何实现的呢？石永军等（2020）将公共利益在公共传播中的实现过程分为两个主要阶段：平等共享和平等参与。在平等共享的初级阶段，也就是将公共信息分享给所有的公众，这是一个平等的过程。共享意味着每个人都有权利获取所需要的公共信息，个人对这些信息的接收并不会妨碍他人获取信息，公共信息本质上是一种公共资源。当进入更高级别的平等参与时期后，除了公共信息的平等分享，公众还可以在公共信息的输出、发布和传播中享有平等的权利。在共享和参与的两个阶段，都强调了一个核心原则：平等。真正的平等意味着开放和包容，而不是拒绝和排斥，平等意味着我们需要公正无私地为信息的接收方提供一个传播和使用媒体的渠道。新媒体技术的进步为广大民众创造了丰富多样的信息传播渠道，这在很大程度上确保了公众信息的公平分享和传播，从而为公共传播在维护社会公共利益这一核心价值上提供了有利条件。

（三）公共传播的三大社会功能

当我们讨论传播的话题时，绝大部分人往往把它视为信息的传递。事实上，信息传播的价值不仅局限于广泛、快速和客观地传递信息，使大量复杂的公众能够接收信息，更重要的是，它通过富有内涵的信息和观点，影响和改变人们的思维和行为方式。公共传播的核心宗旨在于满足大众对公共信息的获取和发布需求，确保大众可以自由地表达自己的看法、参与公共讨论、分享知识、维护自己的文化属性，并与他人分享这种公共文化。公众信息的广泛传播能对社会大众产生深远影响，进而极大地提升公共传播在社会结构中的价值和影响力。

1. 塑造现代政治公民和实现政治参与

为了确保社会与经济的持续进步，广大民众的主动参与变得尤为关键。公民积极参与公共事务有助于确保在政治结构中，个人和团体的利益得到充分的关注和聆听。随着公众在决策过程中的参与度逐渐增加，他们更倾向于支持那些负责制定和实施政策的组织，从而提高政府和政策的合法性。因此，对于政府来说，借助公共信息的传播，其可以获得更丰富的创新资源、更加符合大众利益的处理方法、更深入的民意和民情信息，所以公众参与有助于提高政策制定的品质和深度。从公众的视角出发，公共传播为广大民众提供了一个广阔的讨论平台，多元化的公众观点和信息可以被完整地展示出来，从而使社会的权力机构更好地理解他们的立场。

雷德福认为，公民可以基于政府的透明度、交流的自由性及公开的讨论机会来获取相关的信息资料，直接或间接地被纳入决策系统，让各种问题被广大群众广泛讨论（Redford，1969）。获取信息的方式与公共传播的信息共享阶段是一致的，同时，公众的讨论和公共传播的参与阶段也是相匹配的。进入决策系统的途径可以通过表达观点来形成舆论，从而对公共决策产生影响。以雷德福提出的公民政治参与模式为评价准则，公共传播是新媒体环境下公民参与政治的一个关键途径。公共传播不仅可以作为一种传播工具，为公民的政治参与提供一个平台，还可以在政治参与的过程中起到培养和塑造当代社会政治公民的作用。如果我们把现代民主政治看作公民政治，那么要确保现代民主政治的成功，关键是培养具有民主、理性和独立特质的义务和权利主体，也就是公民。公共传播以稳健、全方位和公平的手段传播公共事务信息，为社会各界提供了广阔的发声平台，推动了观点的多元化，并为公众提供了参与政治和社会活动的机会。通过持续的政治参与，公民可以学习如何更好地展示自己的政治职能，真正理解自己在社会中的位置和角色，从而获得真正的满足感。最终，在持续不断的政治参与过程中，通过广泛的公众宣传活动，公民成为真正意义上的政治公民。

2. 整合社会、建立社会共同体

社会共同体为确保社会稳定奠定了基础。我国正在经历转型时期，众多的利益相互纠

缠，公众事件频繁发生，这加深了社会中的冲突和分歧。公共传播，作为连接共同体与共同体以及在共同体内部实现深度沟通的关键途径，极大地影响了共同体的发展方向，并对社会整合产生了积极的影响。一个共同体的持续存在和成长在很大程度上取决于社会的认同感。在缺乏广泛共识的情况下，共同体的内部团结会被削弱。在互联网高度开放的时代背景下，个体和他们所在的社群有机会摆脱外部环境的限制，自由地进入一个无边无际的网络空间，从而实现信息的自由交流。但是，在多方共同参与的情况下，不同的社会阶层之间的冲突变得更加尖锐，这种冲突可能会直接影响人们的判断和理解，从而阻碍社会的广泛接受。为了形成广大的社会共识，在新媒体技术所构建的公众平台上，只有当信息传播被融合进公共实践渠道时，才能真正推动不同社会层次和社群之间的开放对话与交流，有效地消减社会转型所引发的各种冲突和矛盾，从而让人们对社会价值有更深层次和更广泛的认同。社会认同所覆盖的领域越广泛，越能有效地促进个人与国家、个人与个人、组织与个人之间的和谐与整合。所以，公共传播具有推动社会共同体构建和稳固的能力。

3. 公民个人的社会化

社会化描述的是一个社会中的独立个体，通过不断的学习和模仿，逐渐成长为一个真正合格的社会成员的过程。同时，从生物个体到社会成员的转变，实际上是个体在能力、思维、观念和知识上的持续学习与积累。随着社会化进程的推进，个体逐渐将学习与文化传统相结合，从而实现了文化的广泛传播和继承。为了实现社会的持续进化，积累知识是绝对必要的。只有这样，社会的结构才能得到持续的发展和维护，人类的特性也会逐渐完善和成熟。虽然个人是孤立的社会个体，但公共信息传播可以有效地促进社交互动，所以公共传播既是社会化进程中的关键手段，也是社会学习和参与的核心途径。通过公共传播，公民可以更深入地与他人建立联系，寻找或建立社区，从而增强公众对社区的归属感。保持与社会的紧密联系，掌握相关的知识和技能，能够缓解个体的压抑和孤独感，寻找到安全感和归属感，实现自我价值，从而得到社会的认可并顺利完成整个社会化过程。正是如此，公共传播获得了与个体社会化相关的意义。

二、赋权与重构——社交媒体时代传播的变迁

美国学者安东尼，是首位将“社交媒体”这一思想带入学术领域的学者。他特别指出，社交媒体涵盖了多种在线媒体模式，这些媒体在交互过程中呈现出参与性、交流性、对话性和社区化等多方面的特点。社交媒体展示了两个显著的特点：首先是内容制作与社交活动的紧密融合，其次是以用户为中心。社交媒体打破了传统媒体在内容和传播途径上的垄断，将传播的权力赋予了广大的公众。社交媒体凭借其交互性、即时性和开放性的优势，逐渐成为公众表达观点的首选途径，同时也打造了一个虚拟的公共空间，成为公众表达观点和参与公共信息传播的主要平台。另外，随着社交媒体的影响力逐渐扩大，它正在逐步改变公众的表达方式和习惯，增大私人领域的事件扩展为公共事件的可能性，这使得公共和私人领域的界限开始变得模糊。社交媒体正在逐渐展示其在推动公共团结、表达观点和达成共识等多个方面的影响力。

（一）媒介赋权：社交媒体时代公众参与

赋权，又常被称作增权，其核心思想是通过增强个体或集体的素质和实力，赋予他们实际行动的权力和能力，从而改变现有的情况。早期关于赋权的研究主要聚焦于社会上的弱势群体，但随着传媒实践的不断发展，西方的传播学开始更加重视赋权的研究。在当前新媒体技术高度发达的背景下，社会的转型已经步入一个至关重要的时期，社会中的弱势群体和多数人的沉默话语权都经历了明显的转变，新媒体赋权的研究意义日益突出。相较于传统的大众传播，新媒体技术在赋权方面不仅彻底改变了传统的信息传递方式和模式，而且重新塑造了大众的思维模式、社交互动和公众参与方式，使得意识形态领域变得更加多元和复杂。结合我国国情，国内学者将新媒体的赋权视为：互联网收集数据信息的能力，为个体和群体制定特定的行动或触发某些变革提供了条件。传统的赋权研究主要聚焦于社会弱势群体，而新媒体具有包容性和开放性，其赋权对象包括所有与新媒体关系密切、使用新媒体以及利用新媒体提高自身能力的个体。

在众多的新媒体形式中，社交媒体无疑是最具代表性、影响深远且发展前景更为广阔的一种。在现今的社会环境中，社交媒体在我国不仅是各种矛盾和冲突的集结地，而且是国家、政府机构与广大民众进行沟通、交流和咨询的主要途径。由于赋权效应的促进作用，社交媒体成功地吸引了众多用户，这让参与的人群变得更为多元，同时也为大众提供了一个更深入、更全面地了解和参与公共事务的渠道。借助社交媒体平台，每个人都有机会自由地阐述自己的看法，极大地增强了他们在社会中的话语权，原先分散的群体现在被有意识地聚集在一起，这使得社交媒体成为我国公众表达观点最有力的工具。社交媒体构成了一个多维度和多样化的社会，通过赋权，它有效地提高了普通民众的发言权和公众参与意识，激发了人们表达观点的兴趣，重塑了公众、社会、政府与媒体之间的互动关系，从而为公共信息传播建立了广泛的公民基础。

（二）空间重构：社交媒体对虚拟公共领域的塑造

哈贝马斯曾经观察到，公共领域的建立和发展与媒体有着密切的联系。他认为，社会应该通过媒体来进行信息的传播和交换，从而产生共识和分歧。因此，在公共领域中，特定媒介在各个社会发展阶段所扮演的角色是不可或缺的。从最初的公共场所如咖啡店、茶室、沙龙和论坛，到后来的大众传媒，它们都曾在公共领域中起到了创造者的作用。公共领域的核心目标是在个体与国家之间创造一个具有社会张力的空间，鼓励公众以社会治理的目标为导向，积极地表达自己的观点，并利用这种方式对国家和政府施加影响。媒体在此过程中起到了关键的中介作用，它不仅促进了个体的集结，还助力于达成共识，进一步加强了个体与国家之间的紧密联系（于尔根·哈贝马斯，1999）。

当下，社交媒体在公共空间的构建中扮演至关重要的角色。哈贝马斯（1999）认为，公共领域的形成依赖三个核心因素：首先，它源于个体领域，存在具有独立性和理性的个体；其次，具备一个允许人们自由表达观点和进行互动交流的媒体环境；最后，具备一个共同研究与普遍利益有关的议题、形成社会共识和认同的平台。在这三个方面，社交媒体都起到了不可替代的作用。社交媒体有效地降低了公众接触媒体的门槛，使得原本局限于私人领域的普通公民能够站在前台，从而激发了他们参与社会治理的积极性，并通过展示观点，达成共识，将零散的个体聚集到了公众之中。另外，得益于社交媒体所提供的相对自由和公正的沟通环境，公众得以超越时间和地点的束缚，获得更多参与公共讨论的机会。现在，社交媒体平台开始逐渐受到关注，在这些平台上，公共利益的议题得到了深度的探讨，并达成广泛的共识，这有助于解决现实中的公共事件。社交媒体因其独特的社交互动和双向交流特点，为大众提供了一个开放的虚拟空间，在这一公共领域里，公众享有自由表达观点和参与公共议题讨论的权利，为公共信息的有效传播奠定了坚实的基础。

（三）领域叠加：公私边界模糊

哈贝马斯指出，公共领域的核心是一个连接私人与公共权力的中介，它既对公共权力进行了批判，同时也与其保持了适当的距离；然而，在一定程度上，公共领域已经超出了私人领域的边界，促成了个体的聚集和整合，并在公共集体讨论中促进了公共事务的解决。因此，从根本上讲，私人领域和公共领域之间有明显的区别（于尔根·哈贝马斯，1999）。私人领域指的是那些具有独立个性和理性思考能力的个体所处的交流和沟通环境，它呈现出更加封闭和独立的特质，同时也更加自由和随性，这与公共领域所展示的公共性和开放性形成了鲜明的对比。在传统社会背景下，受到时间、空间以及其他物理条件的限制，公共与私人领域常常呈现出明显的二元隔离现象。但是，社交媒体的兴起重塑了公共领域与私人领域的互动，公与私的界限已经被打破，公私两个部门开始在数字空间中互相交融。在社交媒体的平台上，私人事件可以在公众场合展现，还有可能吸引广大公众的目光。这些事件以惊人的速度扩散，并逐步升级为全国范围内的公共事件，从而在个人和公共领域中产生了叠加效应。

社交媒体为人们提供了一个极佳的交流平台，它不仅让人们在个人领域内自由活动，还允许他们作为公民参与公共生活，强化与其他组织的互动和合作，享有在私人和公共空间之间自由交流的权利，从而进一步促进公私领域的整合。这两个元素的融合主要表现为两个方面：一是私人领域逐渐向公共化转变，二是公共领域逐渐向私人化方向发展。由于媒体和社会大众对私人领域的高度关注，私人领域的公共化现象得到了体现，这导致了更多的私人事件成为社会公共事件的可能性增加，私人领域的公共性特质逐渐显现。另外，随着公私部门的融合和发展，更多的私人事件和议题被纳入公共空间，这使得整个公共领域呈现出私有化的特征。在传统的社交环境中，人们往往对个人的私事视而不见。然而，社交媒体所塑造的媒体领域正在逐渐缩小私人与大众之间的界限。因此，利用私人事件来表达公众需求已经变成公众参与公共事务的一种普遍方式，这也标志着公共空间结构的一次重大变革。

第三节　智能媒体时代下的公共传播策略

随着新媒体平台的不断出现和人工智能技术的飞速进步，传统媒体的传播者和接收者之间的界限逐渐模糊。在人工智能背景下，公共信息传播的方式也在不断更新和变革，从最初的概念性理论逐渐演变为公众参与公共事件传播的具体实践，公共传播这一术语在其内涵和外延方面都得到了全面的拓展。与传统媒体生态相比，在新技术的推动下，新媒体参与者的多样性和互动性更为明显。尤其是人工智能在新媒体环境中的广泛应用，使得传播者与接收者之间的界限更为模糊。因此,两者之间的互动也变得更为迅速和便捷。这在提高了公共传播的便利性的同时,也带来了一系列挑战,并激发了社会各界对公共传播新模式和新特性的更高程度的好奇心。本书深入探讨了人工智能背景给公共传播带来的各种挑战与机会,分析了公共传播未来的发展方向,并进一步提出了策略化建议。

一、在人工智能语境中公共传播的现状

(一)人工智能在新闻业中得到广泛应用

近些年,人工智能技术已经广泛应用于新闻制作、新闻收集和新闻分发的各个环节。在新闻制作过程中,新华社的写稿机器人"快笔小新"早在2015就已经开始撰写体育赛事的英文稿件和财经新闻稿件。当新闻记者需要不少于10分钟的时间来报道比赛的最新消息时,"快笔小新"能够在极短的时间内生成大量且准确的新闻报道。在新闻的收集过程中,传统的人工方式很难在海量的信息中迅速锁定关键点,但基于先进的数据挖掘技术,人工智能能够有效地捕捉到有价值的信息。此外,智能算法的出现极大地提升了信息生成和传播的效率,同时也引发了传播模式的重大变革。一项针对全球媒体工作者的调查显示,在32个国家(地区)的116名媒体工作者中,有三分之二已经开始采用人工智能技术来制作新闻,而超过50%的媒体工作者已经开始使用人工智能来分发新闻。此外,随着元宇宙和物联网技术的持续进步,5G、大数据、VR(虚拟现实)、AR(增强现实)、MR(混合现实)、XR(扩展现实)等尖端技术得到了广泛的应用,为新闻的生产、传播和消费等各个环节带来了翻天覆地的变化。

(二)高精准描绘用户画像

在互联网时代,新兴媒体形式层出不穷,各类媒体人纷纷尝试借助新媒体技术打造自己的专属标签——"私人定制""个性化推荐""自建社群"等。大数据操作是用户利益和信息的主要来源,通过过滤和筛选机制进行合理的融合,然后利用人工智能算法进行推送,从而实现传播者和用户的契合度和传播效率的同步。目前,智能算法应用于媒介领域已成为一个较为普遍的现象。例如,人民日报客户端、新华社客户端、今日头条、百度百家号、腾讯新闻等多家新媒体平台,还有抖音、快手和小红书,都采用了特定的技术来绘制用户的画像,以实现用户能够"个人专享报刊"的目标。虽然智能算法在广泛应用于国内各大主流媒体和社交媒体平台后引发了内容质量和价值观的问题,以及"算法黑箱"和"信息茧房"的风险,但不可否认的是,智能算法可以提高传播主体和用户之间的信息匹配度,帮助用户更加智能和有效地选择内容,从而实现信息的交互性传播,真正推动公共信息内容生态向更加良性的方向发展。

(三)传播渠道整合互通

目前,公共传播的一个显著特征是传播系统和传播途径之间的交融、整合和相互联系。尤其是在人工智能逐步成为媒介生态的一部分后,这种特征不只改变了信息的传播途径,同时也对公众传播的方式和成果产生了深远的影响。在媒体行业中,整合和转型已经成了一

个显著的发展方向。像人民日报客户端、新华社客户端和央视新闻客户端这样的主流媒体都纷纷推出了新媒体矩阵，让信息能够在各种不同的媒体平台上同步传播。这样的整合转型为公众带来了更丰富的信息选择，同时也推动了各种媒体间的合作与协同，为大众提供了更多的信息渠道，增强了信息获取的多样性。另外，像哔哩哔哩（bilibili）这样的新媒体视频发布平台吸引了大批年轻的粉丝，他们可以通过发送弹幕来实时分享和交流信息，这样的实时交互增强了公众传播的参与度和交互性，满足了公众对多种信息的需求。哔哩哔哩等社交媒体平台的成功证明了社交媒体在公共信息传播方面的正面作用，进一步推动了信息传播朝着更加模式化和以用户为中心的方向发展。信息传播技术的持续进步为信息的传播方式带来了多样性，同时也为大众创造了更广泛的参与机会。但是，这也伴随着一系列的问题，例如信息的真实性和隐私权的保护，这些都需要得到适当的关注和处理。因此，未来的公共信息传播需要更加重视信息的可靠性和透明度。在不断变化的传播环境中，政府、媒体和公众要共同努力，以确保公共传播能够更好地满足社会的需求，同时保护个人信息的安全和隐私。

（四）传播者与接收者之间的界限逐渐模糊

在新媒体行业中，智能算法技术颠覆了传统媒体的单一信息传播模式，在社交媒体领域引发了一场信息传播方式的深刻变革。用户不再仅仅是信息的接收者，他们逐渐成为公共信息的主要传播者。当下，像人民日报客户端、新华社客户端这样的媒体机构，以及各省（区市）的媒体机构自主研发的新闻客户端，都在积极地进行转型和升级。许多机构纷纷推出了面向大众的新闻发布功能，使用户能够在这些平台上表达他们的观点和意见。这一策略使得新媒体的使用者能更积极地参与信息和事件的传递，这种传播模式在某种程度上向传统的采访、编辑和发布等传媒手段提出了新的挑战。传媒行业正在逐步适应这一变革，并决定与网络赋权的发展方向保持一致。传统媒体的中心化和组织化特点逐步被淘汰，取而代之的是更加开放和多样化的信息传播方式，这在一定程度上挑战了传统媒体的领导地位，使得信息的传播变得更加分散和去中心化，进一步推动了公共传播向更加民主和平的方向发展。在人工智能的大背景下，公共传播的议题也经历了多个方向和更深层次的扩展。智能算法技术能够对大量用户数据进行深度分析，为传媒机构提供更加深入的视角，更准确地把握目标受众的需求和兴趣点。这种深度的分析为媒体机构提供了更具个性化的传播方式，提高了信息的针对性和传播效果。智能算法技术的应用已经深刻地改变了公共信息传播的方式，它赋予了每个用户参与信息传递的权利，模糊了信息传播者与接收者之间的界限。

二、公共传播的核心价值

（一）公共传播受到法律和伦理的制约

在人工智能技术的推动下，因为受众在媒体素养方面存在差异，公共传播在法律和伦理的背景下呈现出了新的价值观。在社交媒体日益扭曲和发展的背景下，注意力经济被无节制地放大，这导致了虚假信息、低俗信息和谣言的频繁出现，这也标志着后真相时代的来临。

在人工智能的催化作用下，公共传播在当前的社会环境中扮演了更加核心的规范和修正角色。我们不仅要对新型公共传播的方式和特点进行深入探讨，而且要深挖其背后更为深远的驱动变革的力量，这样才能产生正面的指导作用，规范大众的社会行为。政府的相关机构应当积极采用新媒体云计算和关键词筛选等先进技术，以确保新闻信息能够理性且常态化地发布。这一措施将助力网络赋权的受众更为积极地参与公共传播。在当前的大环境下，无论是从政府的角度还是从媒体的角度来看，公共传播的新模式对于传递准确的信息具有不可估量的重要性，它能更有效地维护社会的公共秩序和稳定性。

（二）实时互动促进亚文化传播环境的生成

与主流文化相比，亚文化这一相对的观念具有明显的差异，而亚文化的诞生与某一特定社会群体和目标受众所持有的文化价值观有着密切的关联。目前，这一创新的文化构架、思维方式以及生活方式已经赢得了年轻一代的普遍认同。在步入人工智能的传播领域时，用户的独特属性被唤醒了，新媒体的即时互动不仅有助于亚文化传播环境的塑造，同时也为亚文化新闻的广泛传播提供了有益的渠道。与传统的大众传播手段相比，在高度参与的背景下，公共传播的参与者呈现出更加多元和包容的特点。例如，在网络赋权的推动下，粉丝文化迅速崛起，“追星族”不仅追捧他们崇拜的人或事物，还创造了巨大的“粉丝经济”。网络红人不仅展示了出色的销售能力，还在作品专辑等领域多次实现了高销售额并刷新纪录。在人工智能的大背景之下，涵盖亚文化群体的公共信息传播，从多方面呈现了他们的独特个性，以及他们积极寻求获得更多发言权的努力。

（三）网络公共领域的出现

在人工智能技术的推动下，新媒体平台成为公共传播的催化剂，为用户提供了一个观点交换和信息交流的全新平台。从最初的概念定义到其后续的拓展，所有与公共领域有关的议题都与社交空间的变迁有关。自古希腊时代起，公共广场就已经成为不同观点交流和辩论的场所；随后，大众开始通过公共场所如咖啡店和俱乐部以及多种媒体渠道，对公共议题进行深入的探讨。随着人工智能技术在新媒体领域的深入运用，网络公共空间这一创新性的言论空间已逐步演变为一个供公众参与政策制定和政府决策的公共平台。在当前的新媒体环境中，大众对公共事务的参与度已经达到了前所未有的水平。在新浪微博平台上，用户有机会在央视新闻的官方微博评论、分享他们的独到见解，并进行深度的交流和对话，这为公众参与公共事务提供了一个绝佳的平台。

三、人工智能语境中的公共传播问题

（一）情绪化导致极端的群体化

情绪化是指个体在外部或内部因素影响下产生极端情绪，这种情绪进一步激发了非常规的行为模式，这是一种特定的个人行为。随着网络信息化时代的到来，人们之间的言论变得更加自由，这使得个人的情绪更容易转化为极端的群体化现象。随着科技的快速发展、人工智能技术的日益成熟以及新媒体平台的广泛应用，公众获取、转发和发布新闻信息变得更为简便。人们的教育背景、成长历程和生活环境各不相同,网络素养也存在差异,导致低俗和极端的信息内容在网络上广泛传播,这些都可能导致主流媒体发布的新闻或报道难以引起公众的关注。在社交媒体平台上,大部分新闻信息是由网友拼凑而成的碎片化信息,这些网友往往从一个片面的视角来审视事件,并在公共平台上发表自己的观点,这容易导致极端或情绪化的表达,甚至可能对持有不同观点的用户发起言语攻击。这些情况的出现不仅对双方当事人的人格造成了严重的伤害,同时也对网络环境造成了不良影响,导致用户的思维变得非理性。所以,尽管人工智能在推动公共信息传播的意义和价值上起到了积极作用,但它也为公众舆论的引导和管理带来了新的挑战。

(二)舆论场中共识难达成

在这个充斥着新的挑战和机会的人工智能时代,新媒体平台已经变成塑造舆论环境的核心因素。这些平台不只为信息提供了广大的传播渠道,还为个人提供了一种前所未有的参与公众舆论的机会。这一时空背景的变迁已经塑造了一种全新的舆论环境,这种环境深刻地塑造了人们对事实、立场和政策的认知。在这一新的环境中,观点的差异变得更加尖锐和错综复杂。在社交媒体和网络论坛这些平台上,各种观点和立场在虚拟环境中经常发生激烈的冲突。这样的冲突有可能引发不同主体间的观点分歧。这一现象不仅在政治方面有所体现,还在社会、文化和科技等多个不同领域的舆论环境中得到了扩展。政府各部门正面对空前的监管挑战,传统的舆论监控手段已经不能有效地追踪和理解新媒体平台上的信息传播情况。人工智能的出现为政府带来了几种可能的解决策略,但同时也伴随着一系列挑战。公共信息的积极导向变得更为复杂,为了确保信息的传播不会导致社会的不稳定,政府必须探索新颖的策略来参与并指导舆论环境的变迁。为了更加高效地监控和指导公众意见,推动舆论环境中共识的形成,并确保社会的和谐与稳定,政府部门必须主动适应这一新的社会环境。

(三)宣传型的公共传播很难吸引受众

多年来,政府各部门主要依赖宣传的公共传播手段,这种策略带来了突出的好处,例如对大众绝对的引导和广大的信息传递范围。宣传型的公共传播手段具备在有限的时间里向大众传达正面信息的能力,因此获得了成功。但是,随着公众的自主意识日益增强,这种宣传手段固有的局限性,尤其是其过于单一和缺少交互性,愈发明显。宣传型的公共传播是一种单向的信息传播手段,政府的各个部门经常把这些信息转化为宣传资料,并通过广告、宣传视频和官方网站等向大众传递。这一信息传播手段缺少有效的反馈机制,公众只能被动地接收信息,而无法积极参与信息的生成和传播过程。在这个信息化的社会里,仅仅依赖这种单一的信息传播手段已经不能满足大众的多样化需求。再者,社交媒体为所有人创造了一个表达意见、分享资讯和进行互动的场所,大众的独立意识和获取信息的方式有了显著的转变。在这样的背景下,通过宣传的方式来吸引大众的目光变得困难。大众更期待与政府相关部门进行双向交流,他们提出疑问、表达担忧、寻找答案,并希望政府能给予积极的反馈。如果政府沿用传统的宣传型的公共传播手段,那么可能失去与大众建立更深层次联系的良机。此外,过度的宣传可能会被看作信息的唯一来源,这可能导致公众对政府提供的信息产生疑虑，认为它缺乏客观性。所以，政府应当更加开放和透明，与大众分享更丰富的信息与数据，从而实现互信与认同；应利用社交媒体平台与大众进行互动，进行在线问题解答，并聆听大众的意见和建议；同时强调信息的可靠性，以确保公众对政府信息的信赖，进而更有效地实现公共传播的目的。

四、人工智能语境中的公共传播策略

（一）继续扩大公共传播平台的范围

在人工智能技术广泛应用并深入大众生活的背景下，一个开放、平等和共享的网络传播环境已经形成，这使得公众在知情权、言论权、参与权和监督权方面得到了前所未有的提升。与传统的自上向下的公共传播方式相比，新型的公共传播展现出更为透明、互动更为频繁以及交互更为集中的特质。因此，政府部门和媒体在进行公共信息传播的过程中，必须确保信息的客观性、全面性和有效性，这也是政府部门能够赢得公众信任的基础要素。政府相关部门应当积极地与各大社交媒体平台建立深度合作关系，开发多样化的信息传播途径，整合各类信息传播资源，并拓宽政府的公共传播平台，以确保政府能够客观、全面和有效地传达信息和引导公众舆论。更具体地说，政府部门还应重视具有智能算法的社交媒体平台，以创建政府公共传播综合平台，提高政府部门的公共传播水平和传播能力。同时，鉴于算法思维是一种基于平台的嵌入式机器思维，相关部门也需要塑造一种新的算法媒介思维模式。这种新模式下的机器处理程序不是简单地处理符号和数据，而是需要具备一套全面而人性化的设计流程（李智等，2022）。因此，要与传媒行业进行深度的合作，以探索和建立多元、聚合和去中心化的信息传播方式，从而能够在广泛的范围内实现高效的公共传播。

（二）构建新的公共传播体系

随着人工智能的兴起，公众与主流舆论的信息传播形成了一种相互制衡的关系。作为公共信息的权威供应者和媒体的管理者，政府应当在这一过程中扮演协调的角色。因此，我们迫切需要确保信息的透明和公开，并根据实际状况来加强和完善相关的监管措施。在公共信息的传播过程中，政府需要进行引导，同时需要建立更加规范和系统化的机制，以确保达到预定的传播目标。为了更有效地服务于人工智能环境下的公共传播活动，政府需要扩建公共传播团队，推动相关法律法规的普及，建立专门的服务机构，并提供相应的公共传播咨询服务。这一措施将助力政府更准确地了解事件的真实性、信息传播的准确性和公众舆论的走向，进而建立一个完善的公共信息传播系统，提升政府的公众信任度，并为大众营造一个绿色、和谐以及健康的网络氛围。需要特别指出的是，人民日报作为主流媒体的一部分，其旗下的新媒体平台在“主流算法”的演进中，颠覆了传统社交媒体的商业模式，采纳了人与机器相结合的信息内容审核机制，并将“新闻审核者”的角色重新融入新媒体的新闻传播流程，成功地规避了社交媒体舆论背后的真实问题和信息的混乱（张磊等，2022）。

（三）加强公务人员公共传播意识建设

政府各部门和公职人员对于公共信息传播的了解不足不仅会使公共信息传播得不到足

够的重视和支持，还可能会导致各种不良影响。加强政府及公务人员的公共传播意识，不仅需要从多个角度加强公共传播意识的培训，还需要政府一线工作人员的积极参与和努力。以公职人员为研究对象，他们的观点和言论通常具有巨大的社会影响力，即便一句无意识的话也可能引起社会各界的广泛关注，导致社会的多重解读。因此，公务人员在公共场合发表言论时应格外小心，只有这样，才能更好地利用政府的公共传媒平台来引导公众舆论并赢得他们的支持。对于一线的工作人员来说，他们有更多的机会直接与公众互动。在公众面前，他们往往是政府或其他权威机构的代表，在日常工作中，他们必须具备强烈的责任感、服务意识以及在公共传播方面的自觉性。只有这样，他们才能在日常工作中赢得公众的信任和好评，进而塑造一个正面的政府形象，并获得公众的广泛支持和认同。

（四）建构公共传播共同体

在智能媒体的时代背景下，传播主体的多样性日益明显。传媒工作者、公共事务管理部门的工作人员以及广大公众都已经成为传播的主体。随着新媒体的快速发展，大众传播得到了突破，从而催生了传播共同体的理念。在传统媒体失去其主导地位后，公众的传播观点和模式都要进行相应的调整。这要求多方合作，在获取信息线索和新闻内容的制作和传播方面都要如此。目前，随着新媒体的广泛传播和受众的媒介素养逐渐提升，新媒体的用户群体已从“沉默的多数”转变为理性的对话者，这一变化超出了许多公共传播行业人士的预期。当所有的观众都变成了“麦克风”的传递者时，新闻传播中的后真相效应开始显现。在这种情况下，公共传播需要汇集各方的力量，并在法律和伦理的约束下，使传播者和受众成为既相互依赖又相互制衡，并共享共同价值观的多元参与者。为了建立一个稳固的公共传播社群和一个全面的社会信息传播结构，只有在提升多个主体的公共传播意识和能力的基础上，我们才能有效地防范后真相效应可能带来的各种风险。当前的公共信息传播已经成为后真相时代中传播混乱的稳定因素和社会共同体的催化剂（冯建华，2019）。

五、小结

人工智能的出现和普及颠覆了公共传播生态系统的传统框架，促使人们从被动地接收信息转向更加主动地参与信息传播。尽管在智媒的时代背景下，公共传播的伦理观念仍然是至关重要的，但随着信息交流行为的日益多元化，社会伦理也遭遇了前所未有的考验。在这个以智能媒体为主导的时代里，我们认识到新闻制作的核心逻辑涉及多个参与主体的信息实践活动。技术为信息收集、处理和发布提供了强大的支持，这种支持已经扩展到了智能实体参与新闻制作、算法技术的发布，以及用户购买和再生产新闻等一系列的新闻活动。因此，保护公共传播的伦理观念变得尤其重要。在智媒的时代背景下，社会更偏向于在新的时间和空间环境中对公共传播的秩序进行全面重塑。这种情况使得个体和集体步入了新的传播模式，同时新旧之间的差异也为传播模式带来了全方位的考验。本书深度分析了在人工智能环境下，公共传播的当前状况、特性以及新兴多元传播实体在公共传播领域的重要性和价值，深入地探讨了新型公共传播方式的结构变迁、所遭遇的问题以及它的未来发展趋势。此外，本书还特别指出，在人工智能的大背景下，公共信息传播需要更紧密地结合理论与实际操作，并对潜在的风险持有清晰的预防和应对策略。公共传播的各方，如政府、主流媒体和公众，都应该对自己的职责有明确的认识和分工。为了更有效地应对人工智能时代所带来的各种挑战，有必要构建一个公共信息传播社群，以推动社会和谐与稳健地发展。

思考题

第一节

1. 相较于传统媒体时代，智能媒体时代带来了很多变化和挑战，公共传播如何在智媒时代找到自身的价值定位？

2. 在大众传播到公共传播这一发展历程中，公共传播的价值底色和实践品格是怎样不断丰富和发展的？

第二节

1. 结合相关学者的观点，详细阐述公共传播这一概念的发展及其社会功能。

2. 社交媒体打破了传统媒体对内容与渠道的垄断，结合哈贝马斯等人的观点，分析社交媒体对传播的赋权与重构。

第三节

1. 人工智能技术在公共传播中的具体应用有哪些？请结合实际举例说明。

2. 人工智能时代公共传播面临着一系列问题，请思考在人工智能的冲击下，公共传播的核心价值是否还能得到坚守？

3. 哪些策略能使公共传播在人工智能环境下“安身立命”？

第三章　网络公共传播的话语与舆论分析

互联网的迅猛发展为公众提供了表达意见和参与公共事件讨论的开放平台,网络舆论的产生和传播带来了公共传播领域的深刻变革。在这个交互式的网络传播时代,如何正确地看待网络舆论的变化,如何指导使其转化为一种积极向上的公共传播力量,是需要深思的问题。本书从公共传播与公共协商的关系入手,剖析了网络环境下的舆论场域构成,分析了网络舆论向公共舆论演变的条件,并讨论了社交媒体对公共话语空间的影响。随着技术的普及、参与主体的增加和互动方式的变革,网络场中的故事愈加丰富和多样。这一持续注入时代要素与多种价值的场域本质上就是争夺话语权的场域。场域中各主体根据所掌握资本与权力的多寡,表现出网络上话语地位的差异;公众民主意识渐增,正以昂扬向上的激情投身网络事件讨论,为网络话语空间带来新生机,成为社会舆论的主要媒介,也改变了既有舆论生态格局。

网络传播公共交流带来更大空间的同时,也使舆论场域更为复杂多变。因此,充分发挥网络优势,推动理性对话,维护网络秩序,是不同话语主体实现合理互动、构建网络公共领域的必由之路。网络作为虚拟共同体,其开放性使民众参与度大幅提高,但信息真实性和表达理性也面临考验。构建公共协商、吸收不同观点、凝聚共识,可以推动网络舆论向公共利益发展。当然,多元化网络传播需要平台企业、政府监管部门建立良性互动机制,共同营造安全有序的网络环境。

第一节　从公共传播到公共协商的转变

在公共空间中,公共传播是一个多元主体参与社会互动和意见争夺的过程,可能在国家和社会治理层面激发两种不同的构想:一是基于技术民主、多元协商和话语权的重新配置,具有开放性、对话性和参与性等特质的新的社会结构有望形成;面对意见竞争中的不确定性和公共理性的缺乏,公共传播常常会出现对立、疏远。因此,国家和社会治理将不可避免地面临认同危机。这两种观点实际上都有一个共同的担忧:在新技术驱动的舆论环境中,如何有效地进行公共传播?

一、从公共传播到公共协商

公共传播指的是在公共空间内,不同的主体针对公共议题进行社会互动和多样化的对话。部分案例彰显出不同主体达成共识并形成秩序的可能性,为社会治理开辟了新的可能性。某些实例也揭示了公共传播很容易变成一场喧闹、情绪化且不追求共识的观点纷争。这种情况通常会导致两种结果:一是同质偏好的简单聚合,二是自由与秩序之间的关系变得紧张。

偏好聚合(preference aggregation)是公共传播中很明显的现象,在互联网上经常可以观察到参与者之间缺乏真诚与理智,那些具有相似偏好的人常常聚集起来,坚信自己掌握知识,在政治和道德上都是正确的代表,而认为其他人都是无知的,这会导致舆论的极端化、关系圈子的封闭等一系列后果。而自由与秩序的关系则涉及治理的问题,互联网为人们提供了更广泛的表达自由,但在国家和社会的治理方面,也必须保持最基本的规章制度。因此,为了实现自由和秩序的平衡,必须避免公共传播中的偏好聚合效应。

在世纪之交的社会历史实践中,协商成为一种具有潜力的选项。在自由交流和对话的过程中,协商可以促进包容、平衡自由和秩序,从而自发地形成秩序。公共协商是协商民主理论及其运思重心,也是公共传播领域的一个重要议题。治理公共传播最好的策略是公共协商,在互联网空间中进一步拓展协商民主。

在协商民主操作化问题上首先要推进公共协商。基于公共协商的原则,个体的道德品质、智慧和公共措辞技巧都可以得到进一步的验证和拓展;每个人都在努力学习如何倾听和交流,意识到自己的多样性和差异性,并试图说服竞争的观点以及调整自己的偏好排序;各种偏好都经过了对比和修正,其中大部分观点获得了普遍的接受,而少数观点也得到了深入的阐述和支撑;权力和秩序的合法性是基于多元的共识和公众的偏好,而不是简单多数人的偏好聚合。此外,即便没有达成共识的结论和行动,协商也能成为建立信任、合法性和正当性的关键途径。

公共协商和公共传播之间有着鲜明的互构关系,两者的结合似乎能开辟出令人期待的行动空间:以公共传播来推动、拓展公共协商,以公共协商来引导和改造公共传播,从而形成"意见竞争—公共传播—公共协商—共识和秩序"的内生治理机制。互联网推动下的公共传播可以扩大协商空间,使之不再囿于具体的物理空间或者"体制内"协商场景;接受公众参与,能改变少数精英代议、普通公众不能干预公共决策的困顿局面;网络空间中公开、平等、实时的表达与交互可以降低对话成本、提高协商效率。与此同时,公共协商以多元对话、偏好转换、共识凝聚等为己任,在自由和秩序之间寻找平衡,能够对治理公共传播中的偏好聚合以及由此带来的疏离、失序等危险进行规避。

二、从偏好聚合到偏好转换

偏好聚合是一种方法,通过程序化的投票或个性化的自由表达,将原本分散的同质偏好明确并整合在一起。偏好转换(preference conversion)是与偏好聚合相对应的概念,它涉及多个主体通过对话和协商等手段来调整自己的偏好,直至达到满足公众利益的共同偏好。为何我们需要开展公众咨询并完成偏好的转换?吉登斯、哈贝马斯、罗尔斯、波斯特和麦金泰尔等学者关于社会资本、对话伦理、公众理性、价值观选择、事实基础、解决策略以及积极行动的深入探讨,为公共协商的实际操作和偏好转换提供了宝贵的思考资源。

(1)我们需要社会资本与积极的信任。无论是协商民主还是公共协商,它们都与社会资本的积累紧密相连,而在社会资本中,信任是最基本且不可缺少的部分。偏好转换的实现依赖多元主体的相互倾听和理解,同时也需要反思各自的局限性,接纳他人的意志、智慧和道德品质,这依赖于丰富的信任资本和活跃的信任机制及氛围。信任是从何处获得的?吉登斯提出的解决方案是通过对话来恢复基于情感、伦理、自主和和平的积极信任,从而消除对"不信任"和"不得不信任"的体系、权威的负面信任(Busco, 2009)。信任是交谈的前提和结果。两者互为基础，互生并进。信任赋权于谈话，谈话实现了信任。

（2）关于主体间性和对话伦理的理念。哈贝马斯持有这样的观点，即协商民主和公共协商在本质上是一种社会结构安排，它改变了参与方的个人偏好，并致力于实现多元化的共识（Kellner, 2000）。这种安排与在工具理性驱动下的目的论、策略和工具行为有所不同，它是一种基于交往理性并在公众领域中展开的交往方式。交往行为主张反对自我与他人之间的支配论，即工具性的观点，倡导建立一种基于相互主体的对话关系。对话不只是公民参与创造公共福祉的职责，它还代表了公民的自由、积极的生活态度，以及实现自我价值的机会和权利。哈贝马斯在谈判过程中确立了交往理性的原则，并在对话伦理的四个有效性声明中应用了这一原则：①可领会性，确保对话者在表达和修辞上都能达到流畅；②真实性可以用来验证自己所传达的信息是否真实；③正当性为在规范表达中所体现的与正当性道德价值观相一致的价值；真诚性主要体现在个体的动机和情感之中。当对话者根据这种方式采取行动时，他们不仅可以坚守自己的立场，还能与他人甚至整个共同体的观点产生共鸣，实现在“相互了解”和“共同理解”之间的偏好转化和社会认同。

（3）涉及公共理性与公共性。罗尔斯对公共理性这一概念进行了发展（Rawls, 1988）。公共理性包含了最根本的道德价值和政治价值；它还为人们提供了通用的推理规则和论证方法，引导多元价值自我证明其合法性。当公共协商与公共理性互相结合时，我们期望能够唤起并实践公共属性。公共性可以被视为公共利益和公共价值的规范，它代表了多元共识和社会整合之间的“最大公约数”。从历史的角度审视，公共协商的真正价值不只是追求短暂的公众喜好，更重要的是在整个社会进程中推动公共性的形成和再生产。

（4）关于平等、胜任与价值观的选择。波斯特坚决反对无保留地赞扬平等，他坚信平等仅仅是解决民主合法性（democratic legitimation）的议题，而对于民主胜任力（democratic competence）的问题则是避而不谈和搁置的（Post, 2006）。通过平等的表达和公众的参与，民主已被视为一种正当的治理手段，但普罗大众可能不完全适合进行所有的公共讨论，因此民主也可能不完全适用于公共决策。在众多复杂且数量众多的公共议题或专业领域的讨论中，为了确保协商的有效性，仍然需要保持精英的地位。在缺乏权威和能力的指导下，实现偏好的转换几乎是不可能的。

（5）提供事实和采取积极措施。在事实的缺乏和真相的缺失之间，意见的争夺不可避免地变得无节制、消耗和偏离轨道，这最终削弱了人们的自由表达权。另外，自20世纪初以来，西方所谓的新闻专业主义实践逐渐形成了一种倾向于“坏消息”的价值观，新闻叙事的主流框架和基调往往是矛盾的，揭示问题并进行批判。近些年，建设性新闻的观点逐渐流行，它旨在跳出传统的“坏消息”模式，为我们展示了一个新的视角：新闻是否不仅可以报道和监督事实，还能提供有效的解决策略，创造正面的预期，并解决社会上的问题？

建设性新闻主张在坚守真实性、客观性和中立性的专业准则下，改变媒体对新闻生产的偏好，并进一步改变受众的偏好，从而为公众协商达到公众偏好提供了实际的支撑，包括事实依据、解决策略和积极的行动意向（胡百精，2021）。此外，建设性的新闻报道更容易激发出积极的社会心态和行动意向；负面的新闻报道可能导致社会的不安，并削弱公众采取积极措施的意愿。以建设性新闻中的问题解决为核心有助于在公众视野中维护社会的共同认知。

从上面的五个维度来看，我们可以构建一个公共协商，偏好转换的操作框架：在多元对话之中培养积极信任、交往理性、公共理性和公共性，并以积极信任和交往理性为基础，促进偏好的转化。

三、建设性新闻与公共协商的可能性

建设性新闻肇始于新闻专业主义的黄昏。正能量构成了建设性新闻的核心精神。通过加入乐观的积极态度，建设性新闻打破了以往新闻中破坏性的元素，重新塑造了大众对新闻的认知和心理体验，使得大众在解读负面事件时能更好地展现乐观的态度（胡百精，2021）。此外，新闻媒体应该努力以“解困者”这一身份来关注问题的解决和社会的进步。除积极乐观的态度之外，问题解决作为建设的核心，也是构成建设性新闻的关键因素。

在由社交媒体潮流塑造的繁杂的公共信息传播环境中，新闻行业必须积极寻求与公众的深度互动和合作，以增强其与大众的互动和联系，从而稳固其在社会中的地位。媒体不再仅仅是一个冷静的观察者和守护者，它已经转变为这样一个角色：与公众保持沟通，让大众在看新闻时促进建设性方案的参与性，让他们参与社会并保持社会共识。随着“后真相”时代的到来，公共空间的情感化表达呈现出扩散的趋势，媒体事件常常会激发网民产生悲伤、愤怒、恐惧的基本情绪，促使网民沉溺于情感的宣泄，无法对社会问题进行理性的思考。为了深入理解事件背后的根本原因，人们需要将其嵌入到特定的语境中。建设性的新闻报道通常会提供丰富的信息和背景资料，从而从传统的二元对立报道框架中解放出来，进而促使大众形成更为积极的心态。

总体来说，它力图对“坏消息”叙事范式进行重新思考，同时又反对偏离真实、客观和平衡。就现有文献而言，建设性新闻观念是对积极心理学反思与批判理路的直接借鉴：就价值偏好而言，它探索正向价值，积极叙事之可能；就致知取向而言，借积极情感、专注投入、悦纳、快乐、成功、正义、和平、解决方案等核心的概念与范畴，并试图用“科学主义”实证方法来考察；在社会关怀方面，致力于打造“积极心理→积极行动→解决问题→美好生活→公共之善”正循环增益价值生产链。把建设性新闻观念的崛起放置在由互联网所开启的公共传播、多元对话以及自由和秩序关系重建等宏观语境中，可以得到一些全新的认识。

首先，从协商民主与社会整合的角度观之，建设性新闻意在促成媒体这一公共协商中重要参与方的新闻生产的偏好转变，对多元主体公共偏好的实现提供了事实、解决方案、积极的行动意愿三方面的现实支持。放任多元意见竞争很容易造成杂乱无章、虚耗和非理性众声喧哗，或是同质意见的简单汇总。为此，有效的公共协商必须以事实与可行的解决方案为基础展开讨论，否则泛道德化、泛政治化、泛娱乐化等非理性辩论势必压倒理性对话。当然，各方面都应该抱着很强的对话和参与的意愿，不要漠然疏离、不要固守个人偏好、为了对抗而对抗。建设性新闻正是可以从事实基础、解决方案以及对话意愿等三处着力，促进各方面的偏好转换，同时改变媒介本身的偏好。

其次，建设性新闻的方向是推动公共协商，形成多元共识。公共协商框架内的所谓建设性、正面并不完全区别于破坏性和负面，评估的中心标准是由采访转向叙事能否帮助推动公共讨论，而不是陷入异化和对立之中；它是否有利于调适协商过程与情景，提升对话理性与质量，帮助提供足够的事实，让当事人得到更为全面的评判，实现最低程度上的共同认知；它是否帮助多元观点得到有效表达并给出原因，帮助提出、识别、说明关键问题、议程及解决方案、排列优先顺序，帮助达成共识、提倡积极行动。由此看来，建设性新闻概念的现实启示是：注重正面宣传的报道方针应该由注重“管过程”向“管结果”转变，即促进理性协商和达成社会共识是其旨归。媒体坚持正面报道归根到底应该为了实现公共传播的正面和建设性效果，而不是机械和绝对化的过程正面叙述。

有建设性的新闻，要增益公共理性。多元对话并不是一件容易的事情，它必须遵守正当合理的程序性规范或者价值规范。媒体在公共协商中既是重要的参与方，同时也承担着培养公共理性的特殊职责：以意见表达与社会行动空间的身份主导或者参与公共讨论规则，规则要最大程度地体现、具化程序理性（如真实、真诚、正当）和实质理性（如公正、平等、尊重、关心、团结、协作等）要求；通过给出事实与解决方案，调整协商的流程与情景，激发积极情感与专注投入，对公共协商进行理性介入与不断赋能；推动平等对话，面向并旨在取得多元共识和建设性结果（胡百精，2021）。

第二节　网络舆论的起源与网络场域的演进

互联网，作为全新的公共空间，已经成为社会舆论的重要源头，新媒体正在塑造着舆论的全新面貌。网络舆论的兴起，得益于以互联网为主体的媒介场域所提供的全新媒介环境，并呈现出一些新特点和趋势。新媒介环境中网络舆论与场理论的融合为研究网络舆论问题、破解现实困境提供了新思路。那么，网络舆论场和现实社会场存在哪些差异，二者又构成何种关系以及如何解释网络舆论崛起所带来的社交媒体舆论导向新态势，民众话语权被释放，舆论走向受到一定影响并发生变化。网络舆论在政府中的监督与推动作用的提高，使政府重视网络舆论反映出来的社会问题，并适时改良政策以改善民生。但是，网络舆论能否代表真实民意、体现民不聊生的心声与意愿，这正是这一节所需要回答的。

一、场域理论及网络时代的拓展应用

“场”这一概念源于物理科学范畴。此后，场这一概念逐渐超越了物理学领域而渗透到其他学科中去，产生了“大众传播场”“新闻场”“媒介场”等。

布尔迪厄的场域理论对中国网络空间，尤其是对网络空间管理与运行的理解提供了一种新思路——以场域为中心要素进行考察。在他看来，场域是以力为核心要素的多种关系相互竞争的场，资本与权力是竞争的核心要素。就像布尔迪厄所说的，“场域可界定为各位置间客观存在关系的网络（network）或构型（configuration）”。布尔迪厄认为，网络场可视为由众多互相制约、互相制衡的小场域所构成，这些场域有的是代表着政府言说的官方场，有的是介于政府和民众之间的媒体从业人员、知识分子场，有的是普通网民的民间场。由于社会空间场域在不断抗争与变迁，不同位置的个人与机构由于占有资本差异而呈现出不同关系构型图，其中，政治场经济场、文化场是场域中的元场，它们将对网络场产生约束与抵抗。

布尔迪厄认为，现实社会场中的政治场、经济场与文化场都能影响网络舆论场中的行为：意识形态上的思想主导、文化因素从传统到现代的转变、现代走向后现代等，均对网络空

间行动者的“惯习”产生一定的影响（Husu, 2013）。“惯习”是产生网络行动的间接原因和深层动因。网络上的主体言说“惯习”行为是从潜意识的角度来影响事件发生与发酵的，由于虚拟网络空间所具有的独特匿名性，才能使得潜藏在言说者身上的“惯习”特质起到控制人们行为的作用。社会场中的政治场、经济场及文化场与网络场之间构成了一种互相争斗、互相制衡的关系。然而，网络场也有其相对独立的运行规则，呈现与传统媒介场行动者不同的“惯习”，其中包括网络场言说的不同主体人员倾向不同的行为“惯习”，具体表现在舆论呈现、表达形式、话语策略使用等方面。

布尔迪厄场域理论对于分析网络舆论具有重要意义，这是因为网络这一虚拟的社会空间比现实社会要复杂得多，并非单纯从微观和宏观角度进行分析就可以厘清。而布尔迪厄场域理论可以消除单纯宏观和微观二元对立关系，将二者很好地融合起来，为研究网络舆论提供新的理论方法和研究视角。此外，布尔迪厄场域理论仅仅是研究大纲，其并未做过多少理论预设，需要从经验研究出发来刻画场域的形成历史和行为规则，能避免教条式地从理论入手向现实求证，有助于在中国特殊经验里找到中国媒介场特有的规律。运用场域理论研究中国网络舆论场域，有必要在中国情境中结合政治、经济、文化甚至网络媒体本身特点进行分析。

二、网络场域的特性

（一）权力博弈和资本重构下的网络场域

网络场域有着与现实社会场不同的自主空间，同时也是虚拟媒介环境下现实社会场的再现与拓展。其中，网络场还受其背后的现实经济场、文化场、政治场等多种资本的综合影响。网络场具有与现实场不一样的规则与体系，场域内部也被划分为不一样的话语集散地——论坛与社区，它们之间也各具相对独立性。布尔迪厄认为，网络场域作为一种相互交织并在权力场域内相互制衡的关系配置，其内部充斥了多种话语的竞争与制衡。不同的话语言说者身后代表了不同的群体利益。由于传统社会发展得不够完善，场域更多以权力场的形式表现出来，所谓的权力场是由多种权力形式或者资本类型等诸多权力的现有均衡结构所决定的场域。

网络场域就是话语和权力展开较量的场所。一方面要受外在主流意识形态主导；另一方面要受市场规律制约，也要受法律法规约束和新闻源生产者的主观价值影响。媒介是一个依靠话语进行言说的地方，它和话语之间存在着密不可分的关系。权力真正的监督和制约功能是在话语中实现的。所以，话语权是潜藏在背后的政治、经济、文化、社会、符号等多种资本所彰显出来的力量的表达与传播。

网络空间是话语进行竞争与抗争的场所，其竞争重点在于权力资本。权力资本表现在技术、传统权力、话语权等方面。技术指能够为电脑提供的服务器等物质载体联结的网络空间的各种技术。传统权力反映了与虚拟网络空间对应的现实空间中少数人掌控的具有较大影响力和制约力的权力，它能在网络场域中构成某种制约与限制。网络空间是个较为开放的场域，任何一个成员都可能在场域中出场、行动并获取一定的社会资本与权力资本。网络空间中的言说者的话语言说方式、情感体现和群体认同由各自所占有的资本的数量和结构所决定，反映着媒介传播地位。网络空间的变革，使得传统权力结构与社会构成发生变化。网络的实名制实施体现了现实社会中权力对网络空间的浸润，同时又把现实社会中文化资本和权力资本辐射到网络空间，使网络场规则成为一个既区别于传统场域，又与传统场域相互交织的复杂场域。

（二）实践主体形塑的网络惯习

惯习作为一种持久的性情倾向系统，在客观上是一种建构化了的结构（structured structure），寄寓着个体受教育的社会化进程，凝聚着其社会地位、生存状况、集体历史、文化传统；惯习就其内在的生成性而言，也是一种建构中的结构（structuring structure），形成人的社会实践活动（Husu，2013）。惯习这一概念需要我们对行动者在以下两方面进行剖析：一方面行动者在行动上有自己的客观逻辑，即受制于外在客观结构，并在约束中不断构建起内在实践逻辑和创造性；另一方面，对行动者行为的分析需要对客观实践的外在结构与内在倾向系统进行分析。网络空间中具有不同社会资本的行动者能够在网络场域中自由表达观点并平等互动。其行为方式与话语表达会受到传统现实社会场的约束，呈现出两重性特征：一方面，网络空间的开放性为每一个行动者提供了均等的表达机会；另一方面也依据其拥有的性情倾向构成相似的网络群体。网络空间的行动者，既是现实社会等级阶层在虚拟环境中的体现，又重建了一种全新的场域构型图。

在网络场域中，资本、权力和惯习处于核心地位。资本转换和权力生产伴随着网络空间的话语博弈而不断变化。资本决定并影响着话语在传播中的地位及权力实现方式，而权力及话语呈现策略反过来也实现了资本转化和增值。各方话语言说主体在网络空间场域内此消彼长、既抗争又制衡，表现为赋权、争权、协商、对话的博弈情景。

（三）网络场域中的言说主体

网络场域中的言说主体是指在网络场域中能够表达自己观点的人，这些人包括普通公众、代表政府的官方、媒体从业人员以及知识分子、学者。在网络场中，上述不同言说主体身份均隐匿于屏幕后，而在网络中则表现为话语的对抗与妥协。这不同于现实社会场中以身份推论话语，虚拟网络场域中所表达的言论成了判断身份的重要尺度。

网络场中占据话语优势一方可称为话语强势群体，容易形成“显舆论”；话语未占据优势的被认为是弱势群体，倾向于形成“潜舆论”。但是“显舆论”和“潜舆论”并不是绝对割裂开来的。每一方话语势力的背后所呈现出的话语主体都在网络话语空间中发挥着力量，而旗帜鲜明的话语主体或者话语尖锐、占领话语优势者与另一方话语场域形成对峙，构成了强场较强、弱场较弱的局面。但某种情况下，弱势话语、沉默话语和强势话语不是一个固定不变的因子，它们会在与传统现实社会场的话语争夺中进行一定的转换。话语博弈是网络场内舆论博弈的主要景观。

在多种资本及利益诉求之下，由群体事件所产生的舆论在网络场内部变成了一个博弈、竞争、谈判与对话的场域结构。各方言说主体凭借背后附带的强资本参与网络群体事件探讨，并通过探讨过程来弥补其他资本的不足，增强各类资本的实力。言说者因其社会化程度不同而表现出惯习言说行为的不同，话语与权力的角逐、对抗和博弈构成了群体事件在网络场域中民意的侧影。

（四）网络场域中的言说主体行为

网络场域内主体言说行为与动机可从网络舆论事件中文本内容、话语运用策略与手段等方面来剖析，即要考虑网络场域中的“惯习”，也就是对主体网络言说习惯与行为方式进行审视。

互联网通过 Cookie 技术跟踪、定位并锁定空间内的主体身份，及时掌握用户在互联网空间中的行为踪迹与性情倾向，勾勒出关于互联网空间中主体行为的特点。首先，使用新形势下集聚的大数据对该用户进行信息分析（包括人口统计学特征、地域属性、兴趣爱好以及消费习惯）；二是定位并跟踪空间中主体身份与内容分享，判断主体身份特征、生活方式与关系圈子；最后，借助于网络技术将用户数据整理并汇总到移动终端，更具体详细地了解其行为特点。从而，在互联网大数据跟踪与定位的帮助下，实现了对不同平台、设备上大量用户及行为数据的整合，通过准确定位、动态追踪与关联分析的方法最终绘制出逼真、精确、完整、实时的用户长期行为图谱。因此，借助大数据时代文本信息与分享内容来准确判断用户属性与言语行为模式，可以更加精确地剖析话语竞争本质。

三、网络场域中的网络舆论——公共意见的演变

网络社区所形成的舆论，既具有符合现实生活民意的特点，又因网络传播的开放性和虚拟性运用而表现出其独特之处。网络舆论是通过融合个体意见，形成局部、鲜活、真实的民意；与传统媒体语境中的舆论不同，网络舆论在以公权力监督为目标的同时，实现了以个人表达权利为目标的实践；网络舆论通过形成共识却又不仅仅限于共识的沟通机制与互动过程来体现其功能（张志安等，2016）。而且，网络舆论依托于它所具有的特殊介质，更加关注观点与话语之间交锋与整合的过程。总的来说，网络舆论是指网民对网络中传播的某一热点事件发表的、有一定社会影响的普遍看法。

公共舆论是在一定公共空间内凭借网络而产生并发展的，而网络舆论则是由网络这一载体所产生的各种意见主体共同作用的结果。由于网络舆论表现出个人的不同态度，因此它具有政治化社会功能，并能够在谋求合作时发挥联络与动员功能。网民在网络论坛上畅所欲言，网络空间形成了强势舆论和弱势舆论的不同阵营，网络舆论借助于网络的开放性而存在，观点与态度表现出“散乱性”；网民可根据个体需求自我权衡信息，这一基于个体认知能力与立场的观点容易形成“信息茧房”效应。由于现实网络空间中网民个体间存在差异化，合理观点难以达成一致，言论渐趋分化，网络舆论也呈现分散化和多元化特征。所以，网络舆论很容易受到传播机制以及公众的非理性情感的影响而表现为非理性。

网络舆论从非理性、极化到理性公共舆论的演进过程中要求网络公共空间既能“为从社会中获取经验理性表达提供空间”，还可以“做能动的制度理性的阐述者”，并通过开放性话语场域推动和培养社会理性进一步演进。舆论所具备的“公共性”，要求公众通过协商和公开讨论，最终产生公共意见。在此背景之下，网络舆论的“行动者阶层”——意见领袖应该依据当时的情境对议题框架进行调整并变通话语策略、实施社会动员，从更宽泛的领域吸纳大众的认同与支持，推动政府和社会进行策略性协商，形成具有普遍共识的公共舆论。网

络舆论由非理性向理性转变的过程同时也是公众舆论渐趋共识的过程。

四、网络舆论生态新格局:由单重话语到多重话语

移动互联网时代来临,媒介话语空间秩序发生了变化,公共舆论话语空间也发生了分化与重构,经历了由单一话语空间到多重话语空间的变化。伴随着手机短信、微博、微信等互动媒体的出现,舆论生态传播从单级走向多级,一些事件通过多级传播,常常会形成公共事件。人们通过微信和微博来评论、判断事务,利用互联网平台来重新布局舆论新局面。在新媒体语境中,存在两种既相互对立又交错的双重话语空间:一个是官方话语空间,以大众传播媒体作为传播主渠道;一个是非官方话语空间,以人际传播为主要方式、互联网技术为媒介的微信、微博等传播平台(何舟等,2010)。

在中国社会中,移动舆论场已经成为一个新的舆论阵地,移动舆论场是指含有"微信、微博、微视频以及PC客户端等"的微端已经成为移动舆论场关注的焦点。从互联网舆论构成上看,包括网络自媒体、体制内媒体、市场化媒体以及民间意见领袖这四大势力,舆论场中舆情事件形成过程更是一种复合型议程,民间话语践行者网络意见领袖与传统媒体、网民一起促成了议题的升温。大量的网民成了网络舆论和社会舆论得以发酵的重要基础。舆论空间的形成,本质是话语空间的博弈,也就是官方话语与民间话语相互制衡、相互吸收的过程。

公共事件的出现就是在政府话语与民间话语的博弈与制衡下不断升温的,民间话语扮演着越来越重要的角色,话语权在新媒介环境中得到了新的分配与调整,推动了传统媒体与新媒体话语融合发展,网民拥有了话语平权,话语秩序也开始发生变化。然而,多数事件都很难转化为公共事件,民间话语在网络中尚未成为不可抵挡的力量,没有引起政府重视,政府和民间之间存在不信任感,互动和沟通仍然是有待解决的难题。

第三节　网络舆论与公共领域的逻辑关联

互联网的普及和网络文化的传播使民众思想经历了一次重要洗礼,公民的民主、平等、自由理念逐渐加强,网络创造的虚拟空间也成了人们长期追求的自由气息。而网络空间所凸显的自由、平等和德国学者哈贝马斯的"公共领域"有极大的相似之处,但也表现出别样的图景。有观点认为,网络媒体不可避免地创造了一种自由、平等的领域,即公共领域;也有观点认为,互联网尚未形成一个自由、平等的领域,中国"公共领域"之路依然漫长。网络所具有的独特传播特性及一些集体势力的操纵改变并影响了舆论的性质,使得舆论沦为"伪民意",为此,我们应分清真假民意,鉴别民意,重建理性的公共空间。

一、网络舆论与公共领域

(一)舆论到公众舆论

舆论这一概念必须具备公众、公共事务和意见这三个必要条件:①大众要具有独立的自我意识;②载体为与公共利益相关的公共事务;③产生对公共事务的评价性意见。

公众必须是"有理性的人"并能够理性思考。那么,理性公众是否存在?换句话说,居

住在这个文明世界里的人们无法以超脱世俗的视角来感受这个世界，于是所谓“有理性的人”，即能够明辨是非的大众，是虚幻的实体。舆论的客体指公共事务，很多情况下公共事务被认为是藏于事实背后、不易为人们所意识到的事实或者事件。因为，事实的真相通常会受到人为的审查制度、社会交往的限制、歪曲的报道等的影响，这些还不过是外部的限制，内在的偏见、成见同样会左右我们的注意力与想象力。因此，一方面，人可以接近无限范围的事实，但与接近事实的真相之间的距离也是无限的。舆论中的主体——意见，自然成了一种半真半假的存在。人们在人类与真实环境的虚拟环境里进行判断或者评价时，仍旧会被半真半假、残破不完整的对世界的判断所左右，所作出的判断自然与公正性存在着一定差距。

由此可以看出，舆论的存在，一要有理性公众，二要能够认识并接近世界真相，三要能够作出合理判断。因此，从舆论到公共舆论，还有很长一段路要走。

（二）网络舆论场域、私人领域、公共领域

随着网络对人们的生活产生巨大的影响，人们渐渐地形成了这样一个共识：网络讨论中体现出的民意才是真实民意的代表。比如在网络上，常常会发现媒体在做民意调查，然后引用该调查，作为向公民征求意见的形式。然而，网络讨论内容是舆论映像吗？网络讨论者是否可以代表公众？哈贝马斯理论认为，公共领域的首要组成元素就是在这一空间内的公众，他们与个人或者集体利益相脱离，摆脱了国家或者其他公权力的制约，具有一定的组成规模量。这里的公众有如下特点：①有着共同关心的普遍利益；②积极、自愿地结合起来讨论和批评公共事务；③多发生于特定公共空间内，具有一定规模，且规模大小取决于“普遍利益”的性质和程度（Kellner, 2000）。但是，网络用户具有高度分散性，参与讨论的用户量并不能代表全体公众。因此，我们需要审慎对待网络舆论，不能将其简单等同于公众民意。充分的民意调查和代表性抽样以及监督公共权力的媒体，仍然是了解公众意见的重要途径。

另外，移动互联技术在很大程度上融合了本就被忽视的人的碎片时间和空间，构建起一种新的社交模式，碎片时间和空间由此显示出其空前的价值。单位业务宣传、朋友圈广告、营销炒作、公关新闻，在移动终端的推动下进入用户私人领域，使公共领域与私人领域的边界变得越来越混乱模糊。在公私边界模糊化加速发展的背景下，新媒体时代私人领域和公共领域之争日益频繁和尖锐。

网络空间的主体讨论者正发生着由小众到公众的变化，也就是私人领域呈现出公共化趋势。私人空间、私人领域在网络上具有向公共空间、公共领域演化的倾向。比如微信里的朋友圈，就是一个典型例子。微博、微信渐渐成为人们发布信息的主要平台。通过微博，微信和其他平台传递的信息，很可能通过网络快速扩散并演变成公共事件。网络上，不管是公共领域或是私人领域都争着展示自我，均有意通过构建媒体矩阵来博取点击率与流量的最大化。所以针对私人领域而言，不仅需要考虑发布内容，还需要随时掌握调度人员和内容的能力。为化解“被关注”的焦虑，私人领域必须寻求与网络的最大互动，然而当获得关注的时候就会迷失自我。技术支撑和商业推动共同引爆了舆论场的议题并逐渐侵蚀私人领域。不经意间，个体便会置身于舆论风暴场中央，表现出互联网向私人领域的无孔不入的渗透，私人事件的公共化倾向也将是今后相当长时期内整个社会必须面对的普遍问题。

与此同时，网络空间中又出现了另外一种情况——公共领域私人化，即公共领域中私人

话题被大量收编，个人隐私被公共空间放大，公共领域呈现私人化倾向。而且，自媒体平台兴起后，公众对于社会公共议题的关注度整体上呈下滑趋势，过去与自身相关的工作和娱乐也日益被置于公共领域中进行探讨，公共领域的私人属性日益凸显。而且，很多明星私人情感话题进入微博这个公共领域，很快能成为大众讨论的焦点，极大地排挤了微博的公共属性，使涉及公共利益的议题呈淡化乃至边缘化倾向。

二、网络场域、民意与公共领域

不同形态的媒介，在控制信息方面具有不同的潜能。古希腊时期，公民在集市、广场等场所讨论、商议事务；大众传播时代报纸信息是通过编辑编码和解码加工的；新媒体时代来临，公民取得媒介接近权并开始大范围地参与公共事件讨论。媒体作为社交的渠道，改变了人与人之间的交往模式，从而产生了一种全新的行为方式。"微博"和"微信"网络新媒体技术应用构建起来的传播模式使中心化传播方式瓦解，代之以多元化和异质化的传播新范式。民众通过自下而上主动争取公民参与来转变与消解既有社会权力中心。

（一）网络、民意与公共领域

诚如政治家、专家及媒体人员预测的那样，网络将是今后公民社会领域中不断兴起的民主自由潜在资源。网络正越来越多地改变人与人的交往模式以及大众传播方式，这一切为构建一个"大社区"提供了可能，在社区中，公众能够自由而民主地参与并管理公共事务。互联网为公民提供一个开放、自由、公开的空间，为他们表达意见、就各种问题进行谈判和讨论提供了一个平台。公众以此为平台，改变并影响舆论生态，再造舆论格局新气象。公众发表诉求与意愿的平台发生重大转型与变化，公共权力机构的权威地位被削弱，公民话语权得到空前释放。

同时，网络时代媒介消解了传统媒体对大众参与公共事务的时空限制，大众能够随时随地参与发表不同观点，在社会价值趋于一致的情况下能够形成讨论意见交换群。他们根据自己的价值取向与社会认同，选择并参与到对话与交流中来。网络中的讨论与意见社群，真实再现现实生活，从而将网络社会刻画为一种充满社会关系的构型图景，在这个网状结构中，社会资源与话语分配表现出多元化与异质化特征。

公众舆论从本质上来说是民意的一种体现，它是公众在公共交往过程中所表现出来的集体意见和理性言论市场形成的结果。民意在起始阶段，可能是某个特定事务或者议题的体现，所以它可能充斥着非理性倾向以及群体极化倾向。在卢梭看来，公众只有在理性基础之上进行公共参与并达成共识，才能使产生的公共意见可信，因此民意以公众参与为先决条件。现代社会中，传媒与社会结构发生了改变，大众参与形式与公共意见——民意形成表现出更为复杂的含义。既与市场化媒体相关，又受社会资源丰富的精英阶层观点的影响，同时还暗含了不同价值和利益诉求之间的冲突，这一切使得公共意见的形成蕴含含混不清的力量。

公共领域这一概念发起于古希腊时期的公民精神，公民以集市作为自由讨论、参与事务性工作的平台。哈贝马斯着重指出，公众舆论的公共性必须具备有理性的、有反思能力的、有批判性的公众的参与，还同时具有开放、辩论的公共空间的存在（Kellner，2000）。那么，高度匿名化、去中心化和开放性网络下的公众舆论来自哪一群人,话语权又从哪一层面对公众舆论形成冲击,真正能代表民意并取得话语权的公众是否能拥有理性和批判的能力,是否可以建构网络公共领域,就成了有待讨论的话题。

(二)微场域话语权释放

大众传媒作为广阔的话语平台,展现了不同的话语形式和不同渠道的话语内容。在如今的网络社会中,人们已经自行通过互联网来表达自己的看法、“监视”社会。

大众媒体时代背景下,大众以被动受众的身份接受着自由政府与精英们预设话题的新闻框架,这种框架被一些有特定资本背景的学者供稿与把关,推送消息的媒介也在一定程度裹挟着大众的知情权和话语权。网络媒体的兴起打破了这一信息推送、接收方式,开创了不受时空限制的敞开式的传播方式,并形成了新型社会行为关系。线上线下的公众可以因某一共同话题而聚集评论、转发传播,从而产生某种共识。其中“公共议题”超越了过去的社会大事件,涵盖了与自身利益有关的任何话题。在新媒体技术运用下,公共话题也逐渐被移动舆论力量推送出去,许多国家大事都离不开“微博”“微信”的实时直播。移动媒体技术的运用,同样使新话语结构与话语权发生变化。

1. 社会话语空间的话语权由中心化向去中心化的转变,新话语力量形成

门户时代应用衰落、移动时代来临、智能手机普及、移动社交应用普及等都呈现出不同于论坛博客和微博的发展态势,病毒式传播来得更快、更方便,也表现出圈子化的潜传播势态,不断增强的信任黏度。移动舆论场渗透新话语权,社会化、商业化、智能化潜力显示出无限的发展空间。

政府及媒体信息的发布和微博、微信上信息的输送相互映衬,相互补充。以公众为中心所构成的舆论场,往往会因为政府所提供信息不够及时、通畅而触发多种形式的观点交流,进而能产生新的共识。在公众舆论达成新共识并伴随着事件事实真相展现、官方信息正式公布时,网络各类信息和移动社交舆论便开始交汇,新公共意见初具雏形,微博、微信在微公共领域构建的舆论场引领着现实社会舆论。

2. 话语权主体由精英向公众的转移,理性公民逐步形成

相当一部分事件在舆情发展之初,由于具有现场感、感官或者心理刺激等作用,激发了社会怨恨,比较容易形成扩散式的病毒传播,成为舆情传播中的一股浪潮。微博、微信等移动终端的使用为公众聚合议题搭建了一个平台,突破了以往只由媒介机构与特定阶层把关的局面。与此同时,话语权转移既体现为话语表达空间自由、手段多样,也体现为对公众人物、精英阶层等的批评与质疑。

3. 公众参与空间扩大,追求公平正义的热情高涨

“微博”及其他自媒体的兴起拓宽了公众参与公共事务讨论的空间,公众由于公共利益的一致性表现出强烈的参与积极性。读者与观众逐渐对传统媒体失去崇敬。微博,作为新的民意集散地,在兴起阶段扮演着重要角色。近几年微博和微信联合引爆互联网名人话题特别明显,网友们利用微博、微信设置议题的能力也越来越强,公平、理性正义的情绪也达到了高潮。

微博和微信具有的自媒体特征,使得网民的个性化突出,“微社区”不仅会成为公众开展个人选秀活动的场域，而且是争夺舆论的又一公共空间。新媒体时代多向度传播模式应运而生，官方权威所确立的精英话语渐渐受到草根阶层所建构的平民话语的挑战，公民利用微博、微信等互联网应用技术，通过全方位多功能的媒体技术来突破权威。

互联网作为虚拟社会，为公众抒发情感、反映真实提供了条件。首先，互联网的开放性使得信息变得无所不在、无所不能、无所不知。二是网络多向度的传播模式，加速了网民间互动的交往模式。最后，网络是对传统进行解构的话语空间，它不仅能通过发帖、转帖、改帖等形式来抒发感情，还能言说自己的诉求与意愿，突破线上线下的边界，为言说提供了自由空间。“微博”和“微信”这类集体狂欢式的宣泄虽然缺少人文关怀，触碰了道德伦理底线，但是在一定意义上能够宣泄生活压力和不满，用户以情感的释放来满足自身多元价值诉求。弱势群体利用微博功能，以传送视频、图片等方式表达利益诉求的例子尤为引人注目，这已成为公民意识逐渐觉醒的象征之一。

（三）微场域话语权的反思

网络媒介作为以扁平化为特点的意见表达平台，为弱势群体反映社会问题提供了更多机会与场所，公众也能够借助自媒体来设置公共议程，话语权开始从精英阶层释放到公众手中，而话语权的释放究竟是“狂欢化的乌合之众”还是公民社会的崛起，值得反思。

微博和微信形成了新闻最主要的信息源，挑战了媒体话语权。“微博”作为媒体公共话语平台，被当前权力结构所掌控，社会精英以优厚的社会资源在媒体上拥有非常高的知名度、优势话语权以及很高的舆论影响力。与微博相比较，微信同样在对我国的社会舆论施加；微信以熟人圈子间的隐性传播为主，兼具个人通信、人际传播与群体传播等特征，改变了舆论格局，很容易出现群体极化，对舆论监督引导工作提出了新要求。而且，当下中国网络舆论并没有构建出真正的“虚拟的公共领域”。

第一，网民群体虽然发生了从小众到大众的转变，但是和公共领域中“公众”这一本质不完全相同。哈贝马斯认为公共领域的“公众”应该以拥有共同利益、有共同公益心为基础。一些弱势群体如无业人员、下岗人员的利益诉求仍无法在互联网上得到良好表达，利益表达核心全体群体仍在组建中。事实上，就我国当前网民群体构成而言，任何阶层均不可能形成足以承担“公众”这一群体公共角色与社会责任的核心利益力量。

二是政治意识形态汇集经济强权势力，在某种程度上使得舆论功能产生偏差，造成公众的真实诉求难以表达、虚假舆论泛滥、公共言论的真实性受到质疑。特别是“网络推手”与“网络水手”背后的操纵，使得舆论真假难辨。因此，推手、打手们一手炮制的舆论话题遮蔽了公众的真正诉求，使其与多数观点渐行渐远。政府对于网络舆论进行过多的管制与监督，也在一定程度上制约公众参与积极性与利益的呈现。面对网络群体事件日益高涨的民意的表达激情，平台账号往往会被安排“关闭评论”或者“删帖”等，这显然没有触及问题的本质，而且妨碍了民意表达，并不能推动事件的合理解决，对民主进程更是没有好处。主政者们不妨借某些舆情监测机构的力量来适时监控舆情、关注敏感的话题，唯有研习舆情态势，方能了解民众、解决民情、实现民意。

最后，就网络舆论效应而言，积极意义仍多于消极影响。很多与政府相关部门或者管理者有关的公共事件，都是通过网民关注促使事件公开发生，并公正、合理地解决了事件。很显然，网络舆论能够在某种程度上发挥监督社会的功能。

网络舆论高涨，反映出网民民主意识的觉醒以及可以充分利用网络行使知情权、参与权、表达权、监督权等权利。中国网络公共领域势必扮演更重要角色。网络公共领域在中国的蓬勃发展，给网民的政治参与提供了便利通道，使公民的政治化民主进程得到提高，同时也培育了公民对公共事务的参与积极性，有助于社会转型时期的顺利过渡。与此同时，公共领域在中国的崛起也对提升公民政治意识、促进民主制度改革、提高政府管理与决策透明度等方面发挥了良好的监督作用。然而，中国在公共领域出现了很多问题，提高网民媒介素养仍旧是一项长远的工程。构建中国公共领域是一项长期而艰巨的任务。

三、构建理性的网络空间

随着远程通信、数据通信与大众传播向一体化方向发展，信息也逐渐从封闭向开放方向发展，互联网已成为促进社会主义精神文明发展的主要场所和推动社会变革的巨大动力，受众也从单纯的客体变成意向性主体。一些网络言论者就是在这样的机会下，利用信息技术和社会之间的连接方式来监督政府权威，关注弱势群体并完善社会结构，从而使政府网络治理机制与社会治理方式不断创新，社会公平正义得到保障。同时，我国正处在社会转型期，社会矛盾与社会问题不断出现，社会风险激增，群体性事件频发，对社会治理提出了 空前挑战。

公众参与的社会议题开始多样化。它既涉及医改、教育和环境这些与其本身紧密相关的话题，也逐渐转向社会道德和国家制度完善以及与公民生活相关等若干基本民主制度议题。与此同时，公众舆论也由“一言堂”走向“众言堂”。另外，社会对公众舆论的接纳程度逐步增强。多元化舆论众态通过自由表达自己的观点成为一股不容忽视的舆论力量。

公众参与推动了舆论的形成。公众作为舆论主体开始醒悟，自觉参与公共事务并开始萌发对个人自由价值的追求，逐渐认识到公民主动参与可以实现个人权利表达和意愿的实现，并最终影响国家发展与政策走向。互联网作为公众参与政治生活和处理公共事务的一种直接媒介，具有公共属性。但它又不是法外之地，作为舆论场，它有共同的行为规则须遵守。为确保这一空间的健康，技术性与法律性手段当然不可缺少，而每一个参与主体本身的公共意识也是不可缺少的。为此，需要通过互联网洞悉在场性公众的生活世界并引导其发挥主体意识、发掘认知潜能、强化思想启蒙与道德实践，确保社会舆论自由、完善网络伦理规范、唤起民众内在向上的向善力量、催人奋进、促进公众集体与公共责任意识形成。

伪民意盛行，造成开放空间开放度与政府包容度出现断裂。在网络场域中，声音是多元且杂乱无章的，政府应该净化网络。具体来讲，一方面政府应坚持马克思主义新闻观，完善信息公开机制和创新服务方式，有效地维护舆论自由，确保人们与互联网相处时信息传播广泛透明，让阳光照进公权力；同时政府也应加强舆情监控与网信人才队伍的建设，搞好民意的分析、预测与对策研究。信息化时代，网络作为思想阵地，要求有立场坚定、技术精湛、敏感性高的舆情监控队伍，要求有严谨灵活、开放透明的舆论预警机制。另一方面，政府需要充分利用网络，在信息传播中通过行动者之间的交往互动来达到理性的统一，以价值理性来限制工具理性的拓展，切实引导人们科学地认识主流媒体与主流价值观，坚持主流舆论阵地，让党的思想永远是“网络空间最强音”。

第四节　社交新闻传播在公共话语空间中的角色

互联网的发展为公众提供了表达意见和参与公共事件讨论的开放平台,社交媒体的兴起使公共话语空间发生了深刻变革。尽管社交媒体更倾向于社交,但是它也带有媒体属性,因此社交媒体带有公开属性。社交媒体服务于社会,服务于我们每一个人,这是媒体公共性存在的前提基础。互联网具有匿名性质与开放性质,所以依附在互联网上的社交媒体平台充分展现出了分享的精神。社交媒体支持文字、图片、视频和小程序,公众可以积极采用各种表达形式制作内容,使信息传播更有效、更具体、更多元,内容表达也呈现出丰富性。而且,社交媒体平台与传统媒体相比较,不存在严格而复杂的流程,每个人都有发表自己意见的权利,无论何种身份都能在这个意见自由空间里畅所欲言,分享、评论新闻信息。这种能够集合公众又开放的大环境,极大地为社交新闻传播公共性的实现奠定了基础。然而,社交媒体上信息真实性和表达理性也面临考验。本节将分析社交媒体新闻传播在公共话语空间的现状,既有正面作用,也存在负面问题,需要在保障公众言论自由和舆论监督的基础上,引导网络舆论朝着更加理性的方向发展,共同营造安全有序的网络环境。

一、公共话语空间中社交新闻传播的正面表现

(一)社交新闻传播中受众的角色转换

在当前社交媒体时代下,人人都能充当记者这一角色,发布新闻信息并不只是传统媒体的工作,信息发布者和接收者乃至检举揭发者均可交流与沟通,从中可见受众可以直接参与新闻信息制作过程。在新媒体环境中,人们能够非常随意地实现多重角色转换。当某一新闻事件发生时,有关这一事件的信息都会通过新闻媒体平台传播,观众能够第一时间收到来自不同平台的新闻,同时还能够作出评论、转发等交互行为。在信息传播过程中,受众彻底脱离了以往信息接收者的单一身份,而由“被动者”向“主动者”转变,对信息有着各自的加工方法,并开始自主选择所需浏览、发布的信息内容。

每个人都可以在社交平台中分享身边所遇到的有意义的趣事以及见闻,此外,还能点赞、转发他人分享的内容。而且,人们对于相同内容的解读方式不同,同样的信息通过上述传播过程后会更具有“生命力”;在新媒体时代,不同用户对内容和结构的重塑,也极大增强了内容的传播意义。在社交新闻传播中,每个用户都会有不同的偏好,他们对自己感兴趣的内容阅读、评论乃至转发,因此,用户对社交新闻的传播就有甄别与把关的作用。用户在不同角色中的灵活切换,实际上都是与新闻内容进行互动,有效地传播内容,且对受众而言完全能够接受,那么新闻便会不断地在用户的社交网络中持续传播。从这个视角看,新闻信息在每个受众手中的传递时间会大幅缩短。所以,在社交新闻的传播过程中,需要考虑信息的筛选、把关、多层次传播等问题。

虽然美国学者拉斯韦尔所提出的 5 W 信息传播模式已被新闻传播实践所证实,但我们知道该模式无法充分代表信息的整个传播流程,因为它没有充分体现反馈,即受众和媒体之间的互动这一关键步骤,这一点在传统媒体传播时代也极为明显。新媒体时代,受众在新闻

信息发布过程乃至传播过程中都扮演着多重角色,拥有更多选择的自由,这在很大程度上填补了这一空白,既能实现信息的有效传播,还能促进与人之间的互动和交流。而且,随着社会的全面进步以及受众文化修养、受教育水平等方面的不断提升,传统千篇一律的新闻报道已让人感到疲惫,难以适应人们对新闻信息需求的逐步提升,而目前流行的社交媒体新闻信息传播,以其灵活便捷的传播方式,使其不受时空的限制。社交新闻传播通过社交网络进行信息传递,这与传统媒体所描述的新闻信息传播路径有着显著的不同。这种独特的传播方式使得人们能够实时地获取所需信息,从而极大地提升了新闻信息的有效性。

(二)社交新闻传播中信息传播途径的变化

随着互联网技术的发展,社交新闻传播的方式实现了新闻信息的实时多向传播。这种以用户为中心、即时互动、海量共享的新模式打破了传统媒体单一报道内容的局限性,使新闻报道更加贴近受众生活,满足不同群体对新闻信息需求的多样性。这不仅极大丰富了普通公众获取信息的来源和途径,也极大激发了公众传播信息的能动性。对社会上大部分受众而言,当尚未接触互联网技术的时候,信息资源极度缺乏,他们只能通过极为有限的人际关系来获得信息和沟通,有时甚至更像把信息当作商品来“以物易物”。这一形式主要受时间和空间的制约。当时的受众除了大众传播这个渠道外,只能靠人际关系获取信息。

互联网技术出现后,公众可以通过多种社交平台扩大人际关系网,并置身于海量信息之中。个人传播信息的障碍被消除,公众对信息的选择权、表达权也得到释放。这一新的信息传播方式是依附于互联网技术而实现并逐步得到强化的。过去人们只局限于通过登录计算机终端来完成对资讯的发布与获取,它虽实现了信息的传播与接收,但受时间与空间制约。然而,随着移动互联网时代的到来,人们有能力在任何时间、任何地点根据个人喜好共享资讯,它不受时空限制,处于不同区域的人也一样能够在社交媒体平台的帮助下获取相关信息并与其他人进行交流。每个人都有机会在社交媒体上与他人分享信息和进行深入的交流。在这种创新的信息传递方式中,人们往往忽略了“阶级”的限制,因此这种新型的信息传播方式非常符合当前全社会的信息传播模式,而在一般大众群体中更有其适用性。我们会发现在这一全新的信息传播形式下,公众会以为自己拥有了信息主导权并为之庆幸,这一心理使得一般公众能够充分地把舆论引向自己所期待的趋势。

从目前信息传播的格局来看,未来媒介空间将较当前有较大改变,将主要表现为如下特征:信息传播关键节点将不再是职业新闻媒体,而将是个体或与个体紧密相关的机构;政府及相关部门已经不是对媒介空间整体的掌控者,而向媒介空间建设者与服务者转化。同时,社交媒体进一步赋能了公众的信息传播能力。公众不再局限于信息接收者的角色,而能够选择、处理并发布信息。当他们获得了直接接触媒介以及表达自己观点的权利后,他们对信息的选择、观点的表达以及信息共享更加便利。这极大地满足了人们的各种需求,不仅反映了人们对信息传递的强烈愿望,还体现了信息的发送者和接收者之间的互动与融合。当网络上的信息传递空间与社交媒体平台实现互联互通的时候公众能从中得到巨大满足。

(三)社交新闻传播中的舆论监督

在公共领域里,公共话语或公共舆论是一个至关重要的组成部分,而社交媒体公共话语空间自身也有促进公共舆论生成的属性，使其不可避免地成为开展舆论监督的合适场所。社交媒体作为一个公共话语的平台，已经为公共舆论的形成提供了必要条件。公共舆论的主要目标是对社会公权力进行监督，社交媒体公共话语空间舆论监督就是其不可避免的社会功能之一。

透过社交媒体传递出的民意可以对政府各部门、社会团体和其他相关组织进行有力的监督。当社交媒体的用户联系到政府部门，或者在社会团体出现不合逻辑的现象时，他们能够迅速提出意见，并在异议声形成舆论时对公权力进行有效的监督。这种舆论监督形式恰恰是新闻媒体独有的权力，社交媒体作为一个公共话语平台能够取得如此效果，说明它具有一定的媒体特性。公众利用公共舆论来监督公权力的行使情况，一旦发现问题，公共舆论会起到督促作用和推动问题解决的作用。舆论的监管能力与法律存在差异，它没有强制力，但蕴含着精神、道德等方面的作用，能和法律构成相辅相成的关系。人是社会性的生物，公众生存于社会之中就不能离开社会道德的制约，舆论监督就是要以净胜和道德之力作用于公权力。

鉴于社交媒体上的舆论焦点众多，我们需要在主流媒体的支持下，迅速把握机会，有效地引导公众舆论。大量的舆论事件未能赢得公众的信任，这与正面舆论未能迅速占据舆论焦点有着直接的联系。一旦社交媒体上出现了舆论，主流媒体应当迅速给予足够的关注，并利用其先进的传播工具、丰富的专业知识和信息上的优势，来鉴别舆论的种类并预测其发展趋势。主流媒体在面对可能在大众中引发思维混淆的公众意见时，应优先把握第一手资料，通过社交媒体快速发布消息还原事实真相，不要让谣言传播有机可乘。对社会上亟待解决的问题舆论应尽快向有关部门反馈，以便其及时应对。

主流媒体所刊登的新闻大多是与党的路线、方针和政策有关的新闻，具有权威性。主流媒体借助社交媒体平台进行传播，则权威信息传播将更迅速、更及时，非常有利于社会安定和谐。主流媒体纷纷在自己的社交媒体平台“第一时间”进行舆论引导，发布消息时注重时效性，尽力赶得上虚假消息的过度传播和扩散。如此一来，当主流媒体发布更加权威的信息时，社交媒体的环境也会经过一层筛选，观众也能够结合传统媒体对信息作出客观的评判和评价。

二、公共话语空间中社交新闻传播的负面表现

（一）公共话语空间中的混乱与价值贬值

在社交新闻传播发展进程中，受众角色发生了不同转变，也会产生诸多消极影响。每个人都有能力成为信息的创造者，但在信息的“把关”环节上，监管和把控的缺失是非常严重的，这在一定程度上会削弱信息的真实性和权威性。这导致了大量的不实信息混杂在社交新闻信息平台上，常常出现令人震惊的标题，吸引人们的注意。人们常常被这些信息的夸张表象所吸引，有时甚至被欺骗。由于互联网空间前所未有的开放性、共享性和利益驱动，虚假信息成了一个普遍存在的问题。社交新闻的广泛传播使得人们更加倾向于信任微信朋友圈、微博和抖音等社交平台上发布的信息。长久以来，人的思维就会处在一种被人操纵的风险中。人们不愿花时间和精力对社交新闻传播过程中的信息内涵进行反思、评判，很多行为

都仅仅建立在习惯性“流程”之上。

此外，过度娱乐化的内容则会造成对重大公共事件讨论的忽略，继而影响全社会的思想氛围，社交媒体平台需要寻求商业利益与社会影响之间的平衡。国家网信办曾经约谈过多家知名网站，责成新媒体认真履行主体职责加强用户账号的管理，查封一批蓄意炒作明星私密、八卦、炫富等内容的娱乐账号。一些被封禁的娱乐公众号和微博号具有极高的商业价值，但它们为追求商业利益而获得关注度却在不断地挑战民众的伦理底线。这类信息的渐增将使公共话语空间渐失原有秩序，其价值也被严重贬低。娱乐信息也应遵循基本新闻伦理，社交媒体必须对过度娱乐化加以约束，同时博取用户注意力、获得流量、积极宣传社会主义核心价值观、构建健康向上主流舆论环境。

与此同时，公共话语空间的“群体极化”也频繁发生，一旦人们对于某一事物或者某一主题产生某种态度，此后在和具有同样态度的群体进行沟通时，他们的意见将倾向于极端化；而他们也不希望有和他们的态度不同的想法。这一现象使得人们的观念日益偏激，甚至导致网络暴力出现，极大地拉低了公共话语空间的价值水平，也给公众的隐私带来了一些消极影响。在高速运转的现代社会中，社会焦虑成为当今时代最典型的特征。

匿名性导致了网民的真实身份被掩盖，社会的责任感减弱，从而形成了“法不责众”的集体心态，认为与多数观点站队，就能避免麻烦。链接性给网民迅速找到具有类似意见的用户带来了机会。孤立无援的个人在遇到事情时往往会选择敬而远之。群体可以赋予个体虚构的权利，激发他们的表达欲望，使他们参与到行为的对抗中。社交媒体已经构建了一定水平的“公众讨论平台”。但是，网络用户的非理性行为很容易被“背后的操纵者”所影响，从而导致了大部分的群体暴力事件。因此，自我消解与反思是社交新闻传播中亟待解决的问题。

（二）场依存型思维的泛滥

场依存性是心理学中的一个概念，主要指个体在认知和判断时过度依赖外在环境提供的线索，而不是内在的思考（Witkin et al，1977）。利用现有的信息传播模式，公众渐渐消解了部分认知上的盲点，对某些信息有了更多元、更深入的了解，但是在此过程中对媒介技术特别是社交媒体渐渐产生了依赖性，这种依赖性具有潜移默化性。因此，社交媒体成为受众获取信息、制作与发布信息的主要方式，甚至成为公众日常生活不可或缺的一部分。

公众已习惯于碎片化、即时化和非体系化阅读方式。在这样的背景下，社交媒体中出现的新闻文本具有较强的时效性和互动性，使得用户可以通过快速浏览获取所需资讯。与此同时，公众在社交媒体中的交互行为会影响其消解性情绪，表现为公众在社交媒体上阅读新闻时会更多地关注别人对某一条新闻或者某一个主题的态度与观点，习惯了在一个熟人圈里传递新闻信息。但建立在熟人社交圈上的新闻信息传播模式，体现为将人们置于“信息茧房”中，他们在面对新闻信息时，更倾向于先关注社交圈中他人的看法和态度，而不是自己的真实观点，这种行为极易使受众“跟风”，丧失独立思考的能力。而且，此外，这种现象可能导致公众在面对某一社会事件或问题时犹豫不决，等待他人的评论，担心自己会被孤立或受到责备，这种思维方式会使公众受困于此，难以作出正确判断，独立思考能力逐步消解。

要避免这一问题，公众需要提高自我意识，主动接触更多元的信息渠道，锻炼独立思考能力。同时,提升媒体的公信力也很重要,让公众不那么依赖社交网络。另外,学校和社会各界也要加强公民教育,培养年轻一代的独立思考精神和判断社会问题的能力。当今世界信息爆炸,独立思考尤为宝贵。公众只有保持清醒的头脑,才能在复杂的信息环境中作出理性选择。

(三)商业力量的入侵

社交媒体的商业化,具体表现为硬广、软广和电商入口投放过密,远非最初个体之间简单沟通与共享、通过媒体进行传播的情形,用户交互使用体验降低,出现反感的负向情绪。另外,用户在一定程度上沦为平台方私有可随意支配的资源,平台方用用户隐私换广告的运作已经成为一种行业潜规则,比如给用户精准画像,用算法定位用户,进一步推地域营销,等等,这样不仅会丧失用户信任,而且会给互联网生态带来负面影响。很多社交媒体似乎已经逐渐向商业营销平台转变,调性也正朝着释放购物需求的方向发展。

在以利益为核心的市场经济环境中,真正的核心是赢利,只有赢利才能确保不被市场所淘汰。社交媒体这一公共话语空间想让产品不断地投放到市场中去,给企业带来充分的收益,而这一产品一旦丧失盈利,它将是企业发展过程中的一颗毒瘤,会被摘除并在市场上销声匿迹。国内很多社交媒体平台均属企业性质,均需通过赢利才能维持经营。为了维持利润,就必须发展一些商业性服务以获得充分的经济回报,也就是说社交媒体无论如何都逃脱不了商业利益对它的羁绊。尽管社交媒体并非一种专业媒介,但其公共话语空间具有十分显著的媒体特质,它会关注社会公共事件并具有社会性。同时也促使国家政府不可避免地对社交媒体施加了一些限制。

制作高质量新闻内容以满足外界信息需求是媒体的重要职责之一,但是目前形势下社交媒体的商业化特点使其并不能实现高质量内容的输出,所以商业化社交媒体与传统媒体加强合作势在必行。传统媒体与商业化社交媒体存在着很大的合作共赢空间,与此同时商业化社交媒体与传统媒体加强合作有助于他们更好地履行社会责任。传统媒体在漫长的发展过程中,有一支专业记者与编辑团队可以很好地控制舆论,制作出高质量的新闻内容并在商业化的社交媒体平台上推出,它可以扩大优质内容影响,使一些与人民利益相关、引起社会关切的问题能更快地解决,从而发挥媒体社会公器的作用。

(四)社交新闻传播中舆论监督问题

随着我国在政治、经济、文化和科技领域的快速进步,我们的国力不断增强,改革开放也日益深入,与此同时,社会上的各种问题和矛盾也日益凸显。社交媒体在推动制度变革、优化官方与民众的关系以及改进社会风尚方面发挥着日益重要的作用,极大地影响了中国舆论格局。社交媒体在围观中形成网络舆论并进而产生社会公共舆论,促进社会公共事件形成与发展。但就像任何事物都存在着对立统一的性质与特点一样,我们应当深入了解并密切关注社交媒体围观可能带来的不良影响。

一方面,社交媒体新闻呈现出泛娱乐化的特点。其对于公共性产生了如下影响。①使得公共事件更边缘化或公共事件更娱乐化。②社交媒体中大批娱乐明星的入驻使其成了一个追星的平台,公共讨论成为仰视的狂热追逐,失去平等性与理性。③娱乐化使得社交媒体为开展商业营销累积了用户基础，庞大而设计周密的营销则淡化了社交媒体的公共性，不断将公共事件边缘化。在新时代背景下，社交媒体应运而生，它以其简洁的语言风格而著称。在这种大众文化逐渐娱乐化的环境中，社交媒体的舆论影响力大大超越了传统媒体。所以，社交媒体平台的娱乐性会淡化舆论监督的严肃性，削弱社交媒体舆论监督在社会舆论监督中的影响，使得社交媒体舆论监督居于从属地位。

另一方面，社交媒体平台会限制社会舆论议政能力。近几年社交媒体舆论监督参政议政的能力凸显出来，普通民众也能从政府官方社交媒体上更深刻地认识到政府工作，不仅如此，民众也能在社交媒体上和政府工作人员互动，自由地评判政府的工作。每年“两会”期间，微博上都会有不少“两会的好声音”出现，社交媒体议两会也成了议政的新形式。总的来看，尽管社交媒体议政具有很多优点，但仍然存在一些显著的不足之处。这种情况的出现，很大程度上是用户构成的问题所引起的。虽然微博的用户范围相当广泛，但从某种程度上说，社交媒体话语自然无法代表全体公众。如网络用户分布不均、用户分布差距较大、社交媒体议政等在某些情况下表现出较强的倾向性。

三、公共话语空间的价值建构

最初，大众对于公共的话语空间持有这样的看法：人们聚集起来发表自己的看法与态度并相互交流与沟通。当参加沟通交流的人数不断增加时，就需要有一些技术手段来协助进而产生影响力，也让公众了解表达意见的价值与意义，实现更为广泛的公众对话。新媒体的发展对公共话语空间的重塑与构建具有极大的促进作用，使得公共话语在覆盖范围、传播内容、影响力和传播效率等方面都取得了长足的进步。

就公共性而言，表现为公众对信息传播的广泛参与。社交媒体是公众广泛参与信息传播的重要平台，其显著特点为交互性。具体表现为公众自由表达自己的观点、点赞、转发、评论以及分享。因此，在社交媒体的传播过程中，公共性逐渐显现为一个显著的特点。社交媒体平台为信息的传播和内容的呈现提供了必要的技术支持。因此，社交媒体平台除了简单传递信息外，还提供交叉链接功能，允许用户在各种“链接”网页上进行“云社交”。这些社交媒体平台都配备了链接、转发和共享等多种常见的社交功能。超链接这一途径使公众可将在社交媒体平台发布的信息迅速传递给其他场域，从而让更多人了解。这也意味着，在社交媒体上，公众想要表达的内容完全取决于他们自己。但是，公众在发表意见时，信息的传播速度、范围和效率都不能被公众控制和决定。这表明社交媒体传播具有潜在的开放性和公共性。

从公共属性的角度看，由于社交媒体具有交互性特点，它更倾向于对信息内容进行深入的批评。在社交媒体平台上，来自社会的各个领域和行业的普通公众和专业人士汇聚一堂，围绕特定的议题进行深入的讨论和交流。他们分享了自己的观点，并在多种意见的交汇中达成了共识，这进一步促进了公共话语空间的整体建设，并在很大程度上推动了公共生活的进步。此外，社交媒体传播非常重视“对话精神”，这一点表现为每个人都能在社交媒体平台上自由表达自己的态度、观点，也可参与互动交流，而这种表达与互动均以平等对话为前提，这是公共话语空间的一大特质，这为舆论的多样性和其后续的发展奠定了稳固的基础。由于社交媒体的传播具有公共性，这决定了社交媒体平台的传播主体和信息内容的公开性，从而也为公共话语空间的构建提供了可能性。

思考题

第一节

1. 公共传播如何实现自由与秩序的平衡？公共协商如何帮助实现这一平衡？

2. 公共协商治理中存在哪些挑战与困境？如何应对这些挑战与困境？

3. 请结合中国国情，思考如何推进公共协商，实现偏好的有序转换？

第二节

1. 如何认知网络场域的特点，包括权力博弈、资本重构、网络惯习等方面？

2. 公共事件的产生与民间话语权的关系是什么？民间话语在网络中的地位如何？

3. 移动网络舆论场中，微信、微博等发挥着什么作用？

第三节

1. 请结合网络舆论治理实际，思考如何在自由与秩序之间找到平衡点。

2. 如何增强公众的网络伦理意识和网络素养？这对构建理性网络舆论有何意义？

3. 当前网络舆论场存在哪些突出问题？应该如何推动网络舆论场的健康发展？

第四节

1. 分析社交媒体新闻传播中场依存型思维的表现及其危害。

2. 社交媒体新闻传播如何体现“对话精神”？这对公共话语空间有何意义？

3. 请结合社交媒体的发展趋势，提出建设性意见，推动其在公共话语空间中发挥更好的作用。

第四章　公共传播的作用机制与理论模式

公共传播描绘了多元主体经由对话、协商与整合等方式，保障公共整体利益的良善传播图景。作为近年来十分热门的学术概念，公共传播诞生于全球化趋势与现代性转型的过程，并受到互联网技术蓬勃发展，特别是人工智能技术下的智能媒体兴起的推动。而在学科交叉融合的视野下，其又与公共关系、大众传播、政治传播等概念相互交叠（胡百精等，2016）。在这一背景下，我们有必要爬梳公共传播在形成过程中的话语博弈，并通过重访公共传播的具体生成语境，来指明公共传播的基础模式与意义向度，从而关切公共传播所具有的智能面向与智能时代的范式再造。不仅如此，虚拟现实、人工智能、5G与物联网等智能时代的具体技术形式也对公共传播造成了多样的影响，我们在关注其重塑信息生产常规与创设深度参与环境的同时，更应投入目光关注信息供给过剩与传播结构失衡造成的场域治理迷思。

此外，社交媒体的快速兴起与迭代使得公共传播进入了社交媒体微传播的时代，梳理社交媒体微传播的主体、内容、方式与效果，能为我们认识社交媒体对公共传播的影响提供理论与实践的参考。而微博作为当下最有影响力的社交媒体之一，创设出独特的公共传播场域，并为公共传播提供了实现路径。去中心化样态、碎片化趋势成为微博的鲜明特点，也影响着个体的表达策略与群体融入，其可以为我们理解公共传播与个体的双向关系提供具体案例。综上，厘清公共传播的作用机制及其理论模式，能够为明确智能媒体影响公共传播的具体进路与实际效果，以及较全面地剖析智能媒体给公共传播带来的挑战、机遇与前景，提供理论基础与实践依据。

第一节　智能媒体时代下公共传播的新范式

公共传播是多主体对话与协商，达成共识并实现公共利益的过程。《科学革命的结构》的作者库恩，将“范式”阐发为“包括定律、理论、应用以及仪器设备统统在内的范例——为某一种科学研究传统的出现提供了模型”（Kuhn，1970）。构建智能媒体环境下的公共传播范式，需要对公共传播的现有话语博弈进行梳理，并回顾公共传播的生成语境，明晰公共传播所涉及的基本要素及其对基本要素的意义作用，并分析智能技术对公共传播的具体影响，最终涵盖概念关系、理论源流、核心要素与基本面向的公共传播的范式与框架。

一、何以公共：公共传播的话语博弈

20世纪80年代，Stappers（1983）阐析了公共传播中的公共概念，认为其至少包括了公众、一种无定形的社会结构，以及作为信息的一种品质的公共性三重含义，认为公共传播为了探寻公众如何接近并使用媒体，公共信息和知识该如何传播和扩散。这一观点将公共与传播密切相连，认为公共性的实现应包含信息向公众传播的过程，亦体现了大众传播对公共问题的关切。与之相类似的是，公关之父艾维·李则将从事公共关系活动的职业描述为一种

负责任的公共机构或企业的信息传达行为。这些理论与话语源头亦激发了当下对公共传播的理解与讨论，具体来看，当前学界、业界对公共传播的概念或功能界定集中于以下几个方面。

（1）延续公共关系的分析框架，认为公共传播在继承公共关系对雇主利益的坚定捍卫之外，也在公共场域中经由特定表达行为或采取具体措施，在一定程度上兼顾或服从公共利益。现代以来公共关系的蓬勃发展与商业市场、商业媒体的日趋成熟密切相关，公共关系以商业利益为中心，力求在政府、媒体、竞争对手与受众间保持平衡的特征。师曾志等即认为，公共传播的概念是社会交往合理化的结果，反映了西方学者与商业公司试图克服公共关系的局限性，修饰商业利益、市场规则凌驾于社会生活之上的局面（师曾志等，2019）。因而，将公共传播纳入公共关系的范畴亦被认为有着出于学科或行业“私心”的考量，即借助公共传播对公共福祉与利益的维护，消解外界对公共关系实践出于对雇主利益的效忠与重视，造成了权力或金钱干预下选择性忽视、在激烈商战中粉饰自身形象或揭批对手等乱象的消极印象。但公共关系的驱动力仍无法割舍“雇主本位”，公共传播应然的良善图景与积极面向，仅能构成公共关系的一个侧面，加之公共传播实然所面临的实践问题与阻碍，更凸显了其不能取代公共关系的整体功能。

（2）将公众视作公共传播的核心，认为公众是公共传播的服务对象与天然受众。相较于大众传播概念形成过程中，对受众“有力”抑或“无力”的争论，这一观点在关注互联网技术、智能媒体所造就的受众前所未有的表达能力、参与能力之外，亦关注了受众在不同事件中，需要借助公共传播来实现其利益诉求。技术更迭将个体从传统结构中释放出来，使其具有了参与更广阔的公共场域的交流、协作与对话的可能性，公众围绕公共空间中的不同利益，能够借助公共传播的工具以实现整体利益。但这一观点的鲜明局限在于，当公众与利益密切相关时，势必引发诸如公众这一概念的主体为谁，构成如何，公众利益、多数人的利益、公共利益何以区分等未定或标准多样的概念的激烈争论。

（3）将知识的普及与推广置于公益传播的首要位置，认为公共传播就是围绕公益理念、知识与行动的传播活动。科学、公益、健康、环境等议题与公共利益密切相关，事关公众的个体利益与社会整体的福祉，但此类知识在被生产之初往往具有专业壁垒，难以被公众在第一时间以较高程度掌握。因而，围绕上述议题的传播活动亦伴随着此类知识向公众的传递，赋予了公共传播由表达延伸至具体行动的可能性。在这一过程中，行动者也由专业个体扩展至一般受众，进而提供了通过公共传播推进社会发展与变革的机遇。同时，这一概念也符合互联网所带来的结构性变革为普通公众创造出的表达、参与机会，表现出近似参与式发展的社会趋势。但值得探讨的是，这一范围框定构成了对公共传播的概念泛化。而亦有观点认为，现有研究在进行“环境公共传播”“气候公共传播”理论创设与应用的过程中，对公共传播与大众传播尚未在指涉与涵盖范畴上进行明显区分，呈现出概念套用、混用的局面（冯建华，2017）。

（4）认为公共传播是对传播学在人文精神方向上的有益延伸。公共传播内蕴着传播学的公众立场，包含对人与社会的责任与义务。邓理峰（2021）指出，植根于人文精神所提供的情感与道义支撑，我国过往的新闻传播学科发展过程具有深厚的人文传统，但20世纪90年代后却因谋求学科合法性之因，迅速转向社会科学的范畴。承继这一前提，公共传播的公共性追求能够弥合人文科学与社会科学的价值分野，传播学在力求与心理学、社会学、政治学等学科在研究问题、方法上交流互鉴的同时，更应在价值追求上站稳公共责任，将传播学的研究目光从媒体体制、传媒经济、受众市场等结构性因素引至“人”的切身需求上，并实现传播学对人的个体价值、全人类共同价值的重新发掘。

上述围绕公共传播的话语博弈，较好地体现了公共传播对传播学的反思性理解，将公众地位、公共场域与利益问题引入，但在公共传播的主体、公共利益的受益对象以及公共性的内涵与外延留下诸多未明确之处，仍有赖于经由时间脉络爬梳公共传播的生成理路，明确公共传播的价值旨归，并尝试建立一种公共传播的较完整范式。

二、生成公共：公共传播的语境重访

公共传播的概念生成与流变，既植根于启蒙运动以来的现代性观念的发轫所带来的主体性困境，又依赖于全球化进程与互联网技术发展所助推的大众传播的兴起。重访公共传播的原初语境，有利于厘清公共传播中“公共”的具体指向，进而为明晰公共传播在智能媒体时代的范式再造创造条件。

作为科学思想体系与学科领域的传播学，被认为受到了欧洲人文思想的滋养。而人文思想的历史源流，可以追溯到古希腊时期的人文精神，亦深刻地影响了欧洲文艺复兴的进程。中世纪的教会统治造成的文化与思想凋敝，促使市民阶级知识分子重新关注作为一种古典思想资源的人文精神，并以此为武器，借助绘画、雕塑与小说等艺术形式，表达世俗生活的地位与作用，实现对社会文化的再创造，以此表达人性之美、品德之崇高。尽管文艺复兴对教会统治与神学思想体系表现出了一定程度的接纳与并存，但其对人的地位、意义的突出强调，仍为近现代以来的思想解放进程奠定了坚实的基础。相较于文艺复兴运动对教会、神学的若即若离，宗教改革中的新教徒群体以“因信称义”的主张破除了神权统治对社会与人行为的控制，进一步提高了世俗生活在社会结构与思想体系中的地位，并将信仰与理性进行了明确区分，使得理性能够作为人的一种主体性能力得以自由发展，亦激发了启蒙运动对理性的更深刻认识。

启蒙运动作为兴起于17—18世纪欧洲的思想解放运动，以科学、理性为首要旗帜，将理性抬高到了价值、真理的源头的地位，特别是以笛卡儿哲学为代表的思想观点，通过对“我思”的原则关切，将人确立为一切真理的基础，肯定了人本主义、理性主义的意义，并希冀以理性来压倒欲望的盲动力量，以此建立一种自由主义的价值原则，进而以理性保证社会的进步与人的发展。上述的近代以来的若干思想解放运动开启了西方社会由传统社会向现代社会的转型进程，而19世纪后期以来的历次科学技术革命，促使工业化进程的不断加速，带来了社会生产力的极大解放与提高，同样加速着社会现代化的趋势。这也促使西方知识体系开始具有了“大众”概念，而非传统社会的“俗民”，关于大众的文化即构成了“大众文化”，而不再仅仅是作为教会经院文化对立面的“民间文化”。在这一世俗化的社会中，贵族血缘、君权神授所维系的权威文化被大众文化的兴起消解，使得“大众”作为一个具有主体性的群体进入了历史的“前区”。尽管笃信精英主义的知识分子试图减缓或迟滞大众社会的到来，但工业化、现代性裹挟着资本主义生产方式在更大范围内的确立，仍然促使着现代性的“脱域”的发生，在将个体从地缘、血缘与代际的职业传承等传统社会关系分离出来的同时，也带来了价值体系、社会秩序的全面变革。维系大众这一松散概念的纽带，也由传统社会束缚性的种种固着关系，转变为在现代社会中建立的经济联系、社会联系，促使作为现代人的自由与个性进入了空前繁荣的阶段。

然而，一如启蒙运动面临工具理性对人的自由的压制的诘责，多元的现代社会也带来了相对主义、解构、怀疑与碎片化的困境表征，特别是现代性所带来的传统的快速断裂与自我意识、个性的极大提高，引发了自我意识与普遍理性间的冲突，造成了认同危机。而因应现代性的困境与危机，有赖于推进主体性向公共性的转换，由此促成一种良善的现代性实践。由此，现代性所带来的工具理性压倒价值理性，引起了人文与社会科学对公共性的普遍讨论。在这一前提下，传播学界也介入了对公共性的探讨。陶东风（1999）认为，现代传媒能够生产公共性现象，并使之获得可见性（visibility），进而生成“经过媒介转换的公共事件”，即原本私人或公共的事件，经过媒介的记录与传播，传递向大量未目睹这一事件的公众。冯建华（2017）则指出，新媒体的跃迁发展使得公共传播成为“共享的空间”，区别于大众传播所构建的“中介化空间”。这些视点强调了传媒能够生产公共性，并实现对公共性的积极实践与对公共利益的达成，但亦有具备警示意义的论断指出，应克服关注传媒自身的公共性特征和传媒作为公共性的行动主体的视点局限，进而明晰公共性与普遍性的关联，并从地位作用的角度，理清公共性究竟是作为一种工具还是一种规范（胡百精等，2016）。这些观点为下文进一步探讨公共传播的价值、地位与作用提供了依据与进路。

三、公共何为：公共传播的意义之维

以上回顾了当前对公共传播的话语与概念的讨论与博弈，以及对公共传播的生成语境的阐析，那么，公共传播之于其基本构成因素，即主体、原则、目标与发生空间，具有何种意义，能够发生何种作用，构成了亟待回答的重点。

公共传播对于其参与主体而言，有利于共同体认同的生成。人的真正的本质是人的共同体，共同体是人的历史存在的基本方式。然而，现代以来大众传播的勃兴，加速了社会离散、分化的过程。互联网技术创造了一个虚拟生存场所，传播活动面临主体多元、价值各异的境况，地域间的物理距离、不同文化群体间的区分界限日趋模糊，对多样信息、多样价值的选择权替代了固有的归属感，使得社会生活成为一种流动的存在。而这种独特性与碎片化倾向，则容易导致社会认同变成一种被怀疑、虚无化的存在，从而加剧现代社会的认同危机。然而，尽管网络空间所具有的开放特征，促成了“后真相”的到来，但在开放的传播环境中，公共传播的参与者——多元的社会主体，在新技术所堆砌而成的社交平台上，摆脱了物理空间、现实身份等条件的限制，在更为开阔的空间中展开交流沟通，在内生张力的推动下介入讨论、对话，将传统社会与生俱来的、被赋予的认同，由本质的存在转化为一种建构的存在，实现了一种具有深厚根基的，依托于价值、意义层面的社会认同，由此达成了一种“人的共同体”的、开放包容的存在方式。基于此，公共传播能够促成共同体的再造与整合，并成为这一过程的重要手段，在多元化的现代处境中，以公共性的培育促进共同体的再生。

公共传播对于其原则、目标而言，有利于通过对话达成共识。公共传播为社会公众参与讨论提供了充分的信息渠道与平台，使得社情民意、公众利益的信息能够跨越社会阶层的区隔，在公共范围内共享，进而为共识的达成创造条件。在公共传播中，通过对话达成共识包含价值认知、相互承认、多轮沟通与理性取舍等阶段（石永军等，2020）。具体而言，首先，社会公众接收信息并平衡好主导价值、公共价值、个体价值的关系。进而，对话者互相尊重对方的主体地位，以平等身份参与个体的协商与对话，在平等的责任前提下，享受同等的话语权。而在这一过程中，应将理性协商与平等作为对话的基础，以多轮次的对话、沟通与让步，获取对于共识的认识深化，进而修正不充分的、局限的利益诉求，实现共同利益的最大化，并实现共识的创设。这一过程能够折射出哈贝马斯所提出的主体间性、交往理性的观点，即主体之间相互承认、平等对话、互为主体，借此解决主体与客体的冲突与对立。而在对话过程中，哈贝马斯亦认为，多元主体在对话过程中应当遵循真实性、正当性、真诚性与可理解性原则，分别以此指导认知和内容、相互关系与社会规范、内在动机与情感、话语表达，建立起交往理性的立场，并以此解决工具理性的价值危机。

公共传播以公共领域为发生空间，能够促使公共领域的概念规范的形成。查尔斯·泰勒将公共领域阐发为“可供想象的公共空间”（Taylor，1998），认为大众传播媒介具有将分散讨论聚集为“电子广场”的潜在可能性。特别是新媒体环境下，公共领域的开放、竞争属性尤为明显，信息传播行为不再可能是一种单向的灌输与发布，为信息的多样、自由流通创造了有利条件，也促使话语权解构与重构，进而促使公共传播扩散到更大范围，并满足多元受众的公共信息需求。然而，媒介环境的变迁在为公共传播创造出更为广阔的公共领域的同时，也使之遭受着非理性的考验。公共领域的占有成为参与主体竞争的首要目标，在互联网空间中则突出表现为对流量的追逐，而公共利益、公共价值则被抛诸脑后。而在智能传播背景下，更多的人工智能技术涌入生产主体，深刻改变了信息的属性与真伪状态，而在传统的利益主体对公共领域的占有与划分之外，算法、社交机器人等也改变着人在公共领域中的主体地位与主动性。智能媒体对公共领域的颠覆，呼唤一种人机协同的公共领域的调试与规制体系，进而促进智能媒体时代的公共传播的范式再造。

四、公共传播的智能面向与范式再造

公共传播与其他具体传播形式、专门领域的区别与联系一直以来是学界颇为关注的话题。公共传播涵盖了多元主体的传播行为，以“公共性”为核心，并非对传统传播形式的叠加与包含，而是互联网技术与智能技术赋能下对传播结构的变革。此外，智能媒体与智能技术不仅改变了信息内容的生产流程，而且影响了信息内容的生产机制，进而引发了公共传播的全方位变革。在理念层面上，智能机器、平台、受众的地位更为重要，数据日趋成为智能时代的“石油”与“煤矿”，人机协同亦转变为智能时代的重要命题，呼唤共建、共创、共享的公共传播理念的进一步确立。在内容层面上，智能技术催生了新的传媒生产主体与产品，大数据新闻、传感器新闻方兴未艾，人工智能对新闻、内容生产的介入也成为当下学界、业界焦点。而在公共传播的环境层面，社交机器人等舆论工具对舆论环境的颠覆性变革使得围绕舆论及话语权的争夺更为突出，公共传播对共识的再造能力面临着新的考验。在素养层面，“智能鸿沟”作为“知识沟”在智能时代的表现形式，对公共传播人才与社会公众的智能素养提出新的要求，需要信息核查、价值判断与真伪辨别、人机共创等多种认知、实践能力。

基于上述论证，智能时代的公共传播需要以平等与融合交互的思维处理好公共传播的主体间关系，以主体间性所描绘的理性图景摆脱主体性所带来的困境，围绕公共议题，在公共领域以对话形式达成共识，进而促成公共利益的实现与公共精神的表达，同时也应正确认识智能媒体的地位作用，提升公众的媒介素养、算法素养与智能素养。为了实现这一公共传播的应然状况与理想形式，首先，应重塑人在传播学研究的中心地位，将人置于首要地位并平衡好对人、信息、制度因素的关注度，进一步发现人的存在的真实与丰富，以公共性赋能与再造主体性，协调工具理性与价值理性，最终实现现代化范式中的人的全面自由发展。其次，应立足人的生活本身。吉登斯以“生活政治”的概念，阐发人在思想、情感与微观层面的解放（Giddens，1996）。公共传播以共识与公共利益为目标，在实现社会整体的利益之外，也有责任改善构成社会的人的现实处境，为人的全面自由发展创造条件。因而，公共传播应为认识、理解与改善人的现实生活与公共空间、社会结构的交互关系提供途径，并处理好互联网时代公域与私域界限日趋模糊的状况，进而主张一种积极的、理性的生活方式。此外，公共传播也应关注人的真正本质，即人的共同体。以公共传播的结构变革，提升参与主体的公共传播能力与意识，以相较于传统社会的更大范围的共识的形成，协调个体、组织与社会、国家的关系，促进社会共同体、传播共同体的稳固，以此克服处于现代性下的液态社会、风险社会的困境与危机。进而，公共传播能够为传播学注入人文精神，进而为其与人文学科的交流、对话、融合打通现实可能，实现对传播学范式的再造与重塑。

第二节　新技术与公共传播的互动影响

新兴技术所催生的传播平台与参与手段，为公众更充分地参与公共议题的讨论与扩散创造了条件，也扩充了言论表达的深度与广度。多元主体参与公共传播的积极性与主动性的提升，增强了公共传播在促进社会变革、推动文明进步方面的作用（孙海荣等，2023）。而新技术对公共传播的具体影响，则体现在颠覆了信息生产常规，塑造了深度参与环境，提升了公众的理性对话能力，同时也引发了场域治理困境的负面问题等方面。

一、新兴技术与智能媒体颠覆信息生产常规

社交媒体与智能技术的迅速发展与其对社会生活的全方位介入，使得信息生产的路径、形式与模式产生了系统性变革。虚拟现实新闻、人工智能写作、社交机器人、图像视觉技术、大数据挖掘与分析加速了信息生产的过程，促使原本依靠人力的诸多工序日趋自动化，而算法结合用户数据的建模行为，使得用户愈发被“精准画像”，特别是结合用户的社会关系网络，极大地提升了信息推送、分发的效率。

（一）虚拟现实技术变革信息样态

虚拟现实（Virtual Reality，VR）技术通过对事物的模拟，在虚拟场景中实现了虚拟与现实的融合，将新闻与信息内容迁移至虚拟世界，虚拟现实新闻也成了一种新的信息样态。由于这一新闻形式能使受众获得近乎亲临事件现场的体验，常被用于记述疾病、战争、文物修复等公众不便或不宜到访现场的真实事件。在被称为“VR 新闻”元年的 2015 年，《纽约时报》报道儿童难民的《无家可归》，PBS 报道埃博拉病毒在中非国家肆虐的《埃博拉爆发》等多部 VR 新闻问世（邓建国，2016）。相较于传统报道形式，VR 新闻能够以清晰的逻辑形

式、全景的内容捕捉与呈现、第一人称视角增大信息量与感染力，将观众由旁观者转化为参与者，前所未有地拉近了观众与新闻现场的距离，跨越了时空距离并重构了观众的认知空间。但是，成本、设备和技术要求，共同构成了VR新闻广泛应用的门槛，有赖于政策、资本与市场等因素的共同推动，使之具备更快速的生成能力与更广阔的应用空间。

而在虚拟现实技术向扩展现实技术的迁延，带来了元宇宙的新机遇与信息样态，迎合了受众新闻需求从信息向场景、环境的转变。较之于虚拟现实技术的沉浸式观赏，扩展现实技术带来了虚拟与现实的共生体验，能够实现虚拟世界向现实世界的扩张，改变了新闻受众的被动地位，在特定场景中能够获得近似事件主角的体验，构成了人在虚拟环境的"数字化分身"，进而体验到情感的共振与逼真的场景环境，新闻受众除了能够自由选择视角、顺序浏览新闻现场与事件内容外，甚至可以在被采集、重塑出的新闻现场与新闻事件和当事人进行交互，并以具身的方式与其他同为数字人的观众展开交流。除元宇宙之外，虚拟现实技术与3D捕获技术所孕育的虚拟数字人也成了新闻领域的宠儿，突出表现为虚拟主播的应用方式。虚拟主播即在大数据处理与学习、虚拟合成与分身、人机交互等人工智能技术的驱动下，在媒介中担任主持播报任务的智媒产品，兼有基于深度学习的自动生成的人工智能（AI）合成虚拟主播与基于对真人动态捕捉的头像式虚拟主播的实现形式。一方面，作为叙事工具与符号载体的身体仍发挥重要作用，身体与情境认知仍有着密切关联，交互双方共有的思想与情感反应构成了虚拟主播身体在场的重要性。另一方面，数字时代的具身传播对移动性、场景化的追求，促使着虚拟主播作出离开真实身体的尝试，经由提取数据实现对真实身体的仿真，综合深度学习与智能合成技术进行数据库建模，实现对人类行为的模仿。

而虚拟现实技术在带来了新闻与信息样态变革的同时，其所造成的潜在风险同样引起了关注。虚拟现实技术所赋能的虚拟现实新闻、元宇宙等应用形式，进一步模糊了虚拟真实与事实真实的定义，在真实世界的虚拟信息、在虚拟世界的真实信息相互交织，一种"混合真实"日趋占据人类的思维方式，使得新闻真实这一价值与原则不断受到挑战。此外，无论是虚拟现实技术，或是元宇宙对新闻场景的搭建与现场的还原，都意味着及时性的职责发生了部分转移，社交媒体更多承担起第一现场的责任，而传统媒体的竞争力更多表现在深度报道与权威性、解释力等方面，需要其在新闻产品上进行权衡，既有技术赋能既要满足受众在场景、体验等方面的满足，也要有满足及时性需求、贴近民生的内容信息。而在智能媒体影响下，新闻产品对内容细节、受众体验的追求，相应带来了新闻伦理的考量。何种现场应当被还原，何种现场应当被选择性保留，在虚拟现实新闻、元宇宙新闻作为先进的可视化新闻形式的视野下，应当综合新闻现场的特征、潜在的社会影响与是否会激起社会模仿行为等考量，这是智能媒体时代新闻生产的底线与价值追求。

（二）"AI+媒体"降低信息生产成本

智能媒体对信息生产过程的全链条融入，人工智能辅助或参与的信息生产，主要表现为新闻机器人与社交机器人。其中，新闻机器人能够通过爬取大量社会数据、自动解析数据并选择报道内容，综合运用词法分析、语义理解等技术，最终按照给定的话语模板输出新闻稿件。这一功能可以投入天气、灾害、体育等变动迅速且具有突发性的新闻生产中，满足这些新闻信息对时效性的追求，并将人力资源投入机器无法完成的工作中，实现资源的合理调配。而社交机器人则通过在社交媒体发布观点与评论、转发或点赞有关内容,实现舆论资源的获取与社交媒体营销的实现。不同竞争主体则通过投放依照自身目的设定算法的社交机器人,实现公共议程的设定与社交动员,特别是在国际话语权竞争日趋白热化的当下,社交机器人也成为各国角力的关键。此外,人工智能技术亦可赋能智能信息审核,为新闻信息的生产质量把关,将新闻内容的生产者从繁重的校对、审核工作中解放出来,进而在人工智能技术的助力下,推出一系列人力无法实现的新闻报道。人工智能技术也能够应用到大量新闻数据的汇集与分析上,实现新闻的智能化生产并扩大新闻生产的规模。进而,人与机器之间的协作将有效提升智能媒体的生产力水平,在为用户创造出更具新鲜度与丰富度的新闻内容的同时,带来更好的交互体验与效果。

近年来,生成式人工智能的崛起及 ChatGPT、Bing AI 等代表性应用产品使得智能时代的新闻生产与公共传播面临新的转折点。生成式人工智能(Artificial Intelligence Generated Content, AIGC)所生成的具有算法偏见的信息,被用于个人的日常生活决策乃至道德抉择,以至涉及公共利益的集体决策,都加剧了人类为算法所限制、控制的程度,不仅将人类整体暴露在“系统性退化”的风险与被削弱的认知能力、行为能力面前,也构筑起算法决定、算法掌握,不可预知的“黑箱社会”。特别是在 AIGC 生成的内容有可能服务于新闻生产与公共决策时,则应以人本主义的态度权衡好短期与长期、整体与部分的利益关系,而非按照算法的先天属性,追求问题解决过程的最快速、最高效。而除了作为准则与导向之外,价值理性面向 AIGC 时无法脱离制度框架的约束与保障。而这一制度性实现既不能脱离于现有的关于人工智能治理的全球性倡议与行业规范(如经济合作与发展组织提出的《经合组织人工智能原则》与我国的《新一代人工智能伦理规范》),又有赖于针对 AIGC 的具体标准的补齐。

(三)智能技术赋能媒体融合

除了在信息样态、生产成本等方面发挥作用之外,智能技术的广泛应用也为媒体融合提供了新的发展机遇,具体则表现在传感器、物联网与新一代移动通信技术等方面。相较于数据新闻对现有数据的整合与利用,传感器新闻更多体现于利用传感器工具创建数据。现有的传感器对信息的捕捉涵盖了光线、声音、温度、触摸、心率、运动轨迹乃至压力状况等方面,作为信息输入媒介,能够将多种反映人体体征、自然环境的信息转变为能够服务于深度报道的数据,迎合了跨媒介叙事的趋势与需求,将这类数据融入新闻报道之中,能反映出传统新闻所无法揭示的规律与价值。在智能媒体的背景下,眼动仪、心率传感器等设备同样可以用于传播效果与受众心理的评估,进而为内容作品创新提供数据与反馈的支持,但也应当界定好传感器数据收集、保存与使用的边界,以负责任的态度避免个体隐私泄露与对用户信息的过量获取、监控的发生。

2019 年至今,在配套基础设施建设与商用牌照发放的助推下,5G 在速率与时延方面表现出突出的潜能,结合 4K/8K、AR/MR/XR 等信息呈现技术,创造出场景化、视觉化的呈现方式,能够实现超高清视频的生产、剪辑、传输与终端播放,提升内容产品的感染力、时效性与亲和力,带给用户以沉浸式的视听体验,赋能主流媒体矩阵与自主可控媒体建设。5G 的广泛应用亦为打通运营、数据、技术中台的数据创造了有利条件,能够为革新媒体生产与管理链条提供有力支撑。高带宽是终端广泛接入的必备条件,因而5G对于人机交互而言具备着托举与支持作用,满足了人机交互过程用于机器学习的海量数据传输的需要,不断推动着智能媒体的发展。

物联网突出表现为将各类物品接入通信网络,借助物联网"万物互联"的突出特质,许多生活场景日趋具备智能化的潜质与特征,例如智能手表、智能眼镜乃至智能家电,都在一定程度上能够具备媒介物的特征,加快深度媒介化渗透人们日常生活的进程。互联网对硬件与系统的整合,能够带来立体多元的内容生产与传播体系,而受众则将获得更为充分的内容与服务,进入更多的生活场景与消费场景。在智能传播时代,多种设备都将具有生成、传播、存储与接收信息的能力,描绘出人机共创的智能图景。

二、社交媒体与主体扩容塑造深度参与环境

社交媒体也带来了智能时代信息生产主体的扩容,为作为用户的个体提供了采集、发布新闻信息的机遇与权利,进而塑造出深度参与的公共传播环境。社交媒体的崛起与勃兴变革了信息传播的手段、渠道与方式。智能手机不仅成为全时全效的新闻获取平台,亦具备了发布、共享信息的能力,进一步将信息从时空区隔中解放出来。公众得以在智能手机上,通过移动互联网极迅速地交换并讨论信息。基于熟人关系、社交关系的圈层传播释放出强大的传播效力,而以微信、抖音为代表的社交媒体平台则通过通讯录、地理位置的匹配功能实现了强关系与弱关系的结合,提高了公共议题的讨论与互动的时效性与积极性,促进了社会共同体的生成。

此外,社交环境与场域也以公开、开放特征,为信息的生成与发布创造了便利条件。在灾难场景面前,公众在社交媒体上的讨论与信息共享对于应急信息的更新起到了尤为关键的作用,在媒体未至事件现场时,社会公众所提供的信息,改变了传统新闻生产的流程并成为重要的信息生产主体,进而通过社交媒体的裂变式传播,引起信息的极大扩散。此外,社交媒体为收看、分享网络视频直播提供了平台,促使着网络视频直播成为新的新闻呈现方式,现场直播、慢直播愈发成为媒体呈现新闻现场的符号与手段。而社交媒体平台的潜力与能量也促使着政府部门、高等院校等公共信息生产主体主动下场,经由微信公众号、抖音账号、微博、网站等形式发布信息,并积极与受众展开互动,日趋成为其展示自身形象、接受群众监督的首要渠道,为社会共识的生成与扩大提供了无比广阔的平台,也促使信息内容具有可互动、观赏性、年轻态等积极品质,有助于凝聚青年群体的共识与认同。

数字时代、智能时代的新闻生产主体已经超越了记者或新闻从业者的界定,转变为"新闻人"这一概念,即"数字媒体生态下的所有人类新闻生产主体"(常江等,2023)。数字时代的新闻、信息生产不再是一种"中心-边缘"的线条构成,而是一种开放化、网络状的结构,带来了深刻的文化变迁与转型。总的来看,这一概念相较于传统新闻时代对记者、新闻从业者的中心地位的强调,能够凸显数字时代新闻生产、信息生产的开放、流动特征,体现职业化与大众化协商的妥协,坚持了人本主义与算法、技术始终是为人所用,而非凌驾于人之上的立场观点。进而,一种扁平的分布式的网络开始形成,依托于社交媒体作为生活经验、信息交换的节点,个体在关系网络中对信息进行聚合生产、交叉核查,并以强大的用户生产能力完成信息的实时纠错,减小了认知局限所造成的偏差,使得新闻成为行动者网络的结果与产

物。这也意味着，社交媒体平台应当提供多元与易获取的接口，促进新信息生产主体的壮大与碎片信息的整合与意义的浮现，为公共场域带来面向丰富的议程设置，形成了分布式的生成网络与周转体系。此外，智能时代的新闻生产与信息传播，孕育了一种介入性特征，具有鲜明的行动导向与建设性内涵，并以强烈的能动性，推动着社会的变革与发展，使得冷静、客观的记录与能动、积极的介入并存。这也造就了一种人、技术、社会共融的生态体系，将用户的社会资本与行动意向密切连接，并将公众场域与私人的社会网络相互渗透，使得新闻业出现了鲜明的“情感转向”，在情感的助推下达致公众利益并实现对人本立场、人的价值的重新发现。

三、信息过剩与结构失衡引发场域治理迷思

智能媒体深切改变了信息生产、传播与接受的面貌，在颠覆信息生产常规、塑造深度参与环境与培养理性对话能力的同时，也在信息过剩、结构失衡等方面对公共传播的场域造成了负面影响，改变着媒体生态的格局并引起了场域治理的迷思。

（一）“万物皆媒”引起信息供给过剩

传统媒体时代，信息生产主体精英化、职业化的特征使得传播活动维系着组织化的线性样态。而在智能媒体、媒体融合赋能下的“万物皆媒”的趋势下，多种行动个体介入信息生产过程，议程的设置权力逐渐扩大到社会公众，并使得社会公众经由自定议程参与公共讨论。而网络空间所具有的开放性、去中心化特征也让信息的边界不断模糊，事实、观点、情感彼此渗透，交织多元主体的交流与对话，主体性日趋向新的公共性转型。场域转变为“时空流式的场景”，信息成为一种流动的存在，在多种主体构成的关系圈层间漂浮并寻求结合、扩散的机会，也致使单一议程转变为多元议程与海量信息流（沈鲁等，2023）。在技术可供性的视角下，人工智能技术赋能的智能媒体，让人机界限变得模糊，信息的生产者、发送者不断增多，流动速度也伴随网络技术的代际革新不断加快，将个体暴露在信息过载与错失焦虑面前，加剧着技术与认知疲惫的风险。更为严峻的是，大量未能明晰其生成主体与性质真伪的信息充斥公共场域，使得对信息的信任成本不断提高，也不断造成公众的焦虑情绪。数字化生存的公众有着无比丰富的自主权与选择权，在过剩与无法辨别真伪的信息面前，人们将以算法与搜索引擎为代表的个性化推荐技术视为可靠的良药，但也无形间接受着机器力量对社交、工作与个人生活的掌控，面临着沦为数字时代的“单向度的人”的威胁，也不断承担着数字化生存时代的悖论与不确定性。

（二）过滤、区隔致使传播结构失序失衡

“万物皆媒”的信息过剩致使个性化推荐技术登上智能时代的舞台，在掌控个体的社会生活并削弱其认知能力的同时，以强烈的排他性带来了过滤与区隔的可能。智能媒体与社交媒体带来的信息流与其塑造出的公共场域，既为公众带来了整合的可能，也滋养着亚文化群体的分化基础。而智能技术以其突出的生成能力与学习功能，尽管能够迅速获知用户的使用偏好以满足其需求，也将用户置于“信息茧房”之中，带来了后真相、情绪化的隐忧。尽管数字时代的公共场域具有开放性的特征，但算法的过滤与分发或能够构成对信息流动的

阻滞，算法带来了信息推荐、协同过滤等多种功能，在提高了分发效率的同时，也意味着将把人的权利转交给智能机器，在何时收看何种内容，不再是用户可以自由决定的个人事务，而是需要用户与机器协同乃至对抗方能达致。长期以来，算法面临着歧视、偏倚等价值追问，将用户闭锁在被认为的区隔之中，不断推动智能鸿沟的产生与扩大，也无形间推动着社会阶级流动的停滞。此外，在算法的个性化推荐下，情绪这一因素也无限被放大，成为推动信息扩散的重要因素，影响着个体的社会决策，也施压于社会公众，促使一场场情绪狂欢的到来，而算法的聚合与分化相互叠加，也将造成群体极化的发生。基于上述智能媒体可能带来的负面后果，要想处理好智能媒体所带来的场域治理迷思与伦理忧虑，需要将数字时代人的生存权、发展权置于首要位置，也有赖于对智能媒体进行的伦理调适与规范智能媒体相关的人类主体的行为，并强调人在智能媒体创设、运行中的责任，进而化解智能媒体造成的道德困境与忧思。

第三节　公共传播视域下的社交媒体微传播

社交媒体的快速兴起与迭代，让传统媒体在大众传播的决定性意义"风光不再"，也挑战着传统媒体在内容生产、传播方式等方面的主导地位，促使传统媒体深刻理解并学习、融入社交媒体时代的表达方式与逻辑。在公共传播所带来的传播场域由相对可控走向多元开放的趋势下（冯建华，2017），以社交媒体为平台，个体以人格化、情绪化为话语方式的微传播成为公共传播的重要组成，并深刻影响着公共场域、舆论生成与公共议程的面貌。而社交媒体微传播与公众话语、舆情舆论相交织，既为社会治理带来新的挑战，也转化为一种推动社会发展、协调公共关系的积极力量。前述的公共传播为理解社交媒体微传播在范式上提供了进路，即公共传播视域中的社交媒体微传播的主体是多元的还是单一的，其内容是注重要素的全面性还是注重细节的丰富性，而传播方式是基于灌输或对抗，或是基于协商与对话的，传播效果是更偏向事实的传递与扩散，还是共情的达成，这些问题将在本节中得到回答。

一、多元替代单一：社交媒体微传播的主体

就大众传播时代而言，其传播主体一般为机构化组成的大众媒体，大众媒体只有作为一种制度性的媒介存在，才有面向社会公众进行大众传播的可能。从应然层面与理想状态来看，大众媒体能够为社会不同阶层和利益群体发声和代言，但这种发声和代言并不是一蹴而就的过程，需要经历复杂的、多种社会关系与利益关系交涉妥协的过程。而移动传播时代社交媒体的兴起为人们提供了快捷、有力的表达渠道与方式。在社会转型期，不同社会主体在利益上彼此竞争、合作与妥协，在身份归属上又存在排斥、交融等局面。这恰恰需要社交媒体提供话语表征的呈现手段，进而受众由信息接收者转变为具有能动性的生产者与传播者，既让公共事件、热点常态化，也让公共价值成为一个更具丰富性的概念，实现了"微传播"的社交转型。

在互联网如日中天的当下，人与人之间的社会关系逐渐从血缘、地缘、业缘实现脱域，转变为社交媒体中的"虚拟关系"，社交媒体逐渐转变为个人取得社会资本、建立社会网络的主要方式。而社交媒体也带来了"新媒介即新关系"的机遇，出现了网络社群这一社交媒体

时代应运而生的关系群体（谭天等，2017）。因社交功能在互联网场域中的突出地位，社群型社交媒体成为社交媒体中的压倒性力量，伴有即时通信、虚拟社区等功能。社群指具备共同兴趣兼有共同社交、情感需要的人群，被内容、交往等聚合起来，而网络的广泛连接与去中心化，推动了脱离传统社会关系的社群产生和兴盛。这一词汇也表现出了一种个体对所处的虚拟社区的认同观念与网络时代集体主义的重新解读，从更广阔的范畴来看，在庞大的社交网络中，社群成为一种弱关系与强关系结合的中转节点。

以微信为例，其促进多元主体参与公共传播的特征主要体现于微信群与公众号两个层面。微信群作为一种小范围的多元互动空间，有的是植根于现实之中的强关系、熟人社会的工作群、家庭群，作为现实关系在虚拟空间中的对称式存在与补充，有的是基于偶遇或爱好构建的、陌生人与熟人并存的群组。公众号在持续讨论中逐渐生成虚拟社区的认同感与集体感，将原子化存在于去中心化的互联网的个体重新组合起来，实现一种再中心化的社会建构，进而影响我国社会历来的“差序格局”的组成方式。大众传播被认为处于商业利益的裹挟之中，无法完整、全面地体现公共精神，在这一前提下，公共传播可以借助社交媒体创设的多元主体参与的平台环境，进一步推动传播模式与结构从大众传播时代的单向方式转向互联网群体传播的开放式、互动式与融合形态，以公众社会行为与交流方式的改变助推社会变迁。

二、细节重于要素：社交媒体微传播的内容

是否同时具备新鲜性、重要性、接近性、显著性、趣味性等特征，决定着新闻是否为大众传媒所选用、在大众传媒中的版面呈现质量高低与能否实现对受众的传播效果。社交媒体环境极大地改变了传播内容的面貌，最为社交媒体用户所关心、关注的新闻，往往不是具备多个价值要素与规整的新闻体例的消息或报道，而是新闻和信息的场景、细节与内蕴情感，这也恰恰是传统的新闻语境中，无法单独构成被关注对象的特征。在社交媒体微传播中，内容、信息如果能够成为同一圈层关注焦点，具备以情动人的感染性特质，这一内容、信息则具备了“破圈传播”的可能，而受众与日俱增的场景化需求，则使得新闻所包含的各种细节都有被捕获、放大与传播的可能。相较于全景式新闻报道的大而全，引爆舆论场域更多的则为细枝末节的“花絮”，进而造成受众的偏好性与选择式解读。

在社交媒体环境对新闻内容的细节与场景的注重下，新闻生产机构亦通过衍生内容与媒体 IP 的打造实现对社交媒体的积极融入。衍生内容指新闻媒体通过现有社交平台或自主打造平台，扩展内容密度，以碎片化的短平快方式，便利用户在移动场景下的信息需求，突破线性局限，实现新闻细节向受众的传播。此外，传统媒体掌握大量的优质 IP 资源，但此类资源一经播出，便在时效性的追赶与用户对新内容、新技术的期待下成为明日黄花，而 IP 化运营则能够化静态迭代为动态并存，实现内容生产的产业整合与媒体融合。面对传统的时政报道在新媒体渠道下传播效力有限的困局，央视网在 2023 年“两会”期间推出了虚拟数字人小 C 主持的谈话节目《中国神气局》，该节目从生活化、拟人化的角度为我们带来人大代表、各行各业专家的精彩解读。而新华社所推出的“黄茂兴”则通过对元宇宙技术扩展了新闻报道场景，打破了时空的局限。此外，央视频所带来的知名记者王冠与“AI 王冠”的同屏互动，更是以强烈的科技感与新鲜感，激起了观众对重大时政报道的兴趣与关注度。而

《主播说联播》《大国外交最前线》等对经典新闻 IP 的年轻化塑造，更是满足了受众对社交媒体时代的新闻内容精细化、场景化、体验化的期待。

而基于社交媒体所带来的多元主体参与，用户在成为信息生产者的同时，生产出了海量的用户生产内容（UGC，User-Generated Content）。UGC 被认为是由非专业人士在大众渠道上创造的、具备相当的创造性属性、面向公众开放获取的内容（钟瑛等，2017）。UGC 更易获得用户群体自身的青睐，扩大了新闻生产的消息来源，能够使公众对社会议程产生更为直观的影响。特别是在具有世界上最大的互联网用户群体的我国，用户生成的数量巨大、类型多样、视角丰富的信息更为突出地成了职业性新闻生产的依靠与补充。而 UGC 与新兴媒介方式的结合，也孕育着具备创新价值的新闻形式与产品。海量且具备较高价值的 UGC，为新闻生产者与平台服务提供者提供了面向用户个性化服务需求的转型推力，特别是在机器新闻、数据新闻与新闻自动化生产成为当下热点的今天，一个具备智能素养、媒介素养的 UGC 用户群体，能够以更丰富的内容，为新闻业增添新的活力并使得媒体机构的个性化战略取得成功，为新兴技术的评价反馈与更新升级提供有利条件。

而社交媒体时代，UGC 模式融入新闻生产的实践进路，主要有协同采集、共同过滤与共融传播等形式。就协同采集而言，新闻机构能够通过积极引导与培训保障，促使用户成为其新闻来源，例如奖励优质线索和建立协作渠道，在灾害、战争等突发事件面前，通过用户群体与用户生产内容来丰富消息来源，弥补时效不足并最大限度还原事件现场，形成了近似开源的新闻协同采集方式。而就共同过滤来看，UGC 在虚假信息核查中发挥着相当重要的作用，无论是用户对虚假信息的主动报告与反馈，通过对用户社交讨论涉及虚假信息的分析与研判，还是对社交网络中的异常节点监测，都能够使用户生产信息助力维护传播秩序与环境提供有利条件。此外，新闻机构也应将力量投到用户生产内容的把关与核查中，避免内容在不经审核的情况下进入信息传播领域，致使谣言与失序发生。就共融传播来看，越来越多的新闻媒体意识到，专业化内容（PGC）无法割舍对用户提供内容的积极利用，例如 BBC 便对编辑采纳适合新闻价值的用户生产内容给出了明确规范，以避免在专业化道路上狂飙突进所导致的形式生硬与接受门槛高企。而在我国诸如喜马拉雅 FM 也确立了 UGC+PGC+版权的运营战略，以此协调内容生产的广度与质量。

三、协商超越对抗：社交媒体微传播的方式

社交媒体为公众表达看法、意见乃至采取行动提供了渠道与自主性，在不同利益群体的参与下，公共传播面临着摩擦乃至冲突、对抗的考验。而在我国的具体语境中，协商民主是全过程人民民主的重要形式，而社交媒体也为协商民主基础上的公共传播创造了传播场域与平台。在社交媒体时代，围绕互联网和大众传播，形成了新的舆论场域，相较于现实生活的政治场域，这种网络公共场域被认为是非正式的，从本质上来说是一个“公众能量场”（于淑婧等，2022）。利益、目的以能量和力的方式出现在这一场域，人们借助这些力围绕公共事务、公共利益进行相互作用。而这一场域夹杂在正式的、制度化的场域之间各方的竞争下，表现出强烈的离散性、不稳定性。而在社交媒体时代，这个非正式的场域成为公众政治参与的主要通道，来自基层的、具备草根色彩的意见和观点，只有在这一场域中找寻同一频率的共同声音，才具备转化为公众焦点，进入正式的公众讨论的过程的条件。但这一场域的

不稳定性恰恰带来了力量对比的不对称性，不同主体之间的信息交流并不总是通畅的，进而无法保证民意和民主决策的稳定、常态化衔接。因而，社交媒体的协商传播，需要将网络中的虚拟场域与国家制度化存在的协商程序相结合，使得协商民主进一步具备线上线下协调发展与联动发展的能力，打通网络场域与传统场域、政治领域的沟通渠道，进而实现个体表达与公共利益的更优质、更有效的连接。

同时，应当引起我们关注的是，互联网所具有的传播特质，例如特定情境下对极化观点、极化群体生成的促进作用，以及对情绪化传播的偏重，带来了对话、协商的不和谐因素，成为强有力的话语声浪和舆论，进而加剧着沉默的螺旋的生成，导致协商的效果与实际作用大打折扣。化解非理性的民意表达，需要提升公民参与政治协商的参与意识、责任意识与理论基础，塑造公众的开放、包容精神，找寻对话的最大公约数，实现自由与理性的高水平平衡。而现今在民意调查中，对政治表达的捕获则更应筛选、过滤其中的非理性、偶发性观点，更为重视其中稳固的、能够反映社会群体意见的观点，避免样本偏差对公共决策的影响，更应注重交流、对话在民意表达中的作用，建立政治表达话语间的语义网络，为公共决策提供更为翔实的、确切的民意资源。

四、情感补充事实：社交媒体微传播的效果

新闻以事实为根本依据，注重理性并尽力达致真实性，这是由新闻作为公共产品与意识形态工作组成部分的导向属性所决定的。在这一前提下，大众媒体的运营、操作者尽管是具体的个人，但其在大众媒体上的发言行为的机构属性显然重于个人属性，一旦越界则将引起严重的舆论后果。

尽管社交媒体极大凸显了用户的作用与意志，但社交媒体上的事实信息尤为关键，对于时政新闻、热点事件，人们都希望尽快了解真相。但不容忽视的是，社交媒体上的公众亦有强烈的感性需求，片面的信息也会成为关注的热点。而社交媒体微传播对情感的偏重，并非数字时代一蹴而就的产物，这与我国社会的演进密切相关，在乡土社会时代，密切的人际关系与宗族关系为情感传播在互联网时代的蜕变奠定了基础。而大众传媒与文化产品则塑造出与现代性相符合的、受众对个性的普遍追求，进而在互联网时代，个体话语权的获得与不断增强让社交媒体平台具备了强烈的情感属性。个体的喜怒哀乐、集体的命运变迁、社会转型期的社会矛盾都成为社交媒体平台情感传播的内容。除了个体的情感需求之外，市场因素对情感经济的倚重无形中加速了社交媒体情感传播的过程。相较于受众对事实性信息的理性分析与选择性吸收，社交平台更需要情绪推动的、具有非理性色彩的点赞、转发与评论，这也成为平台收获用户黏性与忠诚度的关键。在广告、流量等经济利益分配的驱动下，平台所提供、展示的若干种表达用户情感态度的按钮，实质上发挥着记录器的作用，用以分析用户行为，决定利益归属。而算法在社交平台中则进一步将情感传播推上新高度。个体情绪卷入越大，投入的浏览时间、点赞关注数、评论转发量越大的内容，在算法的推荐下更有可能收获滚雪球的流量效益，而算法对“信息茧房”的搭建，使得用户沉浸在情绪的极化环境中，不断参与新一轮的情绪传播。伴随信息流与个性化推荐技术的兴起，算法更具备了调用用户的社会关系网络，通过分析其社交好友的好恶，实现对用户的精准推送与协同过滤的能力。“热搜”“打榜”等数字景观，也成了用户彰显个体情绪乃至集体情绪的地标，实现情感

的可视化呈现与白热化竞争，将个体情感凝聚为社群的情感，用户也在情感的交流与聚合中获得对集体的身份归属。

然而，情感在社交媒体微传播中的突出意义，也带来了公众的“泛情绪化”风险。虚假信息乃至有害信息，在情绪的伪装下，凭借其对受众心理的迎合，得到更为广泛的传播。在情感的驱动下，受众也有可能选择性忽视事件的现实背景与处境，仅仅按照情感的喜好对公共事件作出“杀伐决断”的置评，使得公共讨论无助于社会真正合意的形成。此外，情感的过量声张，也在暗中助长着以情感代替行动的可能性，面对需要社会合力实现的公共目标或者社会变革，公众在线上通过情绪化发言即可获得满足感与参与感，进而更少关注实际的社会工作。悲观者将 20 世纪 90 年代以来的社会称为“后情感社会”，认为机器将日趋宰制人的情绪管理，集体无意识的狂欢将取代理想的、有章可依的公共领域（Hamilton et al, 2016）。基于此，公共传播则需要以适当的治理方式，将情感传播纳入健康、理性的舆论生态与有益于达成社会共识的范畴，系统利用规章制度、经济手段、社会治理与传播媒介，拨开情感传播所营造出的狂热的社会迷雾，促进情感传播转化为建设性的积极力量，并不断培育公众的理性对话能力，最终实现情感对事实的有益补充，而非情感对事实的凌驾或是事实对情感的冰冷忽视。

第四节　公共传播的实践之路

公共传播以多种媒介为渠道，而关乎公共议题的各种信息也依赖媒介的力量完成向社会公众的扩散，而不同的主体也需要在一定的平台上进行协商、交流与对话，以实现公共利益最大化。在大众传播时代，大众传播媒介的单向流通属性使公众的情感意志并不能较好地反馈给大众媒介的传播者，呈现为被动的、妥协的接收，也让大众媒介中的公共传播更多地表现为以公众为受众进行的公共议题、公共信息的传递。然而，社交媒体的出现极大地颠覆了公共传播场域的力量与话语权对比，打破了大众传播媒介作为单向灌输、缺乏互动的传播方式的格局，也推进着多元主体参与公共传播的进程，加快大众传播的公共化转型。对于公众而言，具有贴近、易得特性的社交媒体降低了公共意见的表达门槛，创造出受众在社交媒体表达个人意见以影响公众议程的独特参与方式，建构着技术可供性下的公共场域。

一、当微博作为公共场域

互联网的迅速发展，深刻改变着社交媒体的发展格局与构成形式，具备平台化属性、能够激起社交化参与的媒体对社会公众有着更为强大的吸引力。微博作为平台化媒体的代表，履行着公共议题的传播与协商的职责。微博依赖其移动化传播的特征与公权力机构的广泛入驻，在突发公共事件中，以快速响应与权威回应，兼有公众的广泛参与发声，成为获知社情民意、回应公众意见的重要载体，特别是其微传播属性，更是形成了一种独特的表达方式，在相当程度上影响着社交媒体时代的公共传播与舆论生成。

微博凭借突出的社交属性吸引了数亿的日活用户，而突发公共事件所激起的获取事件信息、与政府主体展开对话、记录微观感受的需求使得微博具有了数字时代的基础设施的地位，成为网络舆论的主要发生、发展场所。极为巨大的用户数量使更多的政务主体加入微博,以面对面的形式回应公众,接受社会质询,也使得微博在公共议题、公共场域中具有愈发重要的影响力。

微博的社会影响力具体体现在以下方面。首先,在社交媒体时代,报纸、广播、电视的议程设置与环境监视功能,渐渐难以满足受众对于场景化传播和信息时效性的需求,而微博以其快速、多样与贴近易得的信息来源,满足着社会公众的舆论需求与多样利益诉求。传统媒体、政务主体也纷纷在微博开设账号,以期在微博这一舆论场域中获得公众信任,促进自身话语权与公信力的进一步提升。多样的观点、意见及其折射出的社会思潮在微博聚集,使得微博不再是一个单纯的社交媒体,它成为当今最有活力、观点最为多样、影响最为巨大的舆论场所。主流媒体纷纷融入微博并形成面向微博公众的发展战略,也让微博实现了与主流媒体的深度融合,在部分程度上具备了主流媒体的功能,深化了社交媒体时代的公共讨论的内涵与外延。此外,微博也通过议程设置影响着公共权力的建构,相较于传统媒体,微博作为更具开放特征与平等属性的信息获取场所,改变了大众传播中议程设置为大众媒体所占有的局面,兴起于微博的公共议程越来越多地影响着主流媒体的议程设置,用户生产出的热点在社交媒体传播的语境中更容易获得关注与转发,用户以强烈的参与意愿,推动着社会舆论的壮大与公共议题的实现。

而微博的社交化传播也带来了观点聚合的可能性,经由用户社交网络的放大,单一观点可以迅速与共同观点接近并融合,进而促使具有优势地位的观点、意见的形成与壮大。在算法的作用下,微博用户更有可能接触到与自身看法一致的意见,而非与自身看法相抵触排斥的意见,这种具备回声室效应的场域也带来了不可忽视的社会动员能力,加快着社交媒体中认知—态度—行为转化的进程,逐渐具有引起群体性事件的属性。而微博与其他媒体间影响的相互交织,也使得舆论合力具有更快浮现、作用于社会现实的可能,推动着公共事件的形成、发展,在正确引导下,也能加速公众利益的实现与公众事件的最终解决。

二、微博主体范畴的去中心化样态

在去中心化的互联网中,原本呈现线性模式的信息传播,开始具备开放、交互等特征,也带来了更为多元、复杂的社会网络结构。而社交媒体的出现进一步打破了传统媒体中心-边缘的结构模式,促使着去中心化趋势的进一步加深。而网络基础设施的进一步普及与教育程度的不断提高,使得社交媒体的准入门槛不断降低,用户获得了前所未有的主体性与表达机会,具备了影响信息生产、传播的能力,深刻改变了大众传播时代以来的传播格局。

具体来看,微博由以下若干参与主体构成。一是海量的微博个体用户。这也构成了微博的意见交往与话语互动的社会基础。微博上许多公共事件的线索、任何领域的大事小情都将通过用户生成内容的方式,由泛在的个体用户提供,而公众也通过转发、评论表达自己的态度与观点,带来公众事件影响量级的提升与扩散。二是,在微博中,意见领袖、“大 V”构成了起桥接作用的中心节点,以百万、千万级的粉丝数量,迅速将个人观点转化为具有影响力的群体观点,通过对公共事件的独特理解与深入分析,实现观点的扩散与影响力的提升,并设置新的议题以推动、影响舆论走向的调整。三是传统媒体。传统媒体为了实现新闻线索的迅速获取,通过开设微博账号的方式参与微博互动,微博的传播特质使其能够实现新闻内容的社交化传播,进而加快媒介融合的进程。在传统媒体普遍参与微博传播的背景下,用户提供的线索一旦引起较强烈的关注,传统媒体即可获知并经由调查报道、新闻评论等途径展现事件全貌、推动事件解决,形成了媒体与用户共创的传播模式。此外,微博也成了电子政务开展的主要场所,行政主体、政府部门借助微博搭设自身的政务新媒体,也有利于权威信息的及时发布与传播,从而提升政府的公信力。由于微博拥有开放、实时的互动环境,倘若政府回应不当或未能满足公众对事件真相的追求,在微博裂变传播的影响下,负面效应会更快地生成并扩散开来,衍生出新的舆情热点。

在微博的传播环境中,上述参与主体无法一直处于中心化的结构中,传播主体或热点的中心一直处于变动不居的迁移、流转之中,新的事件、新的参与主体时刻都将引发新一轮的讨论与传播。这也相应为用户提供了引起广泛共鸣的机会,个体可以借助这种去中心化的网络结构,接触到多样的传播主体,实现自身多元化的利益诉求。而这种去中心化的模式也为公共传播的讨论、协商,乃至公共利益的最终达成,提供了无比广阔的空间。

三、微博意见表达的碎片化趋势

在专业新闻生产领域,新闻的构成要素包括事件的主体、内容、时间、地点与原因,新闻只有具备了相应的构成要素,才可以完整揭示事件的全貌与前因后果,才能进入公共场域向受众传播。但在社交媒体的环境中,无论是对时效性的更突出需要,还是用户对情感、场景、细节等传统媒体时代缺少的要素的关注,都决定了社交媒体所承载的信息不再是具有完整的构成要素、价值要素的新闻事件,而是“漂浮的碎片”。尽管内容并非全面的,篇幅也不是完整的,但只要满足了受众的上述需要,就能够进入社交媒体传播。在微博之中,无论是文字、图片或视频内容,都受到微博所规定的篇幅的影响,尽管在不断发展的过程中,微博不再对字数作出具体字符的要求,但长微博会被“折叠”的特性,仍是对用户生产内容的一种引导与约束。此外,微博发布的图片也被控制在 9 张以内,若超过 9 张,会被收纳而需要额外点击。伴随微博对短视频领域的发力,以信息流与个性化推送为特征的微博短视频,同样以短小精悍著称,这一区别于长视频的流媒体平台的差异化竞争策略,也让微博实现了由文字、图片传播时代向视频时代的变革与融入。微博对“微内容”的推崇与鼓励,恰恰是为了减少信息生产所需要消耗的时间,加快信息聚集、流通与发生作用的效率,进而促进用户的不断互动与内容再生,使得微博在流量经济的时代中能够经久不衰,收获一批具有高活跃度、高黏性的用户群体。

然而,碎片化的意见表达在迎合了社交媒体的技术特点与数字时代的受众需求的同时,也带来了人的碎片化生存所引发的种种问题。同一主题下的内容被拆分、肢解为多个传播内容,浅表化的信息充斥着视听与认知环境,生存在碎片中的人们不再通过主动思考来解决问题,在现代信息技术所营造的碎片流中不断迷失,遭受着强烈的技术压力与主动性的削弱。此外,混杂的碎片化信息也窄化着人们的视野与知识体系,高价值的、需要大量时间投入的优质内容,在平台逻辑下不受推崇,让位于碎片化信息,而优质内容往往需要更长的生产周期且具备经久不衰的特质,这导致它们难以在追求生产、传播的快速化,特别是移动互联网对内容迭代的需求中立足,新发生的话题与事件会立刻淹没长文本、长视频,遮蔽了受众对客观、理性且有价值信息的真实需求,使得原本应当服务于公共利益的协商讨论,在碎片化的趋势下携带着情绪化、非理性的意见表达,反而无益于公共传播的理想状态的实现与公共场域的构建。

而在智能传播的影响下，机器主体也介入碎片化内容的生产，微博上具有营销等目的和导向的社交机器人，以自动化信息生产的模式，为特定内容制作博文、回复和点赞。特别是在把关人部分缺失的社交环境中，营销驱动下的社交机器人不眠不休地转发信息、关注用户，向真实用户私信发送广告，带来了严重的信息污染，其自动生成的信息在真实性上无法保障，甚至具有误导性、欺骗性，进一步恶化用户对舆论环境、社交生态的感知与评价。因而有赖于平台加强对社交机器人的监测，并设置更强有力的人机区分方式，并提升用户对碎片化内容的辨别、识读素养，出台相应的社交机器人的创制、运行规范，减轻个体在数字时代所遭受的来自人类用户生产的碎片化信息以及机器生产的碎片化信息的双重压力。

四、微博用户个体的表达策略与群体融入

个体在意见表达的过程中，根据具体情形与个人意向，会采取积极回应或消极回避作为自身面对他人意见观点的应对策略（Matthes et al, 2018）。积极回应，即采取主动措施，阐述个人观点与意见。而消极回避则是用户只浏览而不置评，以此回避发表意见，进而避免产生冲突的可能。而微博并未设置对方可见的浏览记录或“已读”功能，也意味着用户在消极回避时将遭受到更少的社会压力。

用户主动表达自身立场观点，是个体积极参与公众议程设置的重要形式，尽管相对于意见领袖的“一呼百应”与其内容的高转发量、浏览量而言，一般公众发布信息所收获的关注有限，但在社交网络与算法的影响下，一般公众的内容生产也有收获共鸣、成为社会热点的可能性。除了主动发布信息参与讨论之外，用户也可在他人已有的内容基础上参与讨论，并有以下主要几种形式。一是评论或转发已有的观点，配有表示赞同的话语，以此促进相似观点的广泛传播。二是当观点相抵触时，以负面态度的话语进行针锋相对的还击。三是只转发而不置评，表明自己的意见未定或不便发表观点，但希望这一信息得到更为广泛的传播，或以此向具有关注、粉丝关系的好友推介这一信息。四是脱离公共场域与发布者或其他评论者进行一对一的私信交流，以期就某一观点展开深入互动或结成社会关系。

而微博的消极回避群体，则常年以“潜水”方式存在，他们因自身发言无法受到广泛关注、厌恶微博的话语环境与意见冲突，或自身投入互联网的时间有限，抑或不掌握恰当发言的方式而仅仅以浏览为主，不发表任何信息与观点。但这一群体作为微博场域内不可忽视的群体，应受到广泛关注。明晰其所面临的处境或困境，有利于更为深刻地揭示公共场域的异质侧面，进而创设出能够调动多元参与的微博舆论环境和公共场域。

近年来，微博超话社区的兴起为微博用户提供了脱离个体生存，加入虚拟社区，结成趣缘群体的机会。不同的微博超话社区依靠不同的文化属性、群体爱好、互动规则而相互区分。相较于更为松散和意见表达更为偶然的学习、游戏类超话社区，基于明星的粉丝群体的超话社区在意见表达和群体关系塑造方面更具有代表性。他们以自组织方式占据明星同名的微博超话，以此建立起等级秩序与规则。在群体内部，用户们按照信息掌握程度与关注明星的年限，获得相应的社群内社会资本与次序关系，而超话等级则将这一差异可视化，成为粉丝群体努力获取的目标。用户倘若爬升至超话社区的塔尖，则具备了管理、约束其他成员，制定群体规则的权利。但以粉丝或趣缘群体为基础的超话社区，对越轨行为的严格约束

意味着沉默的螺旋将愈发明显，超话社区内部的同质化属性也将日益加深。尤为突出的是，依据明星间的或友或敌关系不同，明星的超话社区也因此结成联盟或互为对立面，“超话打榜”则成为广受关注的对抗形式，粉丝以高度的组织性与行动力，参与“攻占”对方超话、抬高自身超话的热度数值等行动，将自身的情感偏向外在化，但也应注重对超话社区内的用户的理性、正确引导，避免因超话社区的相互倾轧而导致传播环境的失序。

思考题

第一节

1. 现代性作为公共传播的重要语境，对于公共传播的生成发挥了怎样的作用？
2. 公共传播之于其主体、原则目标和发生空间，分别具有什么意义？

第二节

1. 智能技术特别是人工智能技术深刻改变了信息生产的常规，它为信息生产带来了怎样的积极、消极影响？
2. 当前的传播场域治理面临什么样的挑战？

第三节

1. 哪些因素促成了社交媒体微传播的主体的多元面貌？
2. 请结合具体案例说明，社交媒体微传播的内容具有什么样的特点？
3. 如何平衡好社交媒体微传播中的情感、事实间关系？

第四节

1. 微博的意见表达为何会形成碎片化的趋势与特征？
2. 超话社区是微博的重要组成部分，请为超话社区的治理提供意见和建议。

第五章　公共传播与公民参与

公共传播和公民参与是现代民主社会中重要的理论和实践领域。在网络时代，公民参与的形式也发生了广泛的变化。网络的普及和社交媒体的兴起，为公民提供了一个更加便捷的渠道，使他们能够共同参与到公共事务中来，并通过互联网表达他们的观点和利益诉求。在公共政策制定中，政府机构和政治参与者可以利用互联网工具与公众进行对话和交流，从而更好地了解公众的需求和意见，更有效地制定出符合公众需求的政策。网络社会资本的增加也对公民参与产生了积极的影响。虚拟世界的存在，打破了人们传统的社会联系形式，网民的讨论和互动无形中增强了公民的网络社会资本以及人们主动参与公共事务的意识和行动力，提升了公共决策的合法性和公正性，倡导了公民自治和公众参与的理念。这种资本能够增加公民相互信任的程度，从而提高公民参与的积极性和有效性。总的来说，公共传播和公民参与的理论和实践一直是现代社会的重要议题。在网络时代，公民参与公共政策制定的方式发生了深刻的变革，网络技术和网络社会资本的发展增加了公民参与的可能性和成功的机会。

第一节　公民参与的概念探索与理论框架

一、相关概念界定

（一）公共政策

对于公众来说，公共政策可以说是耳熟能详的。从公众的角度来看，公共政策就是政府决定要做什么。关于这一问题，理论界尚有争议。陈振明指出，政策体系是由三个因素构成的：政策主体、政策客体、政策环境。总的来说，公共政策是指“政府、执政党和其他政治团体在某一段时间内为了达到某一目标而采取的一种政治行动或制定的一种行为准则”，这是目前国内的主流观点。林水波和张世贤将公共政策定义为一种由政府决定是否作为的行动。梁丽萍（2008）对公共政策的理解本质上也是这样的，她将公共政策看作一种由公共权力机关实施的计划，旨在解决公众面临的问题，实现共同的目标，并促进公共利益的实现，它的本质是公共权力机构的主体对社会资源和社会价值的一种整合和分配。

美国学者伍德罗·威尔逊认为，在政治和管理的二元关系基础上，公共政策就是政府官员（拥有独立的合法权力的个人）所制定的并由政府加以实施的法律和规定。哈罗德拉斯韦尔认为，事实上，一个公共政策是一个包含了目标、价值观和策略的大项目。加拿大的戴维·伊斯顿指出：“政策就是一种对全社会价值观的权威配置。”从广义上讲，公共政策研究源远流长，但直到 20 世纪 60 年代中叶，它才逐渐演变为一门被称作“应用政治”的政治科学。美国学者詹姆斯安德森认为，“公共政策”是指一种相对稳定的、有目的性的行为，它是指一种行为主体为了解决某一问题而采取的一种行为的统称。他的观点凸显了政府在执行工作中所采取的措施,具有很强的现实意义。同时,这个概念也为政策与决策的区别提供了指引:政策是一个过程,而决策则是点状的(王绍光,2006)。

从国内外学者对公共政策的界定中,我们不难发现,我国的公共政策制定主体是国家,其法律权威是国家的一部分;其主要目的是保护公众的利益,因此它具有明显的公共属性;它的核心在于社会资源和价值的合理分配,具备强制性。公共政策是一国政府开展各项管理工作的最普遍和最有效的治理手段,它反映着一国在治国理政方面的信息,它的制定、执行、调整、评估等环节涉及一个国家的社会生活的各个方面,它的实质是一个社会利益的集中反映,它是一种规范人们行为的标准,它提倡并提醒人们应当根据什么原则做什么事,不能做什么事,它必将极大地影响着社会的观念,特别是在体制变革的年代或制度创新的时代。公共政策的结构性因素与价值取向之间有着密切的关联,制定并执行与国家和人民利益相符的公共政策,对于提高人民生活质量和水平、推动国家发展进步有着十分重要的意义。

(二)公民参与

公民参与是当代政治社会中不可或缺的一部分。公民参与一方面能够同时在形式和实质上给予公民自由维护自身利益、表达自身诉求的机会,另一方面也加深了公民与政府之间的信任,巩固了政府公共政策的合法性基础。从理论研究上看,“公民参与”一词从“政治参与”中分离,长期以来,“公民参与”和“政治参与”被混淆。公民参与是在雅典出现的,但在近代,真正意义上的公民参与的时间还很短。20世纪50年代,随着阿尔蒙德、维巴等西方政治学家对美、英、意、德等国家的公民参与问题进行了研究,这一问题在学界得到了广泛的重视。在不同的学术领域中,“公民参与”这一概念的应用是有细微差异的,常用的表达有:政治参与、公众参与、公共参与、人民参与、居民参与等。从政治学的视角来说,公民参与就是公众通过投票、组建政党、参与政治群体等方式,直接或间接地对国家的政治决策产生影响。从更广的意义上讲,“公民参与”指的是公民在社会生活中对国家决策和社会生活产生影响的所有行为(叶大凤,2006)。

公民参与是一个外延范围更加广泛的概念,包括了政治参与和社会参与等参与行为在内,它不仅表现在政治参与行为上,比如与政府机关的工作人员磋商以达到自身的政治利益和目的、参与政治选举、为竞选捐款等方面,还涉及了一些社会参与行为,比如加入公益组织、参与志愿服务活动、创建或加入各类社团组织、为慈善组织捐款等方面。“公民参与”包括“公民”与“参与”两个方面,其中“公民”是指“以一套标准来界定一个好公民”,是指在现代社会中,人们对“好公民”的界定。公民性表现为:公民之间的权利与义务均等,公民之间的横向关系是互利合作的,而不是权力与服务对象的纵向关系;即便存在不同意见,市民们也能互相帮助,互相尊重,互相信任。此外,公民性还表现为市民积极地参与社会生活。综上所述,公民参与中所蕴含的公民性的概念,并非“社会参与”和“政治参与”两个概念所能涵盖的(梁丽萍,2008)。

（三）公共政策过程中的公民参与

公共政策的制定、执行、评价、监督、结束构成了公共政策的全过程，这一过程中的公民参与，包括直接参与和间接参与等方式（陈振明，2012）。公民参与作为公民影响政策制定的一种重要方式，是保障政策制定的科学化、民主化和法治化的基础。在公共政策的进程中，公民参与不仅表现为政策的制定，而且表现为政策的实施。公共政策实施是一个以实现政策目标为目的，将政策内容变为现实的一个动态的、最优的过程，而公民是公共政策直接影响的对象（叶大凤，2006）。

公民对公共政策的参与，是对现有政治制度的认同。如果没有公民的认同和支持，公共政策的实施就会变得困难。在政策实施的过程中，公民参与到社会、国家事务的管理中，并参与到基层组织的活动中，从而给政治治理带来了源源不断的动力，这对政府政策的顺利实施是有利的。一方面，公众的参与，可以提高公众的自主性，拓展公众的权利基础，提高公众对政策资源的抽取范围，从而提高公众对公共政策的整合能力；另一方面，公民对政策执行的参与，可以让公共政策执行主体能够及时、全面、有效地了解公众的利益需求，从而增强公民对公共政策执行内容的认同，增强公民对政府的信任程度，进而可以积极促进公共政策的执行，达到提高公共政策执行绩效的目的（叶大凤，2006）。美国环保机构（EPA）于 2003 年发布的《公民参与政策》（EPA）报告中，重点阐述了公民参与在环境政策中的目标、政策阶段和对于地方政府的作用，并给出了实现公民有效参与的七项措施：一是制订公共参与计划，二是确定公共参与对象，三是为公共参与人员提供技术支持，四是为公共参与人员提供足够的资讯，五是指导公共参与，六是及时向公众反馈，七是对公众参与状况进行评估。

二、公共政策过程中公民参与的理论基础

（一）协商民主理论

20 世纪末期，基于对自由民主模式的不足之处的深入思考和对代表性民主的批评，“协商民主”作为一种新的民主理念，在西方政治领域得到了广泛的应用。正式提出“协商民主”这一术语的是约瑟夫·毕赛特，他在 1980 年发表了名为《协商民主：共和政府的多数原则》的文章，“协商民主”这一术语第一次被引入这一理论。他指出，这是一种建立在“长远和普遍利益”之上的审慎民主制度，通过集体的协商和讨论，能够满足理性决策的需求，并且，权力的分散与制衡，可以阻止领袖们因为权力而导致的野心与暴政（孙柏瑛，2009）。

此后，伯纳德·曼宁与乔舒亚·科恩展开了更深入的调查与讨论。在《民主的三种规范模式》一书中，哈马贝斯探究了自由与共和的差异，并在此基础上提出了协商型的民主模式，这一模式是继自由与共和之后的第三个民主形式，它突出了公民在集体决策中的理性思考以及他们参与协商过程的权益和机遇。孙柏瑛（2009）对协商民主的定义是：在一个政治共同体内部，自由和平等的公民以公众协商的形式参与到政治进程中来，在此过程中，他们可以批判地鉴定不同的政策提案，或者劝导别人，或者在一定的情况下对自己进行自我修正。

然而，还没有一个被广泛接受的权威定义来明确协商民主的概念。协商民主的核心特

质包括:参与性、多样性、协商性、平等性、责任心和理性思考。公民或其他利益相关者的参与在参与性中显得尤为重要,因为这种参与推动了协商过程,进一步巩固了民主制度。多元性意味着在多元的前提下,通过平等的交流、讨论等手段达到最大的共识。协商性被视为一个核心观念,它涉及个体间为公众议题展开的理性对话和交流。实现平等性的目的在于消弭由性别不平等和资源配置引发的实际不平等现象,使全体参加者都有机会获得有关的政治和政策信息,都能平等地制定议题,都能平等地表达自己的看法和理念。

(二)社会资本理论

"社会资本"是由布迪厄、帕森等人提出的一种新的理论。"社会资本"是布迪厄首先在社会学中提出的,并在科尔曼的理论框架下对其进行了较为详细的界定与分析。科尔曼之后,随着罗伯特·帕特南、波特等人的不断发展,社会资本理论逐渐成为一个重要的交叉领域,并逐渐形成一个新的研究领域(李松龄,2019)。

从探讨公民社区生活特性的视角,社会资本理论为我们提供了一个理解,即在公共生活中是否能够建立起基于文化和制度规范的信任、互惠和合作的社会基石。它的研究以社会中广泛而持久的、由文化和制度规范形成的信任关系的基础和形态为出发点,深入探讨了特定国家或地区的社会资本特点与当地公民的参与以及官方与民间的互动之间的联系。

社会资本的形态主要体现在三个方面:资本的数量是以公民组织的数量为衡量指标的,而资本的质量则是以公民参与的价值、自治能力及其在政治和社会生活中的实质性影响为衡量指标的。资本结构则是通过公民组织与政府之间的互动模式以及相关的制度规则等外部指标来进行评估的。一个国家的民主活力可以从其社会资本的规模中得到反映(常桂祥,2020)。

第二节　网络时代下公民参与公共政策制定

一、公共政策过程中公民参与的价值

(一)公民参与成为在公共政策中实现公共利益的关键支撑

从一个理论的视角出发,公共政策所面临的问题主要源于社会公共领域的各种事务,政府在决策和执行方面都体现出典型的公共权力,因此公共政策的制定和实施必须以保护公众利益为其核心价值和基本要求。各个政府机构所制定的公共政策旨在促进公共利益的实现,而这些政府公共政策在维护和实现公共利益方面的表现,构成了评价这些政府机构和其公共政策是否准确和有效的基础准则。在公共政策的制定过程中,公民的积极参与能够构建权利的共享、权力的监控和博弈的平衡等多个机制,这有助于对公共利益的异化进行有效管理,确保公共政策的核心价值得到体现。公众的参与打破了政府部门和公职人员对决策的独占地位,并基于此获得了部分的决策权限。公众的参与有助于提高政策制定过程的透明度,赋予公民更多的权利去了解相关信息,这也使得对政策制定权的使用进行监控变得更为高效。因此,在出现各种形式的权钱交易的背景下,公民有权通过合法手段广泛参与政策

制定过程，这对于在多个利益相关方和集团之间建立有效的博弈和制衡机制是极为有益的。因此，当所有的利益相关者都在维护自己的利益时，他们不仅能够有力地对抗其他利益方对其利益的侵犯，还能确保政府和其官员不会以公共利益为由侵犯公众的权益。

（二）公民参与是改善公共政策不足的客观要求

政府与市场机制是有效管理社会公共事务的两种主要机制，两者都具有各自的优势与不足。在我国的公共政策中，除了以上提到的公共政策偏离了公众的利益之外，另外一个重要的问题就是缺乏信息。就决策资讯而言，收集到的资讯越多，则公共政策的科学性与合理性也就越高。然而，政府要想完全掌握全部的信息，不但难度很大，还需要付出很大的代价。从决策者的视角来看，具有决策权的政治人物与普通大众是一样的，他们在知识、信息和智慧等多个方面都会受到不同程度的限制。在这一背景下，若能让公众直接参与到公共政策的决策进程中，并以不同的形式与政策制定者进行沟通，无疑将为政策制定者提供一条快速、有效的信息获取途径。因此，我们应当努力构建一个允许公民在公共政策制定中参与的机制，为公民提供一个参政议政的渠道。多个利益主体的谈判和利益制衡，成功地汇总和整合了普通民众，尤其是社会弱势群体的各种利益需求。各方通过讨论和交流，并在利益得以充分表达并达到相对平衡的情况下，将利益诉求传递到决策层，推动了公民更直接、更明确地表达自己的意愿，从而减少决策者在寻找决策信息时的成本，并使政府能更迅速和更有逻辑地作出决策。

（三）公民参与是提高公共政策适应性和合理性的有效手段

公共政策的执行是一个涉及众多元素的复杂过程，这一过程包括利益的表达、整合、分配、实施以及信息的反馈等多个环节，本质上就是新一轮的利益表达。在一个利益多元化的社会背景下，只有每个利益主体都能充分地表达自己的诉求，才能保证政策的制定符合大多数人的利益。在基于经验的由政府主导的决策模式下，决策者常常用“调查研究”代替了利益博弈的过程，导致了不同主体之间的利益很难得到更好的表达，特别是少数主体的利益常常被忽略，多数主体的利益不能得到充分的体现。在此基础上，本书提出了一种新的、具有现实意义的公共政策。因此，在市场经济中，政府要学习通过与民众协商的方式来处理公共政策，而公共政策体系也要随着这种改变而不断优化，强调公众在政治中的参与，增强对公众利益的回应，进一步提高公共政策的合法性。

二、网络时代公民参与公共政策制定的机遇

（一）网络时代使公民获取政治资讯更加高效

公民政治参与的一个重要前提就是要掌握好政治信息，公民想要获得政治信息，一方面要借助政府主动透明的政务公开来实现，另一方面则需要公民积极主动地获取政治信息。首先，速度快和高时效性是互联网时代的一个重要特点。由于资讯的快速流通，公民获取政治资讯更为方便，公民既能在短期内获取资讯，又能在瞬间将资讯散播开来。在一个开放的政民互动平台上，任何一个用户的发表的政治资讯都会很快吸引到其他网民的关注，它的快

速生成和传播所带来的影响不可小觑。其次,智能算法的推送能力强大,比如手机、电脑等都会根据用户的喜好和行为,不定时地向用户推送与他们的阅读习惯有关的信息,如果有人能够针对这些信息发表自己的看法,那么这个话题就会被成千上万的人所关注,从而引发更多的人对这个问题感兴趣,对政府作出更多的决策产生影响。互联网为官民之间构建了更加有效的交流手段,这在一定程度上减少了政府和公民之间的隔阂。例如,公民可以在最短的时间里接收政治资讯,而政府也可以在最短的时间里,对民众的意见和反馈进行分析和收集,采取更加民主、更加科学的应对措施,将各种公共资源有效地分配,最大限度地保护人民群众的利益。可以说,在互联网和大数据环境下,公民所获得的政治资讯将更有价值。

(二)网络时代推动了公民参与相关体制机制的完善

互联网不仅为公民参与带来了方便,同时也给公民政治参与带来了一系列的问题,比如信息安全问题等。公民政治参与行为的有序化和有效化的实现必须有相关国家政策和制度的支持。早在2016年,《中华人民共和国网络安全法》就明确规定,所有人员和机构都要合法利用互联网,不能泄露或者盗用他人的信息。这是我国相对完备的网络安全立法的起步。在2021年1月,我国电信网发布了《互联网用户公众账号信息服务管理规定》,其中指出,公众账号服务平台要充分发挥正面的引领作用,为政府、公民提供相应的技术支持和安全保障。这份规范性文件对网民在互联网平台上对公共事业提出意见、建议的权利进行了明确的划分,同时也对用户应该承担的责任作出了规定。这一系列与网络安全相关的政策法规,不仅维护了公民的基本权利,而且深化了政府政策与行动的公开透明度,为在互联网的背景下,加强政府与公民之间的互动提供了可靠的保障(朱江丽,2017)。

(三)网络时代优化了公民参与的政治环境

现如今,我国的互联网技术发展到了全新的阶段,以移动终端的应用为例,每个人都能利用智能手机获取并传播信息,在互联网上自由地展示自己的“个性”,发表自己的意见,并在互联网上留下自己的脚印。网民对于智能手机的依赖性,使得以网络为基础的一些新兴社交媒体如微博、网络短视频平台等蓬勃发展。

从这些不同的媒体平台上的评论和留言区我们不难看出,我国采用开放和包容的态度来对待评论,让新闻的评论能够更好地反映出真实的大众声音和社会问题,公民参与的敏感地带越来越少,人们可以在网上表达自己的意见,一个开放、自由、生动的舆论生态正在逐步形成。比如在抖音平台,只要用户给某视频点了一个“赞”,视频相关的内容就会被大数据推送到这个用户的面前。同时,“央视新闻”“人民网”等官微也在创作和推送公民参与的相关短视频,形成了一股强大的公民参与风潮。在遵守宪法、遵守党和国家的大政方针的基础上,一些网络新闻评论在某些题材、视角和领域上,已经逐步实现了突破,并且越来越开放,越来越活跃。这些都说明,在推动社会主义和谐社会建设过程中,党和国家更加注重对人民群众民主权利的发挥和保护(朱江丽,2017)。

三、互联网环境下公民参与的现状

自我国改革开放以来,社会上下对公民参与进行了积极探索和实践。从公民参与的角度来看，从物质文明、政治文明到精神文明建设，从立法、行政到司法等各个层面，公民参与的形式和方式更加多元化，公民参与的程度也在逐渐加深，参与的范围也变得更加广泛，并逐步建立起了与之相适应的制度与政策。要想促进民主化进程并扩大公民参与，就要对公民参与行为进行研究，完善人民群众的参与机制。因此，制度性参与是国内公民参与公共政策活动的重要渠道，是公民稳定、有序、有效地参与改革发展历史过程，并在此基础上充分发挥其主观创造性的制度保障。要满足公民参与的需要，就必须在公民参与热情高涨的前提下，创新性拓宽公民参与的渠道，提升公民参与的效率。

（一）公民通过网络表达了利益诉求，拓宽了参与渠道

随着互联网技术的不断迭代和应用，公民也对互联网所带来的便利性产生了广泛的认同。在技术环境许可的情况下，公民可以通过互联网来表达自己的利益需求。以互联网为基础形成了多种表达渠道，公民能够通过互联网传达自己的需求，比如在论坛中发表观点，提出疑问，借助社交媒体了解最新的政策动态，关注政策制定进度，在政府网站发表言论，就方案进行表决，或者直接参与政策制定的过程等。这类方式既符合公民参与公共政策制定的需求，又发挥了至关重要的作用，因为这类需求会借助互联网快速、广泛地传播，从而获取政策决策者的重视，继而成为公共政策制定中颇为活跃的辅助手段。

社会问题包含着人民群众的利益诉求，当它受到社会各方面的广泛关注后，就会经由互联网这样的传播方式，上升为决策问题并被提上决策议程。由于互联网技术在持续升级优化，公民们可以在互联网上尽情地表达自己的诉求，互联网为公民们提供了一个表达的机会和途径，向政府或者相关部门进行有效的传递，从而为政府的决策提供了有价值的参考。微博是常见的线上公民参与形式之一，其在公民参与上有其自身的优势，能够按照公民的需要，选择特定的话题展开讨论，或者让公民参与。人们必须承认，网络具有的集聚效应，能够将人民的智慧和力量聚集在一起，在此基础上形成的政策或制度，更加符合公民的实际需要。

（二）公民网络参与促使公共舆论关注政策进程

互联网技术是社会信息的重要载体和传播媒介，其快速发展和广泛普及已经带来了深刻的社会变革。网络舆情是指在网络空间中产生的一种舆情现象，指通过网络媒介传播的各种言论、信息和观点，影响了公众的普遍认识和态度。互联网使得信息传递变得愈发迅速、便捷、普及，个人和集体可以在网络媒介中自由地发表观点和意见，网络媒介的特点使得隐藏、伪装、虚假等因素的介入更为容易，也更难加以控制和防范。网络舆情的传播并不是单向的，而是多重的，具有强烈的相互影响和传递性。互联网空间具有虚拟性，但互联网空间和真实世界也存在着一定的类似性，这里聚集着大量的网民，如果认为某个人的利益表达由于受到主观因素的制约而使发表的问题具有片面性，不能直接参与公共政策的制定，但是如果对特定社会事件获得众多公民的响应，通过网络将民意集聚起来，形成网络舆论，这种情况就很容易影响公共政策的制定。网络舆情的影响力不可否认，其特点体现在以下几个方面。

首先，由于互联网采用了无线传播技术，不受时间和空间的限制，只要有上网设备，公民

就可以在网络通畅的情况下实时地进行在线操作。其次,网络舆情的生成相对容易,不受任何客观条件的限制,只需要引起足够的重视,就可以在互联网上快速生成舆情,而且相对于其他的传播途径,网络舆情具有明显的优势,它的传播速度和传播速度都远超人们的想象,也就是说,只有一些特殊的事件才会引起公民的重视,而且涉及公民的利益,公民才会很快地发表自己的意见,随着关注度的不断提高,舆情的作用也会被发挥出来,引起决策者的重视,从而影响到决策的制定。

(三)网络平台上公民与政府决策层对话,参与公共政策制定

近几年来,我国政策制定者和公民进行了更频繁的交流。而互联网因为其独特的优势,可以满足舆论传递的需要,公民可以通过这个平台与决策者进行交流,与决策者进行对话,为我国公民的参与提供了一个新的渠道。这种基于互联网的参与方式,突破了原有的沟通方式,与互联网进行直接对话,是一种极具创新的民主参与方式,也是执政意识提升的体现。政策决策者可以更加全面地了解公民的诉求,同时,公民也能够通过互联网来监督民主执法,这不仅可以促进政策制定的民主化,也是服务型政府的一种体现。由于网上的对话形式已经出现,民众的诉求能够及时地传递到决策者那里并在政策制定中产生重大影响。

四、网络时代公民参与的特征

(一)公民参与热情提高

首先,互联网背景下存在着大量可供公民选择和参照的信息。从这一角度来说,互联网时代使得公民参与的过程能够获得更多有价值的信息。其次,与过去相比,人们获取信息的速度和便利性都得到了显著的提升,过去信函、电邮和信访等形式的参与方式受到时间和空间的制约,办事效率低下,而且信访人很容易遭到打击和报复,使得公民的合理诉求得不到及时解决。而如今,借助互联网,公民足不出户就能够收到与政策相关的信息,而且还可以通过移动设备来进行举报,这样高速传播的数据资源可以满足公民更深层次的需要。此外,互联网大大地简化了参与的程序,方便了参与的方法,降低了公民参与的成本,极大地提升了民众的参与兴趣和积极性。最近几年,在网络平台上公民参与的数量不断增加,这也反映出了公民参与的积极性有所提高(朱江丽,2017)。

(二)公民参与群体扩大

随着互联网的推广与普及,公民参与群体也在不断地成长和壮大。在互联网上,人们讨论的话题逐渐从日常生活转向对国家大事的高度关注。互联网为公民们提供了更加方便快捷地获取信息、传播信息的途径,同时也为公民言论自由提供了一个更加开放的平台。我国互联网用户人数的不断增加,从某种意义上可以看出,网络参与群体的潜力正在不断扩大。公民参与的群体扩大主要表现在以下几个方面。首先,互联网的低门槛和全球化特征,使得公民参与不再受到地域、时间和空间的限制,成千上万的公民可以随时随地参与公共决策,从而扩大了参与的群体。其次,社交媒体和互联网工具不仅能够为参与者提供更多的信息和知识,还能够建立起多样化的互动形式和社群,提供了更多的交流和合作机会,参与人群

逐渐从传统的少数精英扩大到广大公众。再次，网络时代下的公民参与面向多元化，涉及更广泛的议题和领域，包括公共政策制定、环保、民生、社区建设等，使得参与的群体更加多元化和复杂化（王洛忠等，2020）。

（三）公民参与形式多样化

在互联网环境下，我国公民参与呈现出多元化的特点，其参与方式日益丰富，对推进我国民主政治建设、提升政府效能具有重要意义。中国的公民参与的制度保障主要依赖于人民代表大会制度这一根本政治制度和基层群众自治制度这一基本政治制度，这两种制度在宏观层面上对公民参与进行了规范，被认为是我国公民参与政治生活的基本制度。在具体的实施过程中，如何将这两种制度的优点充分发挥出来，无论是中央还是地方，都进行了持续的探索和尝试。除了利用政府官方网站之外，利用微博、微信和论坛等社交平台进行公民参与的方法也受到广泛关注，其中以"微博断案"最为出名，其特有的揭发方法极易通过公众平台进行传播，使得每个人都可以参与到对公共事件的"网上追查"中来，并通过公众舆论来推动国家政治工作。不断丰富的网络、社交平台和媒体平台，为公民参与提供了便利，也为公民参与提供了更多的机会。除了网站和微博之外，近年来兴起的"短视频"成为公民参与的新方式。

五、网络时代公民参与的必要性分析

（一）有助于强化公民的主人翁意识和社会责任感

在我国民主政治建设中，公民参与是其中一项基础工作，这不仅因为公民自身在民主政治进程中所作出的贡献，还因为公民参与活动本身，在提升公民意识和社会责任感方面，都可以起到非常关键的作用。一方面，在互联网环境中，可以让公民在参与政治事务的过程中，获取高度的存在感和获得感。政治环境和网络氛围对公民参与的影响不容忽视，也正是互联网的迅速发展，使得公共政策的信息、公民参与的案例等内容可以被更多的人所认识和传播。另一方面，在互联网环境中，人们之间有一种看不见的虚拟关系，虽然表面上看起来，人们彼此没有任何联系，但事实上，人们可以很容易地通过网络进行交互，构建出一张信息网。我们可以将公民的线上网络参与理解为"汇集民智"的一种有效途径，在民主政治建设的过程中，当公民的作用逐渐被全社会所重视时，公民往往会因在参与中的高度成就感，大大地提高了自己的公民意识，从长期来看，这也有利于政府机关和公民共同参与民主政治建设的局面的形成。

（二）有利于体现和实现"人民中心论"思想

"以民为本"的宗旨是最大限度地实现和维护人民的利益。公民通过信访、电邮等方式理性地表达自己的诉求和建议，不仅是提高政府服务水平的必要条件，而且也是公民表达自己合理需求的主要渠道。参与权是公民主体地位最直观的反映，只有在广泛的公民参与中，才能体现出"以民为本"的价值取向。随着互联网技术的发展，公民通过互联网参与政治生活已逐步成为公民政治参与的一种重要方式。公民可以利用各种网络平台来参与到民主政治建设中,这对于促进我国的民主政治建设起到了非常重要的作用。互联网平台所具有的便捷、公开和透明等特点,使得公民可以直接向社会揭露不合理现象。在公民的普遍关注以及社交媒体的传播下,错误行为可以在很短的时间内获得高流量的关注,这就会给有关部门施加压力,让他们对相关负责人问责,从而提升处理不合理问题的效率。这一措施对国家公务员的行为进行了有效的监督,防止了权力的滥用。网络公民参与这一途径有两个特点:一是通过网络对问题案件进行曝光,可以有效地引导国家机关的工作人员恪守职业道德,从内部推动他们廉洁自律,从而使他们能够全心全意地为人民服务;另一方面,与传统的民主监督过程相比,网络反腐政治参与具有时间短、范围广、受关注多等优点,能够大大提升民主监督的效率,提高公民的参与程度和积极性。

(三)有助于实现国家治理体系和治理能力现代化

实现国家治理体系和治理能力的现代化,不仅是衡量一国经济发展水平的重要指标,同时也是衡量一国民主政治发展程度的重要指标。公民参与促进了国家治理体系和治理能力的现代化,其根本原因就是促进了政府机构与公民大众之间的和谐关系的构建。主要表现在两个方面。一方面,公民的政治参与对提升政府的可信度具有积极的作用。政府公信力是人们对政府的一种评价,也是人们对政府工作的一种信赖的表现。公民参与可以使人们更加深刻地认识到政府在履行职能、进行行政管理和提供公共服务这三个方面的重要性,从而使政府的行为决策更加被人们所接受,从而缩小差距,形成更多的共识,降低在执行政策决策时的阻力;另一方面,公民参与有利于维护公民的言论自由。在现代社会中,公民能够不间断地对互联网上的信息进行监控,并通过公布、转载、评论、跟帖等方式,对违法行为进行举报,从而引发社会大众的关注和纪检部门的高度重视。民众的存在感越强,他们的参与积极性也就越高,这对我们的民主进程也就越有利。

六、网络时代公民参与公共政策制定的影响性因素

网络时代的公民参与已经成为公共政策制定不可或缺的一部分,这不仅是民主政治的基础,而且是推动政府提高政策效率和公正性的有效手段。在网络时代,互联网和社交媒体的普及使得公民可以更加便捷地参与政策制定,政府对于公民的意见也随之给予了更高重视。从目前我国各级政府公共政策制定的现状看,网络时代公民参与公共政策制定仍存在诸多问题和发展分歧。通过对这些问题产生的根本原因进行深层次剖析,找出了如下影响因素。

(一)环境因素

从根本上说,公民对公共政策制定的参与是一种理性公民对政治生活的积极参与。与整体社会环境相比,公民本身的影响力非常有限,所以,公民如果要想在政治生活中获得更大更广泛的利益,不仅要有良好的政治素养,还要有一个相对开放的政治、经济、社会组织环境。

第一,建立一个健全的现代民主政治制度,是让公民参与公共政策决策的先决条件。只有建立一个具有现代民主性的政治制度,公民参与才能实现。现代民主的政治体制是指民

主国家的建设和完善,它既有政治体制,又有法制体制。民主国家作为近代政治制度的载体,把政治学家所构想的近代政治制度建立在特定的区域上,是其必要的条件。纵观整个历史发展进程,一个民主国家的成立,也伴随着人们对民主认识的深化。

第二,一定的经济条件是公民参加政治活动的物质保障。就政府所收集到的政策提案数目来看,公民对政策提案的参与程度与当地的经济发展水平有显著的关系。在我国东部经济发展水平较高的地区,政府征求意见的政策数目较多,中西部地区则较少。通过对政策征询建议的内容进行分析,结果显示其与经济发展并无直接联系。从调查结果可以看出,政府吸纳公民参与的程度和经济发展水平并不是一种正相关关系,而是一种非线性关系,同时也间接说明了这种非线性关系也会受到其他要素影响。在相对贫穷封闭的发展中国家,即便在政治体制下可以在形式上获得公民参与的权利,但是公民参与的层次仍然很低,公民的根本需求永远都是物质高于精神,所以只有解决了物质基础问题,才能让公民对公共政策的参与成为可能。经济的发展,促进了物质财富的积累和人们的生活水平的改善,还进一步推动了科学技术的进步以及人们生活方式的改变。随着科学技术的进步,公民参与政治活动的方式和方法也在发生着变化,互联网技术的发展为公民的政治参与提供了方便。这种变化,在我们国家改革开放以来无处不在,公民体验着高科技所带给他们生活的变化,也在享受高科技为公民参与带来的便利。另外,物质生活的改善也在悄无声息地影响着公民的思维方式,马克思主义的基本原则指出,经济基础决定上层建筑,当人们在物质生活上有了足够的保障,就会有意识地去寻求一种精神上的寄托。当人们的思维和视野渐渐扩大时,他们也开始更加重视周围的政治事务,并逐步加大了对政治的重视。

第三,在政府决策过程中,公民也必须有相应的政治组织。在国家整体的政治制度中,由于公民个人的力量很弱,很难在整体的政治制度中发挥应有的作用,所以,公民需要加入组织,并在组织中达到自己的目的。一个组织就是由有相同想法的人所组成的一个群体或集团。在社会学中,组织是多种多样的,但是公民为了达到自己的政治目的,必须加入有一定政治利益的组织。政治组织和政党之间既有相同之处,又有不同之处,政党大多都有一个共同的目标,那就是获得公共权力。而社团组织却不一样,社团组织的目标多种多样,但它们都在追求自己的利益诉求,希望利用自己的影响力来对政府决策产生影响,从而达到组织利益的最大化。加入政治组织是公民实现政治参与的主要形式,也是最有效的方式。对于公民来说,他们能够运用组织的资源,把自己的利益诉求放到集体中去,这样他们就能够将自己的利益诉求扩大,从而争取到最大的利益。公民也需要不断地融入政治组织,接受集体的思想,这样才能够让组织持续地发展壮大,从而实现更大的影响力。公民的政治参与一定要在集体中进行,另外一个理由就是,组织具有组织性和法律性,即,在政治组织中,公民要对集体的政治诉求是否合理、合法、合乎道德进行思考,这就会让公民政治参与更加科学,从而极大地提升公民政治参与的有序性。

(二)文化因素

公民参与公共政策制定从根本上讲就是公民个人在理性思维的驱使下所作出的主观行为。但是,在公民作出选择与行为之前,一定会受到多种因素的影响。文化对人的影响有潜移默化和深远持久两个特征。一方面,文化并不能对人的行为造成直接的影响,文化的影响源于身边人的态度、所受的教育、社会的整体环境等，所以，如果我们认为自己的行为是在自己的理性分析之后作出的决定，其实，它已经深深地打上了文化的印记。另一方面，文化的影响不易被人发觉，也就难以被人发现并清除；可以说，一个人从出生的那一刻起，就会受到他所生活的文化环境的影响，从而对一个人的世界观、人生观和价值观产生直接或间接的影响，而这些因素都会伴随着人的一生，可以说它们已经根深蒂固，很难被轻易去除。

政治文化源于人的思维，而政治思维又是文化主要的组成部分。无论在哪个时期，统治阶级都必须考虑怎样治国，怎样才能维持自己的统治，逐步形成了一种制度，并构成了一种与该阶层相一致的统治文化。就其两千余年来的君主制来说，中国古代的君主制国家，其实代表的都是地主阶级的利益。其中，君主制下的主流政治思想以儒家、法家为主导，儒学的产生源于孔子在春秋战国时期对天下大势的思索，并提出了“克己复礼”的主张，以期恢复西周时期的社会秩序；春秋战国时期，到处都是战争，百姓生活困苦，所以才有了“仁治”“德治”等思想，而法家却是另一种思想，认为天下大乱，用严厉的法律来治理百姓才能让百姓安居乐业。很显然，儒与法虽有差异，但都是为了维护封建统治者的统治。在政治实践过程中，这些政治思想家和统治阶级所提出的各种各样的思想都会被反复地检验、推倒和重构，从而让这些思想逐步地系统化，逐步为人民所接受并采纳，最终成为一种有着鲜明阶级特征的政治文化。但这并不是说，统治阶级的政治思想永远都是先进的，随着社会转型时期的到来，新兴的阶级在社会上逐步占据了上风，代表着他们自身利益的政治思想便会在社会上传播开来，并慢慢地将旧的统治阶级的文化所替代，而在统治阶级的更替过程中，也正是新老政治文化之间的碰撞最激烈的时刻，但是在这个时刻，人们的政治参与却是最活跃的。

当某种政治理念和主流的政治力量结合在一起时，就可以轻易占据思想界的统治地位，这种理念就是意识形态。所以，意识形态一定要成为统治阶层的代表，在一定程度上，它就是统治阶层行为的准则。意识形态带有明显的目的性和欺骗性，统治阶层推行一种对他们有利的意识形态，其根本的目的就是让更多人民群众接受这种思想文化，从而扩大统治阶层的统治基础，进一步实现巩固统治的目的。社会可以有许多种各不相同甚至相互对立的政治思想。但是，某种思想一旦被统治阶级所接受，并推广并确立为主流意识形态，那么这种思想就具有了排斥性，因此，绝不允许其他政治思想在社会中取得主导地位，甚至是存在。

政治心理是政治文化的一种表现形式，指的是处于政治环境中的政治人，在受到大量政治信息影响之后的心理活动。与政治思想相比，政治心理更为多样化，缺乏系统性。由于每个人的政治心理各有不同，不同的人对同一个政治对象的反应可能是一样的，但大概率是不一样的，可这并不意味着研究政治心理没有意义。也正是由于政治心理是一种随着外部环境的改变而作出的刺激反应，并且它还具有多样性，所以很容易就能对政治心理进行引导，让大部分人都作出类似的反应，从而形成一定的政治共识。然而，政治心理的形成过程并非纯粹本能的生物反应机制，而是在政治思想和政治意识形态的潜移默化的影响下逐渐形成的。一种政治理念，如果在社会上被广泛地传播开来，那么，它的影响力就会越来越大，越来越多的人都会被这种理念所影响，从而影响他们的政治心理。可以看出，在这一过程中，始终存在着公民的主观选择性，这也是政治思想和政治心理最大的不同之处。政治心理是政治主体即公民对某种政治思想所作出的主观反应，包括接受、抵触、冷漠等。

总而言之，政治思想、意识形态、政治心理构成了政治文化，但这并不意味着，政治文化只是这三者的简单叠加。政治文化是对这三者的一种升华，只有在政治思想、政治意识形态和政治心理经历了实际政治实践的考验之后，才具备了文化的特征，并且还拥有了更深的认同感和传承性。从一开始，政治文化就一直存在于整个政治活动之中，从政治主体的行动选择到政治产物的生产，都有它的影子，所以要对其进行约束和消除，基本上是不可能的。在现实生活中，政治文化无处不在，有与社会发展趋势相一致的主流文化，对我们的生活产生了深远的影响；也有各种各样的次文化，让人眼界大开；也有反对主流政治文化的、不受约束的、对抗的文化等。一方面，他们是整个社会的政治文化不可分割的一部分，另一方面，他们之间的相互冲撞又使人们对政治产生了新的认知，并使他们对政治产生了更多的关注和参与（王洛忠等，2020）。

（三）公民个人因素

公民是政治参与的主体，公民参与公共政策制定归根结底是公民在公共政策决策中发挥作用。显而易见，公民参加公共政策制定的意愿，不仅会受到外部环境的客观限制，包括政治、经济、社会的环境以及政治文化的影响，还会受到公民自身文化素质、政治动机以及公民个体的预期等因素的影响。

公民个人文化素质直接关系到其对公共决策的参与程度。第一，教育可以提高市民的知识量。现代政治的运行已经成为一项复杂的、系统的项目，要理解整个政治运行的过程，可以说是一件很难的事情，所以，要让公民参与到公共政策的制定中来，就必须要有一定的知识储备，包括政治体制、法律制度、政策制定的程序、参与制度等。第二，政治教育并不只为了提高人们的政治知识，它还在不断地扩大和提高人们的认识层次，人们接受的教育层次越高，他们看问题的角度、处事方式也就越不一样。最显而易见的一点就是在网络时代来临之际，政治参与的方式也具有网络化和即时性的特点，通过电子装置来实现，比如在网上进行网络投票，这就要求人们可以在第一时间接收信息并作出反馈，而在这一点上，拥有较高知识水平的群体具有非常显著的优势。第三，教育也是为了培养人的理性思维和判断事物的能力。不论投票，还是选举、表决、投诉等政治参与行为，公民都需要有一定的知识储备，才能作出正确的判断。人在判断时，总要有一种价值尺度，而教育具有为人建立理性尺度的作用。教育的根本就是用人的一种比较成熟或者比较理性的思维方式来认识和处理事情，使事情能够更好地接近它最基本的存在，逐步地形成比较完善、理性的思维方式，进而推动个人的成长和成熟。一个人成熟的标志之一就是理性思维，因为从公共的角度来看，政治参与的目标是决定公共权力的行使（投票），公共利益的分配（决策）等，凡是与公共利益有关的事情，如果不能在理性思考的基础上作出合理的判断，那么当影响到一些群体的利益时，就很容易造成社会的混乱和动荡。

公民的参政意愿与其参政动机有直接关系。公民的参政动机是公民在参与公共决策过程中获得认为自己能够得到的利益和可以得到的利益。公民能够得到的利益有两个方面，一是直接的物质利益，也就是政治参与的物质报酬，公共政策可能带来的未来预期收益等；二是间接的精神层面的满足，具体包括政治参与行为所带来的获得感、成就感、社会地位的提高等。与此同时，公民参加政治也需要一定的成本，如时间、精力、金钱等，只有在其期望获得的利益超过其成本时，公民才会有积极的动机来进行公民参与行为。在现实生活中，公民都是功利的，当他们感觉到自己参加或不参加选举都不会对选举结果造成影响时，他们的参与动机就会减弱。在这种情况下，政治动员在当代社会中的重要性日益凸显。政治动员指的是政治参与的活跃分子或组织，采取一些有利于提高公民政治参与可能性的行动。政治动员不足是近代各国政治参与水平低下的主要原因之一。这样一种主动拓展参政的做法，应当得到承认和关注。

每一位公民在作出行动决定时，都会产生一种预期，而这种预期又会对其行动的结果产生影响。一方面，公民在对自己所参与的政治活动有了一定的认识之后，就会逐步明确自己在活动中的位置，从而期待获得一定的回报。如果公民在某次政治参与的活动中的预期得到了满足，这种满足感有很大可能激励公民继续参与相关公共政策的制定。最重要的是，怎样使参与者的政治参与活动获取成就感和满足感。首先，政治行为必须具有公开性、透明性，让每个人都可以在任何时候得到他们所需要的资讯。其次，要使公民觉得他们在政治生活中起到了重要的作用，因为公民们往往期望他们的投票能够起到一定的作用，而非无用。如果公共政策没有达到民众的政治预期，他们就会感到自己受到冷落。最后，要让公民在政治参与的过程中产生一种获得感，这个获得感指两个方面，一是物质方面，要把公民的政治参与成本控制在可以接受的范围之内；二是要让公民在政治参与中获得一种精神上的满足感。

公民对于公共政策的重视程度也会影响公共政策的体制。目前，在制定国家政策的过程中公民的参与度并不是很高。通过对我国最早开展公民参与公共决策的城市的分析可以看出，公开的公民意见和建议的数量与公民人数的数量显然不成正比。官方公布的民意也是千差万别，多者达上百条，少者只有寥寥数条。然而，相对于整个城市的居民数量来说，这一比例几乎可以忽略不计。公民参与程度的下降，可能是因为政府履职和工作状况的不断优化，导致公民提出的意见越来越少，也可能是公民参与的主动性并没有达到继续增强。相反，也会因其对民意的反应不佳，而削弱公民对政府的信任及参与决策的自信心。综上所述，从公民的角度来看，他们在政府网站上面向社会公众征询意见这种形式上的参与积极性不高，参与此类政策制定的公众人数较少。

七、推进网络时代公民参与的对策建议

（一）缩小群体差异，扩大公民参与覆盖面

在公民层面，公民参与更多的应该是一种公民主动自发的行为，特别是在互联网时代，每个公民都要建立起自己的互联网思维，要培养自己的互联网意识，要主动抓住互联网时代所带来的机会。对公民而言，其应该积极地增强对政府网站、政务平台的认识，并积极地学习平台的操作流程、操作规范，培养良好的上网习惯。如果公民仅仅依靠政府的宣传，而不能积极地抓住机遇，就不利于自己的民主权利的实现。身处互联网时代的公民，要想在未来行使自己的权利，就必须与时俱进，不断更新自己的思维。

在政府层面，从公民参与的持续发展角度来看，政府应该加大对贫困落后地区的资源投入力度，通过完善基础设施来减少地区之间发展的差距。另外，要树立“防患未然”的思想，将青少年的教育摆在首位；在教育工作中，要注重培养学生的学习能力和政治修养水平。当

前，为促进互联网环境下的中老年人参与，可以通过构建“老年人”的使用模式，通过语音辅助、界面优化和操作提示等方式逐步提高大众参与程度，缓解人群差异造成的参与失衡。

（二）建立公民参与相关体制机制，保障公民合法权益

互联网时代的到来，给公民的政治参与带来了巨大的方便，同时也增加了公民参与的透明度。目前，我国的公民个人信息保护工作已经进入了一个新的阶段，在互联网这种开放式的环境下，一方面，人们对于互联网的安全感到极度不安，害怕因为举报不正当行为或者不合理活动而被报复；另一方面，因为举报信息的不确定性，如果在事情定性之前，被举报人的隐私被泄露出去，就很容易引起社会舆论的骚动，而如果举报信息不实，就会对被举报人的人格尊严产生严重的影响，还会给政府的工作造成很大的损失。为了维护举报人的隐私，我们应该尽早地建立起网络举报相关的保护制度政策，对网络举报的有关要求作出规定，对举报人和被举报人之间的权利作出明确的界定，一旦发生恐吓、威胁事件，应该向哪个机关寻求保护，需要多长时间能够处理以及通过何种方式进行保护。在这一点上，可以参考国外的做法，如对被胁迫的检举人实行全天候的保护或实时的监视，并采取一声呼救等应急措施。在数据采集和处理过程中，如果出现了泄露公民隐私的情况，应当对有关人员进行相应的惩罚，在必要的时候，可以对受害人进行精神赔偿。

（三）树立互联网思维，应用大数据技术

首先，各级政府应培养互联网思维，关注互联网技术，抓住互联网给政府管理服务带来的机遇。主动学习和理解互联网新媒体时代的特点，并与个人的专业知识和实际工作相结合，把互联网思维运用到政府部门的工作中，这就要求公务人员能够以一个全面的、综合性的角度去思考问题。对于公民反映的问题所涉及的领域，可以尝试通过数据分析的办法分析事件的内在逻辑，从而进行提前预防。其次，要在招录中明确技能紧缺型工作人员，并将其纳入政府工作人员体系，加强对这些人员的招募。再次，要强化公务员团队的建设，提高他们的互联网思维能力；同时，还可以从国家层面上为大数据领域的专业人士提供指导。在此基础上，对公务员进行经常性的绩效评估，形成一种对公务员工作能力与专业素质的倒逼机制。要实现这一目标，就必须对互联网上的各种平台进行梳理和整合。政府要对现有的各种主要的网络社会平台进行调查，收集数据，做好详细的调查。可以利用政府官方的各类新媒体平台，建立网络民主政治的民意调查机制。最后，通过各种形式的网络政治参与宣传教育，政府也可以通过网络直播等多种方式来进行宣传，加强政府部门与公民之间的沟通。

第三节　网络社会资本对公民参与的影响

一、社会资本的理论基础

（一）社会资本的提出

“社会资本”一词从“资本”一词逐渐演变而来。在马克思看来，资本就是能产生剩余

价值的东西。在马克思的政治经济学中,“资本”更多表现为“关系”的一部分。资本在持续循环的过程中,对被雇用的劳动力进行持续剥削,对剩余价值进行持续提取,从而构成了资本。

20世纪60年代,舒尔茨、贝克尔等新古典经济学家将人力资本引入经济领域,“资本”又被扩展为“人力资本”,人力资本逐渐成为新古典经济学的一个重要课题。人力资本是相对实物资本而言的,也是非物质资产。具体来说,劳动者个人的身体健康状况、知识掌握的广泛性、技能素质等都是人力资本的组成要素,它们能够对生产力产生影响,甚至起到决定性作用。“人力资本”这一新概念的出现,使“资本”在经济学范畴得到了充实和发展。其后,法国学者布尔迪厄对其进行了拓展,并在此基础上提出“文化资本”的概念。文化资本这一概念的提出,使资本的内涵得到了进一步的拓展(周红云,2002)。

自布尔迪厄在20世纪80年代首次提出“社会资本”这一概念后,资本理论从经济学向社会学的方向发展。布尔迪厄将社会资本定义为:与社会成员普遍接受的、制度化的社会关系网络紧密相连的实际或潜在的资源集合(卜长莉等,2001)。后来,一些学者,如科尔曼、帕特南,也从各种角度对“社会资本”给出了自己的解释。总而言之,随着学者们对资本的理解越来越深入,资本的内涵也越来越丰富。但是,不管是物质资本、人力资本、文化资本还是社会资本,都展示了资本特有的突出特征,它们都是资本的不同类型(周红云,2002)。

(二)社会资本的功能

社会资本有着正向积极的功能和价值。首先,社会资本在推动社会生产力的均衡和全方位发展方面发挥了非常积极的角色。一个国家的优质社会资本在其生产力和经济社会进步中都起到了不可替代的作用。如果没有商业的信任和完善的法律支持,社会主义市场经济的稳健发展是难以实现的,而发达的普遍信任关系、互惠性规范网络和社会关系网络就是社会资本的体现。社会资本能够以树立商业信任、完善政策制度等方式,间接地推动社会主义生产力的发展,进一步推动生产力和经济的持续健康发展(常桂祥,2020)。

另一方面,社会资本又能促进我国物质与精神文明的进步。精神文明是物质文明的产物,随着社会物质文化水平的提高,社会信任和社会交往等方面也将出现一系列问题,并对社会成员的意识形态造成了一定的影响(李松龄,2019)。在社会主义物质文明建设中,社会信任、道德观念和法治原则构成了社会资本不可缺少的关键元素之一,并且高度发达的社会资本具有不容忽视的正面影响,同时也对社会主义精神文明建设产生了有益的影响。然而,社会资本也存在着负面效应,比如,它有可能被某些不正当的群体“劫持”,并作为其组织基础。同时,社会资本的培育也会导致一些社会问题,如政府官员腐败、社会资源配置不合理等。

(三)社会资本的分析层次

社会资本的概念抽象且内涵丰富,涉及社会学、经济学、政治学和管理学等多个领域,众多学者对其进行了深入的探讨。目前,学界对社会资本的定义、表现形式、产权属性等基础理论问题尚未形成共识,是众多学者对其进行批判的主要原因。在研究社会资本时,布朗对其进行了比较全面的划分。从系统理论的视角切入,布朗把社会资本分为微观层次、中观层次和宏观层次。在微观层次上，社会资本指的是个体利用社交网络进行资源调配的能力，侧重于个体所取得的效果。在中观层次上，社会资本则是指某些特定的具体社会网络与团体所共享的资源，侧重于组织获团体的内在特点。从宏观的角度来看，相关的研究着眼于社会资本是如何在社会和政治系统中发挥作用，尤其是对经济发展和公民社会等方面的作用。

布朗等人对社会资本的多层次研究显示，其组成与表现层次呈现出多样性，因此对社会资本进行研究，必须厘清其具体的分析层次。根据对社会资本进行的系统划分可以看出，目前有关社会资本的许多研究问题可以归结为三个层次。

首先，从微观的角度来看。在微观层次上，社会资本以个人为基础，着重于个人所建立的社会关系网络，并通过个人的社会关系网络整合并获得相应的资源。对于这一层次的社会资本的研究，又称"自我嵌入的观点"等。比如，借助社会资本理论探究分析个人在劳动力市场上的就业和职业流动情况，或者创业者的特征，等等。其次是中观层次。在中观层次上，社会资本更多地关注于组织，强调组织的内部结构与特性。在中观层次上的研究侧重于社会资本在一定程度上的影响，比如科尔曼的"闭合"概念，伯特的"结构洞"概念，格拉诺维特提出的"弱联系"概念。这一层次的社会资本主要包括两类。一是管理学理论中的"企业社会资本"，即公司可操控的、嵌入公司网络的显性和潜在资源，对于公司信息资源的交换、技术创新和竞争优势的培养等都起着关键作用。二是社会资本在社会学的范围内，体现了基层社会组织的构成与特点。最后是宏观层次。这一层次的研究侧重于国家和社会两个层次上的社会资本，通常是与整个社会的政治制度、经济制度以及整体的社会发展水平密切相关的。宏观层次的社会资本是社会的一种基本属性，是社会内部相互影响和合作的一种状态，与宏观经济发展、政府治理和公共事务、公民社会发展等都有密切的关系。

二、社会资本——研究公民参与的新视角

（一）社会资本理论的核心构成要素

1. 信任是社会资本理论的核心组成部分

帕特南强调，由于地理位置和血缘关系，特殊信任在与其有特殊关系的邻居、朋友或亲属中是非常普遍的。然而，普遍信任仅限于不熟悉的人之间，与特殊信任相比，它是一种更为广泛的社会联系，这种信任是通过正式的法律制度和非正式的风俗制度来约束的。特殊信任通常更易引发社会寻租，使特殊信任落入困境，从而导致严重的社会不平等现象。相较于特殊的信任，普遍性的信任被视为一种公共的社会资源（蒋冬青，2015）。

所以，在一个较小规模的层级中，或许特殊信任就能让这个体系正常运作，但在一个更加多样化的社会结构中，如整个国家和社会，则更加有赖于社会普遍信任。对于一个密不可分的共同体来说，信任可以推动共同体内的各个部门和组织的成员有效合作，从而提高合作的概率，并将合作的成本降到最低，最终形成以宽容、协商、妥协、谅解、合作为主要特征的良好的社会环境（常桂祥，2020）。

在中国的传统文化中，信任始终占据着非常重要的位置。受儒学文化的深刻影响，传统的中国社会是"情"与"理"兼容的社会，长期以来，法律与制度的缺失一直是这个社会的重要特征（郑知邦等，2017）。费孝通指出，社会关系是一种不断扩大的、不断扩展的、不断扩

大的个人联系，整个社会就是这种个人联系形成的一张网。也就是说，中国的“关系社会”不是以契约和规则为基础的普遍信任，而是一种特殊信任。当前中国正处于社会转型期，要尽快从传统社会的“特殊信任”转化为现代化社会的“普遍信任”。

2. 互惠性规范

从经济学的研究视角来看，互惠主要涉及物质资源的交换。在这一交换过程不存在绝对的牺牲与付出，也没有绝对的占有或享受，只有基于平等、互惠和互利的经济利益交换存在。与此相对，从社会学的视角分析，互惠具有更多元的内涵和更加丰富的交换形式（田新颖，2004）。互惠规范从本质上讲具有共识性，即在强调正规制度的同时，也提倡以不成文的方式来约束社会成员。帕特南把互动划分为平衡互动和分散互动两种类型。平衡的互惠互利，也就是社会成员在同一时间里，以同等价值的方式进行交换，而分散的互惠互利，也被视为一种广泛存在的互惠关系，这种关系在短期内可能不会得到任何回报，但在未来仍有可能从中受益。普遍互惠是一种极具生产力的社会资本（郭台辉，2004）。它能够在内部的道德规范和外部的惩罚机制的共同作用下，提高社会成员之间的信任，形成合作，并对公民的政策参与进行正确的引导。可见，“互惠”并不只是强调利益交换，还应受到社会成员自身的道德约束。在现代社会中，社会资源越多的人对社会资源较少的人越能容忍，这就是“互惠”的本质。

3. 公民参与网络

社会关系网是一个由多种社会关系相互交织构成的复杂网络。任何一个社会都有形式不一的社会关系，包括正式的和非正式的。它重点区分了两种社会网络，一种是横向的平等社会关系网络，而另一种则是纵向等级关系网络。横向社交关系网络与纵向等级关系网络不同，它将地位平等的普通社会成员紧密地联系在一起，形成了一种高度互联的社交网络。这种横向社交关系网络构成了社会资本的主要组成部分。纵向等级关系网络将社会中身份差异较大的成员紧密地联系在一起。在这种关系网络里，由于上层与下层之间存在信息的不对称，基于互惠原则的惩罚手段通常只能作用于下级，使得普遍性信任和互助协作行为很难实现，因而再怎么紧密的纵向等级关系网络，也不可能产生社会资本。而公民参与网络则有助于形成共同的、互惠的准则，并促使市民积极地参与到政策制定过程中来；这对平等的社会主体之间的信息的传播和互动有很大帮助，可以强化社会成员对公共政策的理解与认可，让他们对政府有更大的信心，进而可以帮助他们解决集体行动带来的问题，促进公民之间合作的持续有序开展。研究发现，组织结构的水平越高，其在社会中发挥的作用就越大（洪静，2015）。

综上所述，信任因素、互惠性规范和公民参与的网络资本是相互关联的、不可分割的。“公民参与网络是一把双刃剑，因此公民可以通过健全社会规范来避免负向因素的产生，从而保证公民参与网络可以持续产生正向影响。在一种普遍的社会准则下，公民通过一种共同的利益交换而形成了一种普遍的信任。而普遍性的信任则进一步强化了社会成员在这一网络中的参与度，并增强了社会规范的效力”（常桂祥，2020）。

(二)社会资本对公民政策参与的影响

1. 信任是公民政策参与的前提

在现代社会背景下,信任资本的成熟程度对公民参与政治活动的程度有着直接和决定性的影响。社会资本被视为一种以信任与合作为核心的伦理资源。公民政策参与是一种主体和客体之间的利益博弈,其基础是信任。在现代社会中,稳定的信任关系往往内化于组织、制度和文化之中,可以通过改变公民的具体行为,而最终形成普适的价值体系,进一步提升社会普遍信任(简世德等,2019)。在现代社会中,各个利益集团之间必然会产生矛盾和分歧。而公共政策要使各方利益达到最佳,就必须寻求它们之间平衡点。然而,从现实的角度来看,纵向等级关系网络可能导致群体的非理性行为,这就是所谓的“囚徒困境”。然而,社会资本中的信任元素能够推动不同的利益相关方在公共政策制定过程中进行相互的交流和对话,以实现利益的均衡和合作。

政策制定和实施的过程总是伴随着决策者和公民之间的互动和交流。在政策制定过程中,公民的参与在确保政策得以有效执行方面发挥了不可或缺的角色,并直接影响政策的实施效果。但是,信任是一种存在于政策主客体心中的比较稳定的心理预期,公民的心理认知和行为无疑会受到他们的信任水平的影响。因此,信任与公民参与政策之间有着紧密的联系。

首先要明确的是,信任构成了公民参与政治活动的基础和起点;在社会中,普遍的信任被视为相对稳定的、根深蒂固的人际交往信仰。那些拥有较高的普遍信赖度的个体,更有可能信任其他社会成员,例如对其他公民的信任和对决策主体的信任。一些学者认为,在一定程度上社会普遍性信任和政治信任之间具有正向关系,普遍性信任增进了公众间的交流与协作,推动了社会的和谐稳定,并带来了显著的制度成果。制度的绩效越出色,社会成员所获得的社会福利也就越丰富,其对政府的信任度就越高。其次,信任作为社会生活中的一种润滑剂,为公民的集体行为创造了条件,因此,积极的公民政策参与从本质上来说就是一个善治的过程,公民政策参与也就意味着他们愿意主动与政府合作,并对政府的权威表示认同(简世德等,2019)。

2. 互惠性规范是公民政策参与的保障

互惠性规范被视为一种普遍接受的规范,是在社会成员之间、群体之间以及个体与群体之间的互动过程中形成的,并内在化的思想方式和行为习惯。一些学者认为,互惠规范分为两类,即正式规范和非正式规范,其均是人们在社会成员一般交往中,为了减少交易成本,有效利用现有资源,通过反复博弈而最终建立的一种用来制约行为主体间沟通的框架(王莹,2020)。在公共政策的制定过程中,我们必须坚持互惠的原则。在这样的背景下,相较于通过制度、法律或其他外部惩罚手段进行的合作,其效果更为显著,这也更有助于达成政策的既定目标。

互惠的原则确保了公民在政治上的参与。首先,随着互惠原则逐渐得到加强,特定利益群体的行为空间将受到限制。即相互利益将会降低个人或团体对个人或团体的偏好。同时,它还有助于防范特殊利益群体之间的“搭便车”,从而在某种程度上避免“寻租”,从而增强公共政策制定的公平性。其次,互惠原则能强化公民的责任感。互惠原则能够对公民产生软约束，在这种“软约束”下，人们会自觉地认识到自身的责任和使命，而公民在政策制定中的参与是至关重要的政治权益。因此，在政策制定过程中，我们有责任采取主动的措施，避免在制定政策时出现不当的行为，以实现政策制定的预期目标。最后，互惠原则为公民参与政治活动提供了外界如制度和法律等方面的“硬性”保障。相关的法律和制度的实施，为政策制定者和目标受众的行为提供了有力的约束，这不仅有助于促进双方之间的积极互动，约束公民在政策制定过程中的违法行为，还能对政策制定者的非理性行为进行有效的监控。

3. 公民参与网络是公民政策参与的载体

在社会资本理论中，公民参与网络同样具有重要意义。这是处于同等地位的人通过社会互动而形成的关系网络，也是公民参与政策制定过程中良好交流的纽带以及公民参与的主要媒介。综上所述，我们必须通过建立成熟的、水平均等的社会关系网，推动公民主动开展政策参与。帕特南提出，从民主政治的角度来看，“公民参与网”要胜过“由各个阶层的人组成的垂直社会网”。相对于垂直关系网络，公民参与网络有助于培养自治、宽容、合作等公共精神，而这又大大提高了公民政策参与的效率（蒋冬青，2015）。

公民参与网络对公民政策参与起到了正向的促进作用。首先，在社会共同体内部，公民参与的网络越复杂，越能增进社区成员间的互信，进而增进社区成员间的合作。公民参与网络的建立显著增加了社会成员与其他社会成员互动中所面临的欺诈行为的成本，这进一步促进了公共政策信息在社会成员之间的循环和传播。在塑造公民精神和构建公民共同体的基础之上，促进更为积极正向的公民政策参与。其次，“公民”的内涵则包含了公民个体和公民群体两个方面。与公民个体的政治参与相比，公民群体更多地表现出整合性的利益，其利益诉求受到决策者的更多重视。一个完善的公民参与网络，能够把拥有共同利益的个体构成的社会整体纳入公共决策的进程（简世德等，2019）。

思考题

第一节

1. 公民参与和政治参与的区别与联系？
2. 如何理解公共政策过程中的公民参与？

第二节

1. 网络时代的公民参与有哪些特征？和过去相比有什么变化？
2. 网络时代公民参与公共政策制定有哪些影响因素？

第三节

1. 简述社会资本的定义。
2. 社会资本与其他资本相比有哪些特征？
3. 谈谈社会资本对公民政策参与的影响？

第六章 智能媒体上公共传播效应分析

传播效果研究在主流传播学中处于核心地位。美国传播学者丹尼斯·麦奎尔(Denis McQuail)提出,传播学研究归根到底是媒介效果的研究。一直以来,传播学者们把传播效果研究与媒介效果的假设验证研究等同起来,因此有关研究成果对效果表现程度很难达成一致:对魔弹论、有限论、说服论和协商论等理论的一再颠覆和重构,折射出传播效果研究的艰辛。信息学对信息价值问题的理论探讨启示人们:不受物质和能量制约的信息是持续发展和变化的,我们可以通过观察信息本身以及它与其他相关元素之间的互动关系来理解信息传播的作用和价值。

信息传播效果研究,是几大基本要素在特定的技术与社会环境中规律性的组合现象及其所带来的功能作用的研究。但信息学视域中对信息传播效应的研究并非单纯以实证研究见长的媒介效果研究,它是指由信息形态演变以及信息与信源、信宿之间关系的改变所导致的内在组织机理的改变。在本章内容里,我们将重点探讨在不同技术发展阶段下,媒介信息传播活动以及其所依赖的载体之间的关系如何变化。同时,我们还将结合人类对信息价值的整合和使用方式进行深入研究,由此寻找信息传播效应主导机制及演进创新研究。

第一节 大众媒介的组织依附模式

一、大众媒介信息传播效果:依附传播者或依附媒介

诺伯特·维纳(Norbert Wiener)认为信息即信息,而非物质或能量。这一论断突出信息的特殊性并把它看作一种特殊存在。信息拥有多种基本属性,包括依附性、普遍性、载体可替换性、可储存性、可传输性、可重组性、可共享性以及可耗散性等(邬焜,1996)。在众多的特性中,依附性显然成为信息传播初始阶段的首要特点。作为一种间接存在的标志,信息必然会附着在直观可感知的物体上,从而得以储存和流动。尽管信息与物质、能量是有区别的,但如果脱离这两者或者其他相似的载体,它就很难为人所直接感知或者具象描述。

对人类所生产、传播的信息来说,它除了具有自然存在价值和社会意义价值之外,还具有很强的依附属性。当我们把现代社会中人类信息流通活动看作一个由信源通过信道向信宿传递的整体过程后,处于传播系统之外的信息就呈现出游离性,它必须通过人类身体器官进行的即时捕捉和过滤审核来达到对人传播的目的;同时,处在传播系统内的信息又无时不在依赖着媒介通道所具有的转换和扩散功能以达到为人类所认识并接收的目的。因此,人类媒介信息传播系统的各个要素既是信息存在和运动的重要媒介,也是使其具有独特意义和价值所必需的附加器。

从大众传媒系统的角度看,考虑到信宿端的被动和隐蔽特性,信息的依附性主要体现在依附传播者和媒介上。首先,依附传播者。在大众传媒体系中,占据主导地位的信息传播者

既是决定信息传播内容的关键因素，又是评估信息传播效果的重要因素。信息的高效复现和精准理解，主要借助信息接收者和传播者之间的对比研究。由于大众媒介传播的信息不可避免地附带传播者的主观理解与传播目的，以扩散和再现功能为主的单一媒介也极少对进入传播通道的信息进行整合与创造，所以大众媒介传播中信源权威性几乎决定着信息传播的效果和信宿接收信息的程度。例如权威机构产生和发布的信息比较容易传播；那些享誉国内的品牌承载的广告信息，也多为消费者所接受。鉴于此，大众媒介非常重视信源的真实性和专业性，大多数时候信息传播效果并非完全由媒介效果决定，当信息进入传播通道时，信源可信度已在相当程度上决定了信息的传播效果。

其次，依赖媒介的信息容量与传达率。现有的关于媒介传播效果的里程碑式理论通常建立在某一个媒介传播场景或者传播对象之上，研究结论有一定的科学验证价值但是普适性不强。因此，媒介传播效果领域的研究虽然论断层出，但具备公理性的理论却少之又少。比如，曾言之凿凿的媒介魔弹论早已经湮没于传播学的理论探索历史之中；而有限效果论如议程设置、两级扩散和培养理论等又因媒介技术的发展和媒介环境的变化而很难为这一阶段的传播学者直接援引。实际上，尽管媒介在信息传播上的巨大影响是不容置疑的，但由于大众媒介之间的竞争和可替代性，信息的传播媒介更为多样化。无论报纸、广播还是电视，只有那些能够承载大量信息并为广大信息接收者广泛接受的媒体才能真正评估其传播效果。如果个人根本没有利用某一种媒介，或者旧媒介迅速被新媒介所取代，那么信息传播效果就无从谈起，犹如昙花一现。所谓媒介的传播效果归根到底还是要靠生产信息的人员和媒介的长期用户来体现，并不是靠媒介本身来体现。

总的来看，信息存在和传播的依附性极强，必然会将大众媒介信息传播效果移植到传播者可信度或者媒介使用程度等有关研究上。仅仅对媒介信息传播系统进行单一要素测量式研究可能会取得比较科学和短期内可以证实的成果，但是要形成一般化和普适性的经典传播理论却比较困难。传播效果依赖信息以及信息和传播过程诸因素的有效协同，而不由单个因素决定，它提醒人们在进行有关研究和探索时，必须建立全局视角和整体观念。

二、组织权威性弥补大众媒介传播模式的信息不对称

从上文可以看出，在这个大众传媒的时代，信息的传播效果要么依赖传播者，要么通过各种媒介渠道来实现。尽管前者更多地遵循人的需要这一逻辑，后者则以技术范式为先导，但就两者在现实社会中的真实存在形式而言，它们都呈现出以权力集中和较大规模的机构或权威力量主导的特点。在大众媒介传播中，大部分的传播者是政府部门、大型企业或社会团体等；此外，媒介领域逐渐演变为一种集经营管理、财务监管、新闻编辑和印刷发行于一体的标准组织管理模式。在某种程度上来说，大众媒介传播内容受组织例行公事、实际工作和组织目标等因素的影响颇为系统和显著，而个人或者意识形态因素很难发挥出如此巨大的作用。因此，当传播者或者媒介所属的大型组织具有显著的社会影响或者高度权威力时，大众媒介在信息传播的过程中往往能够实现更高的效率。

我们如果深入探究大众媒介传播中组织传播占主导地位的缘由，就会发现，大众媒介传播的效果往往与组织权威性紧密相连，这正是基于机械化的技术传播实质和线性传播的固有缺陷。

第一,机械化的技术传播实质决定了组织化是一种最优管理结构,它推动传播的各个因素补偿差异并协调一致。工业革命以来出现的技术变革,是以人的主体和机器客体二元对立为基本逻辑的。要规范自主性有机生命和工具化无机物质的适应性和合作力,就需要有一种能综合协调、全面发展的宏观组织形式来辅助人类和机器进行大范围生产过程。森特·乔伊尼认为"组织者"自一开始便被放置在机械化逻辑构建起来的社会体系中,它能把有机体和无机体结合成一个目的性较强的有机整体。这表明,建构在绝对技术逻辑上的人类和媒介协同作用下的大众媒介传播形态只有依靠高度组织化才能实现将人和技术联系在一起、将传播信号放大的功能(吴晓江, 2004)。

第二,有鉴于大众媒介线性传播的格局,组织化的传播者或媒介为拓展信息辐射力的重要方式。对这一时期的信息接收者来说,由于他们处于传播流程的末端,缺乏有效的技术渠道来积极地选择和反馈信息,因此更具有真实性或者权威性的信源,或者与信宿关系更密切、利用更方便的媒介所携带的信息内容更容易在传播末端吸引并影响受众群体。我们可将传播者与媒介渠道这两个变量排列组合在一起,强传播者加强媒介、强传播者加弱媒介、弱传播者加强媒介这三种效果明显的传播形式都有可能出现。举个例子,当一个还不为公众所熟悉的品牌想扩大自己影响力时,选择强媒介做宣传推广就是最有效的传播方式。例如 1983 年我国中央电视台曾播出江苏盐城某不知名的"燕舞"牌收录机电视广告,很快这一产品就为人们所熟悉。而孔府宴酒、爱多 VCD、秦池酒、娃哈哈等新品牌的快速推广,同样是中央电视台这一权威媒介大力推介的结果。相反,在信息传播者本身已经有很高知名度的情况下,口耳相传和人际交流这种弱媒介传播形式就足以使公众充分相信和接受与之有关的一切信息内容。强媒介或许会带来良好的传播效果,但是在大众媒介有限的信息容量及流量下,传播者和媒介合理匹配的结合方式仍然是一种比较经济、高效的信息传播模式。

第三,当信息传播量整体不足、传播者和接收者身份严重错位时,组织化或者系统化传播模式成为解决信息不对称问题的重要手段。尽管信息无所不在,但能进入传统大众传播系统的信息量却很有限,只有与传播者的传播目标相一致的信息才有可能进入传播流程。再加上传播系统内两大传播主体在信息传播权利上严重错位,公众通过媒介所获得的信息很不稳定,存在耗散现象,因此公众被迫转向稳定的社会组织,从而简化对信息真实性和有效性的评判过程,最终信任信息内容并在情绪、态度甚至行为等维度上作出转变。德国社会学家尼克拉斯·卢曼(Niklas Luhmann)持有信任是简化复杂性的机制之一的观点(Morgner, 2018)。由传统社会向现代工业社会转变的过程中,在人类活动范围日益扩大的基础上,其信任模式也随之改变:对人际信任方式有依赖关系的传统社会发展为对系统信任有依赖关系的现代社会。对于大众媒介传播来说,在手无寸铁的普罗大众还没有确认信息的技术和渠道的情况下,对权威组织的倚重和信赖是他们弥补信息量不足而造成判断力不足这一现象的有效手段。而站在占统治地位的传播者的角度,运用权威组织生产信息、重复这类信息以及维护信息一致性,都是减少信息传播的不确定性并增强大众媒介传播效果的关键策略。

第二节 社交媒体平台的聚合特性

以交互式数字技术为基础的社交媒体具有汇集大量信息和建立广泛连接的独特属性。自 2014 年起,国外的新闻机构和国内的研究学者开始关注这一新兴的信息生成和传播方式,并采用 Platisher(译为平台媒体)这个词来命名该媒介,以突出技术和内容的双重性。Platisher 创始人乔纳森·格里克(Jonathan Glick)表示，Platisher 是互联网平台,它不仅可以满足用户与广告商对内容的快速生产,还可以对信息进行全面加工、差异化编辑与发布。有些国内学者指出,平台媒体是与互联网逻辑相符的开放、整合、激活的高维媒介,是未来媒介发展的主流模式。尽管有些学者从学理角度深入探讨了平台媒体与特定媒体产品、媒体融合、个体和社群组织的区别,并指出平台媒体并未达到 Platisher 将自由与专业完美结合的理想出版模式,同时也包含了过多的模糊、宽泛和琐碎的定义(谭小荷，2019),我们依然可以从技术的整体视角,将基于互联网技术构建的社交媒体(包括其具体的展现方式)视为一个融合了信息、人机关系和服务功能的综合性平台。平台化被视为社交媒体的核心特点之一,它所带来的传播影响和社会效应可以被看作基于平台媒体的聚合和抗衡效应。

一、平台化的社交媒体:回归传播渠道的中介属性

(一)第一阶段:聚合信息

由香农信息论我们可以获得启发:信息与不确定性之间存在一种天然的联系。信息一方面以降低不确定性为目的而存在,另一方面在信息传播中又有许多不确定因素。不仅如此,信息传播也取决于不确定性,没有不确定性就不可能有信息传播活动。以香农信息论为例,其中信息冗余、噪声与熵等概念与算法旨在解释信息传播系统的不确定性。其中信息冗余是信源和信宿信息量之差,用于度量信息接收过程中存在的不确定性。噪声是信息传递时产生的干扰信号,特别是信道传输时信息的不确定损耗。而熵作为信息系统在信息传递全过程中的信息耗散值,描述了信息系统总体的不确定性。这表明信息本身及其传播方式自然存在着不确定的性质,信息论整体实际上是基于信息传播过程中的这种不确定性而逐渐形成的。

为了减少信息传递的不确定性,从传统的大众媒介传播到目前的策略始终是通过增加信息的冗余来中和传播中的噪声。无论是传统的大众传播还是社交媒体传播,它们都坚持增加信息的冗余性,目的是扩大信息在传播系统中的流通并减少信息的消耗。与此不同,前者更加注重信道的传播能力,这导致技术工作者持续增加对信息技术的研究,而传播工作者则更加关注并谨慎地进行媒介选择和决策。根据有关监测数据,比较 2008 年到 2015 年间电视、广播、报纸和杂志广告投放市场,电视广告投放量要比其他大众传播媒介大得多。这反映出大众媒介技术迭代的目的在于拓展信道能够承载的信息量,而电视传输的信息量要比报纸、广播大得多。而后者则用数字化技术对所有传播媒介进行收编,信道与信息数字一体化抹去了传统大众媒介中的个体差异,各种信息载体日趋进化为同一传播逻辑和形态。在信息容量不再存在差异的媒介环境下,增加传播主体的信息生产量和再生量已经成了通

过信息流量来降低噪声的主要手段。当前,普通公众在社交媒体中的信息生产能力已经超越了任何专业机构对信息的甄别能力。截止到2018年末,国民APP微信日活量约为10亿;2019年第三季度微博平台日活量亦达2.16亿,同比净增2 100万左右。在以抖音、快手为代表的微视频平台上,每天上传的公众自制的微视频超过15万条,每年上传的总量更是超过2 000万条。

社交媒体平台在几乎没有上限的媒介容量下,汇聚了众多的复杂信息内容。在前文中重复提起的信息学有关理论,把本体论水平上的信息分解为自在信息、自为信息、再生信息和综合性社会信息。在社交媒体平台中流传的内容,也就是这类信息广泛结合的产物。谈到社交媒体传播效果,有鉴于社交媒体时代媒介元素已数字化且高度统一化,因此信源和信宿的排列组合就成了社交媒体传播效果转变的主因。值得一提的是,尽管这一阶段信源和信宿主体都有信息生产和消费能力,但前者多指信息的专业生产者和传播调控者,而个体化的后者只需聚合就能形成一个独立生产和经营的新兴组织群体。基于信源主体权威性和信宿主体独立性,社交媒体平台汇聚信息并提高信息流动量主要表现为筛选式汇聚、原生式汇聚和综合式汇聚3种。

一是利用传统机构媒体进行信息筛选,汇集不同渠道的信息资源,建立专业性强、个性化的咨询平台吸引用户进行阅读。部分社交媒体注重信息的整合,并通过技术和人力的合作进行信息聚合,如《赫芬顿邮报》的联合创始人乔纳·佩雷蒂(Jonah Peretti)于2006年创办了新闻聚合类网站Buzzfeed,其目的是在用户订阅量、热门事件和搜索信息链接这些基础数据的辅助下,通过结合专业新闻人的筛选,打造一个信源种类丰富、千人千面的资讯浏览平台。今日头条APP源于中国北京,和中国广州创立的ZAKER平台一样遵循着相似的信息筛选逻辑,通过技术筛选加人工核查的形式旨在为用户提供一个内容丰富、别具一格的独家阅读平台。艾媒咨询发布的《2018上半年中国APP排行榜》显示,今日头条APP月活量24 224.09万,位居榜单第二位,ZAKER平台月活量1 089.45万,位居榜单第十位(表6-1)。

表6-1　2018上半年中国APP排行榜——综合资讯类

排名	应用	六月月活量(万)
1	腾讯新闻	26 904.99
2	今日头条	24 224.09
3	网易新闻	7 473.6
4	搜狐新闻	6 278.68
5	趣头条	4 434.78
6	新浪新闻	4 068.29
7	天天快报	3 715.86
8	一点咨讯	3 311.49
9	凤凰新闻	3 267.25
10	ZAKER	1 089.45

由于传统大众媒介和社交媒体的专业内容制作在信息筛选机制方面存在共通之处，因此打造信息内容数字管理平台亦是传统机构媒体转型之首选。《华盛顿邮报》是美国一家传统的老牌报业，它于2014年开始使用Arc平台发布并管理内容。利用数字技术武装出版渠道和内容运营业务，该报可以较好地聚焦于专业的内容信息生产。另外像《洛杉矶时报》《加拿大环球邮报》等小型刊物也在Arc平台的帮助下扭亏为盈。Arc平台既是传统报纸转型的利器，也是有着严肃新闻阅读习惯的读者获取信息的重要平台。截至2018年，Arc平台已为《华盛顿邮报》带来了近1亿美元业务收入。而国内湖北广电创建的“长江云”地方咨询平台和中宣部发布的“学习强国”政务类咨询应用也是传统媒体转型中的成功典范。

二是以建立在数字技术基础上的分享平台来激励用户制作信息和上传内容。从社交媒体平台分类来看，存在着一种完全由消费者主导的新型信息分享平台。此类平台意在利用技术力量为传统媒介环境中隐而未现的使用者提供自主的发声和制作渠道。2005年，前贝宝（Paypal）公司员工斯蒂芬·陈（Steve Chen）、查德·亨利（Chad Hurley）以及贾德·卡林姆（Jawed Karim）创建了至今仍是世界上最大、使用人数最多的视频平台。平台以用户独立制作、上传和共享视频信息为主要运营模式，淡化了传统传播者的身份，扁平化的运营方式充分借助热门视频的广告投放获取运营费用。截至2017年2月，YouTube平台上每分钟上传的视频时长超过400小时，每日观看时长达10亿小时。在我国，抖音和快手已经成为移动互联时代最为流行的短视频分享平台。报告显示，2018年抖音国内日活量超过2.5亿，月活量超过5亿。据快手平台的官网数据显示，平台用户每天新上传的短视频为1 500万条，若每位用户每天平均生产并上传1.2条短视频，则每天有约为1 250万用户参与短视频制作与传播。参照用户的使用数据和喜欢程度，通过科技构建用户自主制作和发布的社交平台在理论上具有可行性，在实践中也得到了验证。只是用户生产和传播者主导之间的边界不可能绝对割裂，以国外知识提问分享平台Quora和图片分享平台Snapchat及国内评论类分享平台豆瓣和美妆社区小红书等为例，邀请专业文字从业人员或者平台内的高质量信息内容创作者参与，是它们在后期对海量信息进行管理，对内容走向进行指导的必要措施。PGC和UGC相结合，用关键意见领袖（KOL）调节信息分享平台，是此类社交媒体平台发展的关键趋势。

三是融阅读、分享和服务于一体，整合传统媒体和新兴媒体多功能载体的综合平台。由前文论述可知，专业性比较强的信息筛选平台和完全通过用户进行制作发布的自主性平台之间存在着某种程度的关联性。在不断的发展和演变中，前一种模式要求注入用户生产的内容，后一种模式同样迫切需要专业力量来进行调整和控制。因此，融合两者优势形成一个信息生产、共享和赢利的运营闭环就成为社交媒体平台持续发展和创新的形式。如国外的易贝（eBay）和我国的淘宝，将社会生活中的购物场景进行数字化，形成物品搜索、交易沟通、线上购买和线下反馈的虚拟购物链。而喜马拉雅和得到作为知识共享类平台的代表，聚集分散在个人大脑中零散化的知识，打造知识生产、共享、交流和消费的知识经济链。支付宝（Alipay）成立于2004年，由第三方支付平台逐渐发展成为汇集生活缴费、日常投资和公益活动的“万能”生活平台。目前支付宝平台使用量稳坐全国第一，被称为中国新四大发明之一。从整体上看，社交媒体以聚合信息的方式，借助信息再生和创生能力打造了众多或专业性见长，或具有信息自由分享的特征以及日益完善和规模巨大的信息平台。

（二）第二阶段：建立关系

当人们把媒介视为工具或者介质进行传播时，应把传递信息作为出发点，把建构关系作为旨归（喻发胜等，2017）。在社交媒体的传播效应中，从信息的传递关系到人际交往关系的转变是一个非常关键的阶段。从人类在媒介信息传播领域的实践活动来看，已经通过信息平台拓展了新的社群组织结构。目前，如今日头条、ZAKER、抖音、快手等信息分享平台，在技术不断更新的过程中，已经增添了个人信息发布和沟通交流的功能，从而实现了信息获取和社交关系的整合。此外，还涌现了几个创新的社交媒体平台，这些平台直接采用了数字技术来构建一个用于建立关系和进行互动交流的平台。微信、微博等专注于建立和维护人际关系的社交网络平台，已发挥着构建和维系日常生活社交关系的作用（表 6-2）。

表 6-2　传统人际关系与社交媒体人际关系的区别

发展阶段	主要表现
传统人际关系建立	面对面、线下建立
	强连接关系、亲密关系、圈子文化
社交媒体人际关系建立	泛连接、多样化、弱连接关系
	强连接关系和弱连接关系之间可以相互转化

区别于以亲疏远近为判断关系的传统的面对面人际关系，依托社交媒体平台构建并维持的人际关系是较为复杂的，大体而言，社交媒体关系主要表现为广泛联系，并且亲密关系和陌生关系是能够互相转化的。首先，社交媒体平台通过在线虚拟沟通跨越了传统强关系的现实距离难题。我国著名社会学家费孝通对中国乡村结构和人际关系进行了研究，他认为中国人根据亲疏远近将关系划分为由远及近的圈子，而不同圈子的关系又适用于不同的交流互动法则。随着现代社会人口流动性的增强，人们的互动关系已不受个人选择的控制，而受到空间距离的控制而“拖着走”。很多有血缘关系的人际关系都会因为居住地的远离而渐行渐远，中间概念如同学、朋友和邻居则在不断地更替着对象，甚至消亡。部分社交媒体的目的有：①即时交互与打造圈子关系；②连接现代社会时空沟壑；③打造数字时代的线上强关系。例如美国社交软件 Facebook 和中国社交网站校内网差不多是在同一时期建立起来的，它们以校园内的学生和朋友群体为目标，成了社交媒体初期最火的青年交流平台。实名制、认证机制、同一经历和共享信息是该类平台巩固关系的主要措施。腾讯公司（Tencent Company）作为互联网巨头之一，在不同阶段推出了 QQ 和微信（WeChat）两款产品，更突破了固定圈层交流工具的定位，把线上强关系圈延伸至亲戚、朋友、同事和街坊。这些关系网络可能会处于传统线下面对面社交中很难考虑到的中间半熟圈层；但是到了社交媒体时代却被纳入较为亲密的熟人圈中。在社交媒体平台的推动下，个体亲属圈之间的关系得到了维持，同时熟人圈之间的网络逐步开放，人际交往活动由于技术获得了更大可能性和灵活性。

其次，用数字技术泛链接方式构建多样化弱连接。美国学者马克·格兰诺维特（Mark Granvetter）曾表示，人际关系中的强连接关系（Strong Ties）包括亲属、朋友和同学，弱连接关系（Weak Ties）就是在偶然交往基础上所建立起来的广泛社会关系。数字网络时代后者对拓展个体认知与体验的效果或许要优于前者（许德娅等，2021）。社交媒体传播的弱连接关系并不仅仅是指两个完全不熟悉的个体间所建立起来的浅层交互，它还包括拥有共同好友、共同爱好和共同体验的身份认同。第一类关系的目的主要是信息分享和建立联系。传统口语式人际交往关系局限于自身经历及生活范围内，个人交友能力及社交圈子都非常有限，但社交媒体时代的陌生人互动打破地域限制及个人体验，为交友创造更大可能性。如Linkedin（领英）作为职场类社交平台的代表，通过展示不同人的职业档案及关系网络来建立个人之间弱连接的关系网络，提供就业机会，扩大关系网络。而像有缘网和世纪佳缘这样的婚恋交友平台则是为个体拓宽交友圈提供了一个陌生交友平台。第二类是数字时代产生的全新认同关系，其目的是知识分享与关系转化。互联网技术复原了人的个体化生存形态，并通过个人爱好的重新组合和再聚合形成了很多传统社会中很难确立和维持的社会群体。例如微博平台以热点公共事件为中心，已经成为新时代个人普遍参与的公共领域；知乎、得到平台注重知识聚合，并通过个人广播式信息共享行为将有共同兴趣和爱好的陌生群体联系起来。值得我们注意的是，这种交互模式兼具"一对一"私人性和"一对多"公共性，在平台转移、关系转化等方面有很大的潜能。在线上有共同感知、兴趣的弱关系能够迁移到强关系平台中，并通过更频繁的线上线下互动和沟通来提升情感体验，继而强化连接纽带。

最后，某一个中间区域使得弱连接关系和强连接关系之间发生转换。心理学家欧文·阿特曼（Irvin Altman）提出人际关系发展可以分为四个主要阶段：定向阶段、情感探索阶段、情感交流阶段以及稳定交往阶段（Sailo，2018）。它诠释了传统交往关系由远到近的普适路径。而社交媒体传播时代不仅提高了弱连接关系向强连接关系转化的概率，还使得强连接关系也可以逐步退化成弱连接关系。举例来说，逐步细分的社交平台让个人之间的互动变得更加方便和全面，原本难以面对面理解的私密信息或者是迥异于公开形象的潜在信息也可以通过社交网络被折射出来。虚拟信息重现的全面人格不仅能增加关系联结上的共性，而且能放大原先亲密关系上的差异性。存在于数字状态下的人际关系转变似乎只有一瞬。据有关资料统计，半数以上的被调查者认为朋友发表了他们不感兴趣的东西，和朋友们价值观、思想观点上的不一致性是结束交往的重要因素。共同爱好、共同兴趣之间的相似性是弱连接关系向强连接关系转化的不二法则。这表明社交媒体平台中个体信息暴露的便捷性和自我呈现的碎片化存在天使与恶魔的悖论性，许多平台难以兼顾交往关系中的私人性和公共性。但是从整体上看，社交媒体平台仍为建构大规模潜在关系和推动不同类型关系之间的有效交互提供了可能。人际关系的实质即是动态性和不确定性，而不是静态性和对立性。

（三）第三阶段：平台效应

从上文的论述可以看出，社交媒体平台的建立有两大基础：信息聚集和关系链接。社交媒体在平台上构建了一个开放的、良性的集规则、服务和平衡于一体的传播环境，这是因为它以技术化为底层逻辑，以社会化为根本目的。因此，对社交媒体所带来的特殊传播效果的分析，需要从技术逻辑、社会属性和创新价值三个维度来逐个认识。

首先，在技术水平上，社交媒体平台的作用是客观的。术语"平台"，从根本上讲属于计算机研究范畴，它提供各种硬件、软件和服务的技术。从有关的研究中可以看出，技术领域的平台概念可以分成三大类型:底层操作系统、业务平台和应用平台。它们与平台从现实社会走向技术领域、在技术领域持续发展、再从技术回到现实社会的发展路径相对应。随着平台渐渐从具象的技术属性中脱离出来,它在向现实甚至是虚拟世界延伸时,其也可以是一个抽象的舞台,可以为某个人或某事提供支持和保障的领域、机遇、环境和空间等。因此,即使平台有多重内涵,它永远都是基本媒介与背景环境相结合的产物。在这一层面上,当媒体发展到社交平台阶段时,媒介向其中介属性的回归,脱离了传统大众媒介的依附属性,并逐步形成了自身特有的中介逻辑和调节功能。我们常用类似于"种书桌,得木头"的隐喻来形容作为工具的技术并不会随着人的创造性行为而改变底层逻辑。因为现代媒介是从技术发展而来并和信息技术联系紧密的,因此,强行施加社会、文化意义的行为是盲目的。只有回归媒介的技术本质和客观属性,才能拆解人和媒介之间错综复杂的关系,才是研究二者之间的互映关系的正确方式和科学途径。

其次,基于社会属性,社交媒体平台存在着融合效应。但也要注意到,并非所有的媒体都具备一定的社会属性,传统大众媒介只是一个单纯传播信息的工具,它的作用更多是在技术层面,而其社会价值则比较模糊。按照社会学家埃米尔·涂尔干(Mile Durkheim),马克斯·韦伯(Max Weber),费迪南德·滕尼斯(Ferdinand Tönnies),卡尔·马克思(Karl Heinrich Marx)等人对"社会性"的解释,其分别指的是"社会事实""社会关系""社区环境""协同工作"。在有关社会理论的解释框架之下,媒介技术是从人们的社会关系和社会创造中产生出来的,而媒介的社会化过程同样需要在人际关系的构建、交流环境的塑造和资源的互通有无中得到体现。一方面,社交媒体以技术平台化为用户提供了一个技术与技术、信息与信息、人与人聚合的社会化环境。通过媒介平台,不但同类物质所承载的社会属性可以得到凸显和放大,而且不同种类物质之间的连接和交流也成为可能。即使是最小众的爱好者,也可以在社交媒体平台上结交到志同道合的朋友,建立起自己的专属网络社群;而对于地处偏远山区的农村居民来说,他们可以通过社交媒体平台轻易地获取在日常生活中很难接触到的各种信息,或者改变自己的人生。而在我国,以社交媒体为基础的网络社群的多元化程度大大超过了研究者的预期。根据调查,目前活跃的网络社群从地理位置上可以分为本地社群、周边社群和海外社群,从内容上来看则可以分为产品型社群、知识型社群、兴趣类社群以及各种行业垂直社群等。另一方面,相对于传统大众媒介传播,社交媒体平台将人和信息进行再整合,形成了一个极具创新能力的内容生产平台。从 2018 年开始,随着李子柒的崛起,关于乡村慢生活的短视频飞速发展。到 2019 年 12 月,李子柒的微博粉丝数已经达到了 2 162 万,而海外视频网站 YouTube 的粉丝量也超 750 万。在社交媒介平台内容创造大势的推动下,中国短视频平台快手在 2018 年启动了"幸福乡村带头人计划",一年时间内从全国 10 个省挑选出 43 名优秀的领军人物,并通过快手平台进行短视频宣传和直播,为当地居民提供了 120 多个就业岗位。

最后,社交媒体平台在创新价值方面具有延展效应。企业和程序员们常常从技术推动社会发展的角度出发强调社交媒体对信息和人类的连通所发挥的巨大作用,而忽视了技术对人类社会的异化与重组的影响。与此形成鲜明对比的是,人类学者与社会学者则侧重于技术与社会之间的互动关系。随着网络社会性的提高,社会的技术化程度也在逐步提高。我们强调社交媒体平台的延展效应时,在数字化技术的改造下,技术和社会语言得到了高度的融合，人和人、人和物、物和物之间的沟通成为可能。人和人的交流暂时是可观和可控的，但是人和物、物和物之间的交流却是未知的、无法控制的。另外，社交媒体平台注重规模效应，大、小平台互相嵌入、互相作用。具体细微的小平台上的发展变化可能使大平台发生相应的变化。因此，在揭示媒体平台构筑的虚拟社会性的同时，更应该注意现实社会中多种力量的变化与重构，以及人在线上与线下社会性互构的过程中，自身情感、态度和认知的技术性变化。以上才是虚拟平台特性的重要来源与主要归宿。

二、社交媒体传播正效应：信息聚合的积极效果

信息价值理论给我们的启示是：任何一种信息价值的生成都要经过信息聚合、交换和建构这三个过程。信息因其具体内容的复杂性和存在形式的多样性，使得同质化信息和异质化信息在彼此聚合时可能产生或积极或消极的建构效应。积极的影响称为正效应；消极的影响称为负效应。

复杂性科学创始人，美国知名学者布莱恩·阿瑟（Brian Arthur）声称，技术的本质是对某一现象进行目标明确的编码。技术诞生的初衷是辅助人类更好地理解和控制生产过程中的某一特定现象，而新技术的诞生则是基于现有技术不断地展现新的现象和深入挖掘人们的新需求（赵阵，2015）。补偿性媒介理论的创始人保罗·莱文森（Paul Levinson）持有这样的观点：媒介的整个演变过程可以被看作补救手段，随后出现的媒介会对前者进行功能性的补偿（戴元光等，2010）。因此，我们可以认为新技术的出现是为了解决原有技术中存在的各种问题，这是一个不可避免的发展结果。

社交媒体传播应运而生，证实了布莱恩·阿瑟与保罗·莱文森关于技术、媒介演进规律的基本结论。与传统大众媒介的传播效果相比，社交媒体传播有着自然的积极补偿效应。第一，社交媒体平台的开放性弥补了大众传播系统在信息传播过程中通过相对封闭性寻求绝对可控所导致的系统熵量上升。从宏观视角来看，信息系统的封闭性越强，信息流通就越受限，这会导致系统的熵值增大，从而使整个信息传播系统进入一个不稳定的状态。而信息正是用于降低系统不确定性的物质，因此如果一个系统想要长久地维持其活力和生命力，那么它必须是开放的，通过加强信息量和信息交换的力度减少其无序性。系统熵值具有不可逆性，这就决定了只有开放系统才能使信息量和熵值达到平衡，进而有利于信息系统的稳定与发展。社交媒体具有开放性，一方面，表现为用友好的平台使用界面降低了媒介使用门槛和准入机制。数字化社交媒体平台使用方便，不但传播迅速，而且信息复现方式也丰富多彩。另一方面，社交媒体开放了信息来源和生产途径，并通过给每个用户提供技术手段和传播平台生产信息、传播信息，提高了信息传播系统的开放性和活力。从U盘到云盘，媒介存储能力和信息流通容量在社交媒体传播时代几乎实现了无上限。

第二，社交媒体传播的正向平台效应表现为信息生产、获取与创生便捷性。互联网让一国公民同时成为无国界的网民。各国网民汇集于巨型互联网络中，每天产生着难以估计的信息量。根据中国互联网络信息中心发布的第44次《中国互联网络发展状况统计报告》的相关数据，到2019年6月，我国的网民总数已经达到了8.54亿，而互联网的普及率也高达61.2%。在这其中，使用手机进行上网的用户比例高达99.1%。不同于传统大众媒介被纸张、电线等硬件设备所束缚，以移动互联网技术为载体的社交媒体在时间、空间以及场景上

都没有受到任何约束，大众能够随时随地参与到信息的生产和传播活动中，甚至通过网络进行学习、工作和购物等。尽管已经有很多平台针对优质信息内容实行付费获取的政策，但是网络中大多数内容仍可以自由搜索和共享。各种信息聚合到一起后，各种个体声音之间的碰撞更加有利于信息交流、互补和更新，也同样有效地消解了大众媒介传播过程中出现的信息板结、固化乃至极化等问题。

第三，社交媒体平台营造了各种元素聚合和重组的技术环境，导致更新迭代速度剧增和创新生产活动频繁发生。经济学家约瑟夫·熊彼特(Joseph Alois Schumpeter)在他的专著《经济发展理论》中提出经济生活的“循环之流”和“创造性破坏”理论。他打破了古典经济学“静态”的研究实质，关注经济发展长周期规律并以历史视角概括了产业创新“动态”的特点。熊彼特主张经济有其连续性，无论处于何种状态，其发展状态与以前的发展状态有所联系。生产是组合、创新未必就是发明，产业创新就是“以新的方式来利用现有资源”，创造出新的产品、生产方式、市场、供应基地、产业组织。熊彼特创新理论认为，信息作为一种重要生产资源，在社交媒体平台上集聚了信息、人、物等多种元素后，对元素的重新组合和重构就会创造出新的事物和想象，即所谓的创新活动(Witt, 2002)。自 20 世纪 90 年代以来，以互联网为基础的社交媒体产品如 QQ、人人网、微博、微信、抖音、快手、绿洲等不断涌现；而百度、阿里巴巴、腾讯三巨头的鼎力之势，亦为今日头条、美团、滴滴出行这三家新兴公司所撼动。除此之外，新兴的消费市场和消费领域在信息的瞬息万变和迅速流通中依然得到了飞速的发展。平台媒体传播作为数字媒体经济的动力源泉，只需信息交流活动不断就可以使人类创新活动不止。

三、社交媒体传播负效应：信息角力的消极效果

信息聚合所带来的传播效应不是完全正面和可控制的。一方面，异质化信息之间互相角力，难以确认或者证伪；另一方面，媒体平台信息来源是多元和自由的，其自身真实性也同样不能得到控制。在数字技术不断突破和融合的背景下，平台媒体的日益庞大导致传播环境被重新界定，这必然会带来一些未知和不确定的新问题。这些消极结果或信息传播负效应部分源于新技术改造后出现的新现象，部分是新技术引发的新需求，还有一部分是新技术自身导致的。

(一)信息本质上是降低不确定性的事物，但大量的信息引发了更多的不确定性

信源的增多和分散导致了信息的模糊性问题。信息本质上具有模糊和随机的特性，其传播结果基本是概率事件。在人类社会中流通的各种信息，在不同的环境中都有不同的意义。当这些信息被转化为数字信号并进入互联网的传播路径时，编码过程中的信息可能已经遭受损耗，这种损耗可能导致在接收信息时信息的丢失或误解。在网络环境中，执行去意义和去语境的二进制编码可能导致句子丧失其原始的意思，进而可能导致误解。随着庞大的互联网逐渐演变为物联网，诸如汽车、家居和自然景观等事物也开始被数字化和虚拟化，与人类一同融入这复杂的泛在网络环境。信息的多样性和复杂性日益增强，这也使得对信息的理解成为一个前所未有的挑战。

大量的信息导致了传统的把关人信息筛选和审查机制失效，网络中出现了大量赚眼球、

互相抵牾乃至虚假的信息。传统的信息传播方式都是基于严格的信息审核机制的，任何进入传播流程的信息都必须经过严格的人为检查，这导致了那些与时代要求不符、不真实的信息从其源头就被排除在传播系统之外。社交媒体技术鼓励用户自行生产信息，并在任何时间和地点发布和接收这些信息，这导致了传统信息核查系统的全面解构。一方面，庞大而复杂的媒介信息传播范围已经超出了人工审查的能力范围；另一方面，随着新型网状信息传播模式的出现，仅仅对信息源头进行针对式筛选是无法有效预防和控制信息随意扩散的。在这个追求高效和高产量的现代社会里，时间和速度已经超越了任何机构通过文字来确认事实的能力。在后真相时代，追寻事实真相已经变成社交媒体平台信息传播过程中的一个重大挑战。

（二）社交媒体平台解放了信息传播者，但并未解放信息接收者

尽管数字技术已经将人类这一复杂的组成部分整合进了媒介信息传播系统，但作为主要的信息接收者，人类的脑力在承载和处理信息方面仍然存在一定的局限性。如果盲目地增加信息容量，可能会引发信息处理功能的失效。20 世纪 80 年代，有心理学家提出一个观点，即所谓的“信息负载范式”，意味着人们只能“吸收”或者“处理”有限的信息。过多的信息可能导致混乱和挫败感，甚至可能限制视野并引发不诚信的行为。这表明大量信息的传播实际上为信息接收者带来了一定的认知压力。

此外，数字化技术为每个个体提供了生产和接收信息的工具，这使得每个个体都不知不觉地被卷入了信息传播的大潮。虽然数字技术似乎在表面上满足了人们对信息表达和传播的渴望和需求，但它实际上提高了信息的生成和传播效率，释放了信息的生产能力和传播能力，而并没有给予个体在选择和接收信息方面相等的权利。在社交媒体的时代背景下，个体既是信息的生产者也是消费者。当资本和传播者过度放大信息生产权时，那些被掩盖或失去的信息选择权和接收权难以被重视。在现实生活中，个体不仅需要不断地接收大量的信息，而且还必须贡献自己的数据和隐私信息，以满足对精确和有效信息的需求。在社交媒体的时代背景下，大众扮演着全天候信息生成的关键角色，并在互联网技术的推动下，转变为能够在任何时间、任何地点传播信息的“信息人”。因此，尽管数字技术在表面上推动了媒介信息传播系统对所有个体的开放性，但其实质上仅仅构建了一个半开放的有限系统。

第三节　智能媒体的技术协同优势

信息论指出，与物质和能量守恒定律不同的是，信息不仅能生产和传播，信息的不确定特性还能带来创生效果。鉴于信息这一特殊基础资源的可创生性，在大数据与人工智能的支持下，人类的创造行为在一定意义上达到了“造物”的级别。在这个信息丰富而自由的智能传播时代，人类可以利用这些信息改变“上帝”创造的世界秩序，创造出一个全新的人工智能世界，就像新世纪的“造物主”。特别是在媒介信息传播中，基于全新的传播技术，可创生的智能信息引发了传播主体的转变，进而导致了传播效果的全方位演化。在社交媒体传播时代，虚假信息泛滥、信息传播超量、受众抵触社交媒体等一系列的消极影响面前，我们不能再回到信息封闭的孤岛上，而要运用新的技术手段和信息处理能力，打造一个更加开放、

协同有序的新型网络社会。

一、智能传播效应表现之一:封闭性与开放性的协同

在人类的媒介信息传播中,我们追求的是精确再现的确定性效果,因此在不同的传播阶段我们都试图用不同的技术逻辑来追求合理的传播效果。传统的大众媒介传播是依靠组织权威或媒介公信力实现单向的、封闭的信息传播方式。但是,社交媒体传播回归平台的中介力量,用复杂的关系维系来代替单一的信息补偿,从而建立起一个相对自由和开放的传播新格局。将传统大众媒介传播和社交媒体传播中的诸多问题进行比较可知,在这两种传播体系的迭代和补偿关系中有一对基本矛盾,那就是传播体系的绝对封闭所带来的可控但不可持续现象和绝对开放所产生的自由但不可控之间的矛盾。换句话说,封闭的管制会扼杀民主与活力,而没有组织性的自由则会滋生混乱与极化。无论是哪一种,都不是最合理的媒介信息传播体系,因此我们必须在这两种体系之间设置合适的技术砝码,在开放的民主和混乱之间找到一种平衡,从而在理想和现实之间构建出一种有限开放的最佳智能传播空间。

具体而言,媒介信息传播系统有限开放性的智能协同效应表现在以下三个方面。第一,信源多样化与信息真实性协同。信息的多样性是开放传播系统和用信息量来补偿信息不确定性的必要条件;但是,信息量的急剧增加可能会引发信息的不可辨别性和虚假信息的问题。当基于熟人关系的信息共享模式取代了依赖权威的信息把关模式时,用户更倾向于无条件地信任与他们的理解和认知相匹配的信息真实性。中国互联网络信息中心进行的一项相关调查显示,中国的大部分网民对互联网新闻的真实性还没有表现出足够的怀疑和批评,有 60.3%的网民在不确认其真实性的情况下就直接进行了转发,只有 25.7%的网民会有意识确认其真实性。上述各种类型的数据反映了在开放获取信息的自由度之后,信息出现了混乱和不真实的问题。需要特别指出的是,传统的人工审查方式已经不能满足海量数据快速传播的需求,这也是日益自主化的媒介使用者所关注的关键问题之一。利用智能技术实现的自动审查,既可以解决传播效率的问题,又能防止不理性信息的干预。在实际的信息传播过程中,以机器为核心的审核方式,代表了结合信息来源的开放性和真实性的创新智能化把关方式,确保了在信源层面上的有限开放性得以实现。以我国为例,诸如微博、微信这样的大型社交媒体平台,都采用了机器检测和过滤系统,以实现对平台上众多信息的自动核实。

第二,信息传播自由与信息传播过度的协同。信息传播系统的绝对封闭性,会使信息传播的民主程度降低,而媒介信息传播系统的完全开放性又会带来信息传播的自由无度。在此背景下,大众传播的理性缺位、传播空间的情绪泛滥以及传播议题娱乐化,遮蔽了多元化诉求下对公共性议题的讨论。在互联网兴起的前十几年,一些文化研究者曾经赋予了网络媒体一种介于公众和国家之间的公共领域性质;在 21 世纪媒体机构和传播平台大量涌现的今天,关于在线论坛和社交媒体"有限公共性",批评的声音不断。社交媒体不仅未能成为一个理想的平台来讨论公共议题,反而逐步变成人们发泄情绪的工具。从 2000 年初的人肉搜索事件开始,到 21 世纪网络暴力问题的加剧,匿名化的自由已从线上扩散到了线下。因此,如何对网络上的开放性言论进行高效的管理和约束,成为一个亟待解决的挑战。有学者就网络论坛上实名、匿名、假名三种不同类型用户对公共议题的评论态度进行了分析,结果

表明实名网民更加理性和客观，而非实名网民则呈现出非理性和暴力的特征。数据显示，中国网民在微博、微信上参与评论的比例高达 62.8%和 50.2%（表 6-3），随着评论与转发逐渐成为人们日常参与网络信息传播的手段，如何运用先进的智能技术来平衡传播的自由度与过度传播之间的矛盾，将成为未来网络管理的创新方向。譬如，区块链技术是将数据区块按照时间顺序组合在一起，并通过密码学的方式确保数据不可篡改和伪造的分布式数据库。通过运用区块链和大数据等先进技术，我们能够将恶意传播信息的行为永久地记录在用户的传播档案中。与此同时，区块链主要关注微观数据的生成和传播，其独特的、不可篡改的技术属性能够有效地避免机器伪造和欺诈等技术问题，确保每一条信息都能被追踪和溯源。通过这种方式，我们可以在隔绝人工监控和审查机制干预的前提下，提高公众对数字技术本身的信赖度，从而降低网络暴力和信息传播失控的可能性。

表 6-3　2016 年网民对互联网评论比例

行为表现	所占比例
用社交媒体获取新闻资讯	90.7%
在微信上参与新闻评论	62.8%
在微博上参与新闻评论	50.2%

第三，信息获取权与信息屏蔽权的协同。正如前文所述，数字技术对个人表达和传播信息的欲望与需求进行了释放，使信息的生产和传播效率得到了提升，然而它并没有赋予个人，即产消者，同等的选择和接收信息的权利。大量信息在网络中毫无节制地肆意传播，这不仅加大了个人获取信息内容和价值的难度，而且削弱了通过信息量来抑制信息噪声的效果。仍然是以传播者的传播目标为主导而对信息接收者有选择地忽视的做法，并不会促进媒介信息传播体系的健康发展。我们应当以技术为依托，确保传播主体在获取信息的自由和能力上，同时也享有选择和屏蔽信息的权利。例如，利用区块链技术，每个个体都可以在同一个数据标准的基础上，建立属于自己的、独一无二的数字档案并拥有自己的数据管理权。如此，任何人、应用软件、公司、组织都必须经过用户的同意才能使用个人数据。目前，像 Uport 这样成功管理个人数字信息的例子在行业中不断涌现。每个使用 Uport 的用户，都会拥有一个以太坊账户。用户可以修改自己的姓名、邮箱、头像、电话号码、国籍等个人资料，并可以对他人访问该隐私数据进行授权或拒绝。在此背景下，智能传播并未回避数字时代的信息共享和信息选择等问题，而以高效的技术管理方式，实现了信息获取和信息屏蔽复杂互动关系的平衡。

二、智能传播效应表现之二：人与机器的协同

虽然在现代媒介信息传播系统中，社交传播现象发生在人与人之间是默认的，但它自始至终都包括了两种不同的参与者：一种是作为信息传播的主体的人，另一种是作为传播工具的技术。人是信息传播的主体，使得传播过程具有了温度和深度，而技术工具的引入则显著地增强了传播的效果和影响力。传统的大众媒介犹如一只吹响的号角，它在牺牲个性化的

前提下过分追求信息传播的高效性和统一性;社交媒体通过构建理想的传播蓝图,使得准确获取和有效解读信息变得更加困难。人与机器的相互协作,是当代社会中一种普遍存在的现象,也是当代媒介信息传播的一种基本方式。因此,在媒介信息传播系统中,人力主导的低效率和不理性现象与技术主导的高效率但无法控制的隐患是持续的纠缠和博弈的第二对矛盾,这也是核心矛盾。鉴于大众传媒中的人性匮乏和社交媒体中的理性缺失,未来的智能传播策略将以重塑人的主体性为核心目标,努力协调人类物化和技术人化之间的不确定主体间关系,以寻求更加理想的人机协作和传播效果。

从一定意义上说,人的物化是必然的,但是技术的人化必须是可控的。协同人机关系可以被拆解为三个逻辑递进的互联问题。第一,当技术人化到何种程度时,我们可以将其视为传播主体?技术的人化可以分为三个阶段,即模拟人类大脑、模拟人类行为和模拟整体进化机制。因为机器具有远超人脑的储存和处理信息的能力,它在单个维度上的人化功能也远远超过了人类智能所能达到的程度。美国心理学家霍华德·加德纳(Howard Gardner)对单一的智力测验方法进行了批判,并提出了多元智能理论。他认为人类的智能水平是多样的,它至少划分成六大类别,分别是:语言智能(linguistic intelligence)、音乐智能(musical intelligence)、逻辑数学智能(logical-mathematical intelligence)、空间智能(spatial intelligence)、肢体运作智能(bodily-kinesthetic intelligence)、人际智能(personal intelligence)等(Gardner et al, 1989)。多元智能理论的重要意义是人类智能理论既可划分为不同的水平,又具有整体性、进化性和个人独特性。所以,一部能够被看作具有自主性的传播主体的机器应该具备以下三个基本条件:第一,自主收集、生产、传播和再现信息,即传播生产自动化;第二,自主进化、自我迭代,即适应环境、应对新兴事物;第三,拥有异于人类思维的机器思维或者超越人类智能的特殊能力。目前绝大多数的智能机器都已在技术层面达到了前两个条件,少数机器也开始表现出与人类智能或伦理不同的自主思维。从这一点可以看出,机器已经可以被看作一个独立的传播主体,因此我们必须改变传统的机器客体观念,将它看作可以交流的拟人主体或非人主体。

第二,机器主体性在跨人际主题传播中如何影响人类主体性?在确认了机器可以被看作一种自主传播主体之后,我们就有必要对机器主体的产生所带来的影响进行深入的探讨。一些学者指出,人和机器之间的关系并非简单的单一关系,而表现出复杂的特征。对于从初级到高级不断发展的智能机器主体来说,初级机器主体可以在单一维度上超过人类主体,比如物流行业的智能分拣机器人可以准确地将每一个快递安放在规定位置;那些智能主播等人形机器人则是超越了人类智能的身体局限,可以不知疲倦地日夜工作。而持续进化发展的机器主体,甚至可以对人类主体进行更深层次的物化乃至操纵,消解人类主体性,将其简化成计算主义虚拟世界的数据人或虚拟人,成为随时随地可以生产并提供数据原材料的主导生产力。我们必须提前预见到的是,机器主体对人类主体的威胁,并不仅仅是对人类主体功能表现的超越和对其思想的改造,还体现为可能存在的主体排他性和完全取代性。被智能技术改造过的多元主体,不仅包括了与人类主体完全不同的新机器主体,而且包括了被重新构建和改造过的非传统人类主体。无论何种主体,其存在都将意味着人的理性特性和对社会支配控制力的部分丧失,乃至彻底消失。

第三,怎样才能阻止人类主体被全面替代和机器主体的不可知危机?无论是人类主体还是机器主体,他们的发展都是基于自身的利益和生存环境的发展逻辑来进行的。技术本身并不是“价值中立”的,技术与其所创造的事物不完全受制于他人,具有其独特的衡量标准。如果机器主体必须对自己的行为负责,并将道德标准作为行动纲领,那么它就不可能将人类主体的发展、人类社会的利益作为自己的目的,它的价值标准只能是机器自身的利益。在责任划分和道德定义的层次上,人的准则与机器的准则存在着一定的矛盾与冲突。在不断加深的人机协作的智能传播活动中,人类主体被机器主体超越和物化,这是一种历史的必然性,但是是否被彻底替代,却要看在当前阶段是否重新以人类发展为目的进行合理调控。尽管在单一理性上,机器主体肯定要远远超过人类主体,但是人类主体中那些难以计算的与道德、情感、主观认知紧密联系在一起的非理性因素,是机器主体难以模仿和突破的。值得指出的是,尽管机器主体很难产生和人相似的情感经验;然而,智能机器也会带来延伸人类智能、分担人类主体任务的重要作用,同时也会给理解人类情感认知等未知领域提供研究机会。在机器模仿人类智能不断向思维认知层面进行深入的过程中,为了更好地理解机器主体,人类智能主体需要向思维、情感、意图等深度层面不断解构、重组和再构。在未来的智能传播过程中,我们首先应加强与智能机器主体等他者智能的沟通和了解,从而减少人类智能的固有负担,更好地应对未知主体行为和危机。其次,为了确保人的主体性不被完全取代,我们就必须持续提升自己的智能能力,深入挖掘自身智能的独特性,并与机器智能实现和谐互补、共同进步。

综上,智能传播改变了人与人之间的信息交流现象,并将它扩展到了人与人、物与物、人与物的跨人际主体交流范畴。为了协同人机交流的新常态,必须从功能层面厘清机器主体所能触及的智能界限;从传播关系层面梳理机器主体对人类主体的特定影响;并且从本体论哲学层面重新界定人类主体与机器主体在传播现象中的边界和责任。只有深刻认识人类和机器共同创造的意义空间,才能更有效地应对未来智能传播带来的种种挑战。

第四节　智能传播追求平衡与协同

一、信息自由与传播秩序的动态平衡

由大众媒介向社交媒体甚至智能媒体传播的发展过程中,信息生产及其传播活动有一对基本的矛盾——信息自由和传播秩序的矛盾。一方面,信息这一基本资源价值的产生取决于它自由不受阻碍的流通行为;而另一方面,由于完全放任信息自由发展所造成的失序乱象,迫切需要人为力量的介入与管控。一些学者曾经注意到,把信息作为一种重要资源来利用的社会就是一组信息秩序失序、再建、再失序的过程。进一步来说,失序是指活力,秩序则决定稳态。既不能盲目追求媒介信息传播系统的稳定性,又不能排斥潜在的创新机会。总的来看,智能传播在单一追求传播秩序的大众媒介传播和信息自由的社交媒体传播的基础上,会把维护信息自由和传播秩序之间的基本平衡作为一个重要的发展目标。它将在整合信息自组织进化力量和传播系统递归性上升张力的智能发展战略下,推动人类媒介信息传播系统螺旋式增长和叠加式创新。

（一）保证信息自由流通、高效选择和有效使用

信息自由不仅有利于信息本身的发展，而且还是人本身和社会运转的重要基础。对前一种情况来说，只有保证它的自由流通，才有可能使信息这一社会资源发挥巨大价值；而就后一种情况而言，信息自由不仅是人的基本权利，而且还是许多国家所追求的各项自由权利中最重要的。智能传播旨在实现信息自由的发展，它既是大众媒介传播到社交媒体传播一以贯之的信息传播导向，又在信息自由内涵中增加了很多全新的重要方面。

一是，信息要求自由流通。仅从人类媒介的信息传播活动来看，信息的自由流通体现为生产及传播的自由和流通渠道的畅通。生产和传播自由早在社交媒体传播时代就已经得到了技术层面上的有效解决，每个人都可以参与其中的信息生产，传播平台使传统媒介组织必须摒弃逐一甄别和人工审查传播信息。但由于各大互联网技术公司掌握着绝大部分信息监管权并有通过商业牟利渠道破坏公众信息知情权等问题，因此，一些信息流通受阻，急需智能传播系统在技术约束上进行补偿与完善。而有关智能传播时代的信息流通渠道，既有横向流动通道逐渐被人们的关系网络所开启，又有自上而下和自下而上的传播渠道在越来越四通八达的互联网络影响下传递无碍。如果说社交媒体时代的信息自由体现为生产自由和反馈自由的话，智能传播时代信息自由又向前推进了一步，集中表现为不易被篡改的机器约束和更民主性的自下而上的传播。

二是，信息可以高效选择。一般而言，主流学者认为信息自由有两层意思，从广义来说是指信息自由传播的意思，它包括对信息和观念的自由追求以及传递；但从狭义来说，它特指信息获取自由，也就是信息知情权（黄建友，2018）。智能传播使信息自由的含义得以充实，并特别注重信息在个体层面上的自由选择。具体地说，就是在广泛的社会知情权和表达权背景下，个体期望一方面可以根据自我喜好对信息进行自由选择，有足够宽的信息选择范围，也就是有足够大的信息存量；另一方面，经常处于选择困境中的个体也同样期许机器能够在基础和多元的个体日常化标签上承载起一部分常规性的信息选择权以释放个体的有限能量。人类在畅想着绝对选择自由的同时，也常常被困在内心秩序和社会秩序的牢笼里。假使智能传播能更好地平衡信息存量自由和信息高效选择这对矛盾，它将成为人类智能所梦想的自由情景。迄今为止，今日头条所代表的高品质信息推送功能和智能化的信息管理平台都在向高效选择信息的自由努力，假以时日，人们似乎能期望理想的传播图景逐一得以实现。

三是，信息能被有效使用。自互联网技术给予每个个体以信息生产和传播的工具，其同时也增加了信息被创造与再造的可能性与积极性。因此，以信息传播自由和选择自由为前提的信息创造自由，就成了人类智能传播阶段的一个崭新目标。建构个体利用和再造信息的和谐环境需满足两大前提条件，同时它也将成为智能传播所特有的主要发展目标之一。首先，作为再造原材料的大量信息一定是可信的，即降低基础信息原料的虚假和无效信息存量。智能传播的机器筛查和区块链技术已经和人类把关人一起投入信息审查这一艰巨的工作。2018 年 8 月 29 日，由中央网信办违法和不良信息举报中心主办、新华网承办的权威平台——中国互联网联合辟谣平台正式上线，这表明中国互联网信息治理工程进入了一个全新阶段。同时，以微博和微信等为代表的全国重要社交媒体平台建立了谣言自动审核和日

推送机制。其次,合理地对个体信息进行管理,也会有利于高效地利用信息。当前已经有许多互联网公司和科技平台发布个人信息管理软件,国家也颁布了各种个人信息管理相关法规。但个体信息被滥用的情况依然存在,其原因在于个体自我信息管理意识与能力还有所欠缺。智能信息传播或者将区块链技术作为底层技术引入不可篡改、须经个人授权管理的个人信息账簿,这一举措也许可以消解和平衡个人隐私和信息利用这对现有冲突。

(二)构建科学预测、智能预警的传播秩序

不管是后来出现的新信息自由主义者,还是一直以来对信息自由持有谨慎和批判观点的学者代表人物,他们都对信息自由的绝对化表示怀疑。前者将人的理性与社会责任作为准则,为无边无度的信息自由发展确立边界;而后者却简单地抛出了只能有相对信息自由这一悲观论调,转而站在对抗任何潜移默化的信息控制角度来研究一体两面中的信息知情和保护。以这种研究状况而言,构建理性的智能传播秩序一方面要厘清信息自由之界限,另一方面又能充分发挥智能技术的机器自动化预警和调适功能,促使一切可能出现的传播过度行为及时回到理性的边界以内。如此,不仅充分发挥智能机器无穷的体能优势,又避免了人类智能中可能出现的不理智行为。

在科学预测层面,智能传播系统就是少数模式化和高度不确定性现象的一个复杂集合,仅仅依靠人的有限脑力和内在思维定式很难处理互联网络中瞬息万变的信息。故而,必须借助计算机的大数据统计与云计算模型,对社会舆情走势以及潜在的舆论危机合理预测。智能传播中科学预测创新有两方面:一是用海量数据代替抽样数据,使得数据搜集更有效、更科学。依靠大数据技术进行智能传播,能够捕捉微博、微信、网络论坛、新闻网站上遍布网络的大量信息;与此同时,在机器自动化清洗模式的辅助下,我们可将虚假信息或者无效信息进行及时清洗,形成一个以全数据为基础、以互联关系为特征的客观舆情面貌。二是用机器标准代替人的标准把因果关系变成关联关系。人的脑力对信息的加工常常表现出思维的局限性和滞后性;而机器智能则在这一方面体现出预测性和高效性等优点。智能传播所倚重的云计算功能能够在较短的时间内剖析和揭示海量数据间的隐藏关系、潜在格局和未来发展趋势,进而改变传统媒介信息传播滞后的现状,使得全新智能信息传播更具有揭示性、动态性和警示性。

在智能预警层面,与传统传播系统中"一刀切"的信息控制机制相比,智能传播可以利用智能机器的威力对信息传播的发生、发展到巅峰、衰落的全过程进行详细的分析,因此可以有针对性地分层治之并建立科学的预警制度来进行不同层面的预警。具体来讲,可根据个体传播领袖设置相应的自动筛查制度对个体煽动所造成的舆论扩散进行及时预警;或者在传播链路的基础上,建构一个以关键词和关键事件为主导的传播预警机制来有效估计事件发生的可能趋势,及时地给予舆论引导。另外,以情绪积累和负面情绪突发为基础的预警识别机制也会成为智能预警制所能涉及的特定层次。智能传播依靠机构互联、平台互联和万物互联网等技术并基于分层管理,可以在短期内实现预警信息与不同受众的准确匹配,从而达到更佳传播效果。简言之,智能传播预警机制不是对大众媒介传播的一种压制性调控,更不是对社交媒体传播的听之任之,它充分发挥了智能技术所具有的科学性和合理性,使信息能够在确保自身自由流通的基础上进行适时预测、实时分析和合理传播。

二、现实社会与虚拟世界的协同发展

人类所处的现实社会存在着许多的不足之处。不只是不断出现的新事物在社会中盛行，更重要的是由于人类固有的中心主义思维，我们与其他生命或非生命实体之间的关系充满了巨大的不确定性。为了维持一种持续的优越感，人类创造了许多的人工物，这些人工物不仅确保了人类社会的高效运转，还修补了人类身体的各种缺陷；从另一个角度来看，人类也在尝试以造世主的身份再次构建一个表面上完全受人类控制、可防可控的虚拟世界。在这个世界中，经过驯化的机器、基于现代人类的后人类实体以及其他多种主体的行为，都必须遵循人类的造世伦理。而智能化信息传播是一个关键环节，它连接着尚未崩坏的现实社会和仍在修复中的虚拟世界以及不同主体之间的关系。因此，将两个不同的世界、同一主体的不同形态以及不同主体间的协同发展联系起来，已经成了智能传播的核心目标，或者说是其中最为理想的目标之一。

（一）智能传播促使现实社会与虚拟世界互联和耦合

人们试图适应的实际社会环境与他们在人工物的辅助下构建的虚拟世界之间，并不是完全独立的，而是存在一种紧密相连、不可割裂的关系。在大多数情况下，虚拟世界是基于真实世界进行创作的，几乎所有的虚拟存在都可以在实际生活中找到它们的来源；在虚拟世界中，现实社会放弃了其固有的限制和不平等的问题，努力为人类创造一个理想的生活绿洲。尽管现实社会与虚拟世界在起源上是相同的，但考虑到它们之间的巨大发展差异，逐渐出现了两者发展的不平衡，甚至出现了偏重某一方面而忽视另一方面的情况。现实社会中许多默默不得志的人选择将自己困在虚拟世界的避风港，他们还过度沉迷于网络，荒废了现实创造；虚拟世界因其高度的便利性和生存廉价性，使得社会数字经济崭露头角，对充满风险的实体经济发展构成了持续的挑战。

提前做好准备并充分利用智能技术和智能传播的优点，而不仅仅关注可能出现的问题，加速两个世界之间的互联互通和协同发展，已经成为一项重要举措。迄今为止，众多的互联网大公司都在努力构建一个虚拟与实际相结合的发展策略。例如，以阿里巴巴集团为首的互联网巨头已经推出了如失踪人口追踪系统、线上扶贫扶农政策以及蚂蚁森林公益项目等多种机制。其目标是充分利用智能技术在数据连接和分析上的优势，促进现实与虚拟世界之间的紧密联系，共同发展，而不仅仅是潜在的替代风险。

（二）智能传播调节人类主体在现实与虚拟世界中一体两面的合理性

从人类社会被划分为两个紧密相连的现实和虚拟世界开始，人类作为这两大世界的共同存在开始展现出现实与虚拟共存的双重特性。人类的现实主体性与虚拟主体性各有特点。前者建立在经验性的社会知识和社会行为之上，其所展现出的不确定性主要体现在真实性、局限性和感性这几个方面；而后者则通过摒弃现实主体的各种身体限制和社会异化，在超真实的虚拟世界中展示出与真实人类不同的完整性、可控性甚至超能性。

令人关注的是，虚拟主体的出现并不意味着人们的现实主体性的削弱或消失。相对来说，我们不应该让过于完美和存在各种可能的虚拟主体主导现实主体；反之，我们需要深入了解现实主体性所具有的独特价值和其存在的合理性，从而促使现实主体与虚拟主体能够相互促进并且共同发展。因此，从实践和理论两个层面上来看，人类的现实性与虚拟性均展现出辩证的统一性和互相促进的价值和意义。在智能技术的指导下的准确传播行为不仅使虚拟主体的形象更为完整，而且有效地补充和重构了现实主体的不足。这为虚拟主体与现实主体之间的信息传播搭建了一个有效的桥梁，不仅解决了两者之间的矛盾和冲突，还加强了后人类主体之间的虚实互通和共生发展的合理性。如今，无论真实世界还是科幻文学领域，都出现了许多利用云技术来储存大脑智能和实现人类永生的实例。在不远的未来，能够在虚拟世界与现实世界之间自由切换的人类智能有可能通过先进的智能技术和智能信息传播体系得以实现。

思考题

第一节

1. 关于大众媒介信息传播的依附效果，请结合现实分析其产生的影响。

2. 关于组织权威性，请总结组织化传播模式及其权威性带来的现实意义。

第二节

1. 请比较筛选式汇聚、原生式汇聚和综合式汇聚的区别及其各自的优势与不足。

2. 你是否有通过社交媒体与陌生网友建立弱连接关系的经历？请思考社交媒体对该经历的影响。

3. 通过比较社交媒体的正效应和负效应并结合实际，你认为何者作用力更强并简要说明理由。

第三节

1. 请简述传统大众媒介传播中的权威媒介组织该如何面对封闭性和开放性协同带来的挑战。

2. 关于人与机器的协同，你认为当下人类是否为了提升传播的效率和影响范围而被诸如 AI、AR 等新技术所束缚？请简要说明理由。

第四节

1. 请结合实际分析当前我国信息传播的现状，并就其处理信息自由与传播秩序这一核心矛盾的做法提出意见。

2. 关于现实社会与虚拟世界的协同发展，结合个人实际简述你对现实社会与虚拟社会互联乃至后人类主体虚实互通的理解。

第七章　网络化社会与其治理机制

以不断革新进步的信息技术和逐步构建发展的社会网络为基础,人类社会逐渐进入网络化社会发展阶段。伴随着网络化社会的不断发展演进,社会各个层面,例如技术媒介、社会系统、文化导向、主权管辖和发展观念等,都呈现出诸多变化。在很大程度上,网络化的发展趋势带来了逐渐多中心、多元化和扁平化的社会结构和日益开放化、跨域化和虚拟化的社会特征。面对日益高度复杂化和不确定化的网络化社会背景,为了使社会公共事务得到高效的治理,同时也作为对传统科层制和市场化社会治理模式所体现出的缺陷和弊端的反思,网络化治理模式逐渐兴起和发展。网络化治理主张依托政府、市场和社会等治理主体,构建多元行动者广泛参与的柔性关系网络,并形成相对制度化的治理结构。在网络化治理模式中,多元行动者共同参与社会治理,为实现公共价值而采取联合行动,进而为社会提供更为优质的公共产品和公共服务。这一新型治理模式表现出开放式的治理过程和网络化的治理结构,体现出独特的理论与实践价值。同时,作为一种新型社会治理模式和系统性工程,网络化治理受到理念、主体、客体和介体等诸多方面的影响,对这些影响因素的分析、讨论和合适处理,有助于提高复杂社会背景下网络化治理的成效。

第一节　网络化社会与网络治理的内涵

一、网络化社会

(一)网络化社会的基本界定

网络化社会是一种新的社会形态,形成于 20 世纪 70 年代。网络的构建来源于节点之间的相互连接,节点指的是关系曲线与自身的相交之处。因此,网络化社会的形成在很大程度上源于各个社会组织、各种层面的社会变化以及由数字通信技术所建构的技术模式之间的相互作用。在此意义上,网络化社会以信息技术的发展与革新作为技术层面上的基础,是在社会网络与信息技术网络二者共同影响下形成的社会共同体。其结构体现出多中心、多元化和扁平化的发展趋势。换句话说,网络化社会是指在信息技术迅速发展的背景下,社会结构、组织、交流和生活方式等方面受到互联网和数字技术的影响,从而逐渐形成的一个高度互联的社会模式。这一社会模式的基本特征包括信息的数字化、广泛的网络连接、数字技术的普及、虚拟与现实的融合以及信息的快速传播。

发生在诸多层面的社会变革共同推动了网络化社会结构的形成与发展。经济模式、社会运动和技术革命等要素在相互作用中共同形成了网络化社会的基础。具体而言,资本主义与社会主义两种生产模式、20 世纪 60 年代初期以来有目标的社会文化运动、信息技术革命,这三者在相互作用的过程中引发社会结构层面的深度变革,进而塑造了网络化社会的基本形态。在网络中的现身或缺席、各网络相对于其他网络的动态关系等，都对社会的支配与变迁产生关键影响。值得注意的是，网络化社会中的“网络”应当被理解为一种社会结构，它以“网络化逻辑”塑造和支配自身。这一逻辑在社会形态中的扩散式嵌入实质性地改变了生产、经验、权力与文化的运作过程。与传统社会相比，网络化社会主要涉及以下层面的变化。

1. 技术媒介

网络化社会的形成和发展是以信息技术为基础的，其社会结构也进一步表征了技术媒介的广泛在场及其带来的深刻社会变革。与传统媒介相比，以互联网为代表的媒介技术实现了超越时空限制的脱域性，这使得在一个适度延伸的广阔空间中建立社会关系和进行社会交往成为可能。

2. 社会系统

随着全球化进程的加速，世界范围内的各个组织单元逐渐从相对孤立的状态转变为作为组织体系内的一部分而存在，成为网络化社会的节点（Nodes）。一个节点通过与其他节点相联系，能够提供和获取信息，对其他节点施加影响并降低自身被网络排除的可能性。这些节点通过网络化链条实现有机联系，在交流互动过程中创造出超越节点本身属性和价值的、信息与资源层面的集约效应。

3. 文化导向

在网络化社会中，以往各自独立发展的文化系统被纳入更为宏观的视野。在多元文化的网络化交织中，占据主导地位的文化表现，通过信息技术媒介，以电子化超文本的形式对其他节点文化产生影响，从而为其他资源和信息的符号化处理提供了共同参考。

4. 主权管辖

在网络化背景下，社会公共事务治理的跨越性与多层性特征愈发突出，主权国家权力逐渐呈现出上收和下放的发展趋势。卡斯特甚至指出的是，全球范围内经济、信息和交往的网络化发展趋势，在某种程度上，可能推动主权国家走向消亡（Castells，2000）。在此意义上，超国家主义的网络社会观将网络化社会视作一个超越了国家观念和秩序的新现实。

5. 发展观念

在网络化社会中，随着科学知识的发展进步，以往工业化时代背景下人们对文化与自然之间关系的认知得到重新定义，生态观念逐步融入人类社会的发展理念，进而在一定程度上影响和塑造了人们在生活、生产、消费和自我感知等方面的行为模式（Castells，2000）。

（二）网络化社会的基本特征

网络化社会的基本特征主要表现在三个维度。

1. 开放和去中心化

从其结构而言，网络化社会具有高度的开放性，能够在无限拓展和连通的过程中，以分享共同的符码（例如价值或目标）为基础，吸纳并整合新的网络节点。类似地，从更加宏观的视角出发，各类社会网络在维持其内部开放性的同时，通过节点的相互连接，实现了各网络的交织与重合，从而在更广泛的范围内推动着网络化社会的开放性，实现了在这种开放性背景下社会的动态平衡。这种开放性特征的实现与维持则涉及网络化社会中权力的去中心化趋势。开放的网络化社会改变了政府作为单一主体进行社会治理的传统模式，社会治理主体呈现出多元化格局。正如后现代主义的网络社会观所指出的，网络社会是一个消除了一切中心、结构、主流、界限和监控而经由集体行动逻辑所建构起来的公共空间或领域。在此空间或领域中，权力的去中心化趋势与格局既深刻反映，也在很大程度上推动了多元主体在社会公共事务治理的参与和行动。

2. 跨域和自由流动

信息技术及其发展革新在网络化社会的形成和发展过程中发挥了重要作用。信息通信技术的广泛应用使得信息流的传输速度极大提升，传播范围极大扩张，相对应地，人们所感知到的时空界限被极大程度地压缩，现实中物理层面的距离感在网络空间中趋于消失。由此，人与人之间的交往逐步摆脱了物理层面的时空限制，实现了从面对面互动到隐匿身体存在的缺场交往模式的变迁（刘少杰，2012）。这种跨域性和自由流动性的社会形态特征给社会公共事务的治理带来了两方面的影响。一是传统社会结构中以行政单位为主导的严格行政管理方式，已逐渐不能满足网络化社会中公共事务治理的实际需求。因此，打破行政管理的界限，并推动政府、市场、社会乃至公民个体等多行动主体协作治理成为必然趋势。二是公共事务治理正逐步弱化国家意义上的地域界限，在全球化网络中，人口、资源、技术、文化等诸多要素实现自由流动。

3. 虚拟和深度交互

在网络化社会发展进程中，随着信息技术的发展和普及，人们交往和互动的场所逐渐从过去实在具体的物质性空间向基于数字技术建构起的虚拟化空间方向发展。在此意义上，网络化社会体现出虚拟化和交互性的特征。需要指出的是，这里所说的虚拟性是相对的、在一定程度上的，并非网络化社会脱离实在的物质基础而独立存在的，相反，即使是通常被视为虚拟的互联网人际交往，其背后也有服务器、电缆、终端等实在物质基础所组成的网络系统作为支撑。在网络化社会中，物质空间包括作为地点的空间和流动的空间。流动性空间的广泛存在为人们更加便捷地建立和维持交互关系提供了条件。人们的交往活动对物质性空间依赖程度的减轻也在很大程度上拓展了网络化社会形态中交往和互动的深度与广度。

（三）网络化社会的概念意涵

网络化社会是一个相对模糊的概念，与之类似的还有虚拟社会、信息化社会、网络社会、赛博社会、数字化社会等。这种称谓层面的多样化实际上反映出其内涵指涉的模糊性。鉴于网络化社会概念在意涵上的多层次性，我们有必要对这一概念进行一个大致界定。总体而言，这一概念涉及网络化社会、互联网社会以及互联网社群等三个不同类型（冯务中等，2008）。

1. 网络化社会

这一意义上的网络化社会（network society）与“信息社会”或者“后工业社会”等概念在内涵上有一定接近性，特指与农业社会和工业社会相对应的一种新的技术社会形态。一般来讲，我们认为以计算机和互联网为代表的数字信息技术在网络化社会的形成与发展过程中起着十分关键的作用。以信息技术范式为基础，网络化社会得以形成。但实际上，社会结构层面的网络化社会的形成在时间上要先于以互联网技术为基础和架构的网络化社会。从整体社会形态的宏观视野层面来考察网络化社会，所谓“网络”并非技术意义上的互联网，而是社会关系网络，即人与人之间网络化关系的形成和建构。而互联网的出现和发展则是在技术层面，推动着社会关系网络在更为广阔的时空范围内实现有效建构与运行。进而，信息时代的支配性功能和过程不断以网络来组织社会结构，网络化逻辑深刻而普遍地嵌入社会发展的过程，在很大程度上改变了人类社会的运作模式。

2. 互联网社会

网络化社会的第二层含义是指基于信息网络技术而形成的互联网社会。互联网的出现与发展为网络化社会提供了重要的技术支持，这在很大程度上导致我们在谈及网络化社会的词汇或概念时，更多地认为，甚至默认谈论的是互联网信息平台。在这一意义上，网络化社会是在互联网技术催生的网络虚拟化空间中，人们交流互动过程中产生并维持的一种社会形式，是对互联网空间的社会性表述。互联网社会具有社会意义上的关系性、人际性和信息性。通过人际信息传递，互联网社会中的物与物、人与物、人与人乃至国家与国家得以相互联系，从而形成海量的或直接或间接或强或弱的关系存在（冯务中等，2008）。形式上，互联网社会是电脑网络（computer network）节点的广泛连接，是一个“实在”的社会场域。而本质上，互联网社会反映了人际信息交互的社会网络（social network），是网络化社会的逻辑“缩影”（郑中玉、何明升，2004）。从互联网社会和网络化社会这两层概念意涵的关系来看，在互联网社会的发展过程中，信息技术的运用使得人们能够超脱物理层面的时空限制与他者进行广泛连接，网络化社会在世界范围内的建构与维持得以实现。

3. 互联网社群

在第三个层面上，网络化社会的概念被用来指称互联网空间中具体的互联网社群（cyber-community）。互联网社群作为一个互动交流平台，是由具有不特定相似性（如地域、年龄、兴趣、价值观等）的人们在互联网空间中组织起来并加以维护的群体。他们基于一定程度上的共识或各种层面上的相似性，通过在网络空间进行持续的讨论、分享、关怀等交往行为，建立个人关系并形成规模较小的集合体。互联网社群与互联网社会都依托于互联网技术而存在和发展，但两者有着范围上的差异。互联网社会在宏观意义上指称整个互联网空间所构成的社会形态；而互联网社群则在微观意义上指称互联网空间中具体的虚拟社群和社区，如微博超话、微信群聊等。换句话说，互联网社群是从属于互联网社会的更小单元。就其功能而言，互联网社群为其成员提供三种价值：交换信息、分享经验或教训，求助或帮助他人。互联网社群通过以上述三种途径为代表的网络，将其成员连接起来并向外拓展，纳入新的节点。

二、网络化治理

（一）网络化治理的定义

网络化治理是一种与科层治理和市场治理相对的新型社会治理机制。网络化治理以实现公共价值为目的。在制度化的框架中，政府和非政府部门等多元化的行动者共同参与、相互依存并开展协商合作。网络化治理一方面体现在社会网络中参与者之间既相互独立又彼此依赖的横向关系，另一方面反映在社会网络赖以建立和运行的制度与逻辑（陈剩勇等，

2012）。网络化治理结合了第三方政府的公私合作特性与协同政府在网络管理能力上的优势，同时通过数字化革命带来的信息技术将众多网络连接起来，从而使得公民的公共物品需求得到更好满足。这在一定程度上反映了第三方政府、协同政府、数字化革命以及消费者需求等四种公共管理发展趋势的合流。

网络化治理的独特性是在与科层治理和市场治理模式的对比过程中逐渐取得的。与科层治理相比，网络化治理摒弃了等级化的从属关系，其治理结构更加扁平化；与市场治理相比，网络化治理主体间的关系并非相互竞争，而是协商合作。

（二）网络化治理的特征

1. 相互依赖的行为主体

组织行为学认为，身处同一组织的各行为者能够管控彼此之间的分歧并开展合作治理的前提和关键，在于处理问题的现实需要和协商合作的主观意愿。在网络化社会背景下，公共事务治理变得日益复杂，治理主体所面对的资源要素的数量大幅提高，资源配置的难度显著提升。在这种情况下，任何单一主体的治理实践都难以独立而高效地实现公共事务治理的目标。由于解决公共问题并实现公共价值所依赖的资源属于不同主体，网络化治理主体间逐步建立起相互依赖和横向互惠的关系。这种高度的相互依赖性具有重要意义，反映在社会公共事务治理网络中，它加强了行为者之间的协作关系，减少了机会主义行为，有利于走出集体行动的困境。在此意义上，网络化治理可被视作理性而自利的行为者为了在碎片化公共部门中实现对资源合理而高效的利用所作出的战略性回应。而网络化治理之所以能实现公共事务治理体系中主体的多元化和广泛性，在很大程度上基于多元主体在资源层面上的相互依赖。

2. 公共价值的核心地位

对于集体行动而言，一致或相似的目标有助于改善多元主体在行动中的表现。就网络化治理而言，作为一种社会治理模式，各参与主体在目标层面基本或在某种程度上达成一致，是其得以构建和运行的重要前提。

共处网络之中的多元行为主体在持有网络层面的共同治理目标的同时，也保留了各自的不同目标。这些治理主体不同的特殊目标与利益诉求展现出多元而复杂的格局。作为网络参与者的目标、行为者的自身使命以及网络层面的共同目标，这三者之间的差异越大，网络越复杂，目标层面的一致性越难达成，各行为者的集体行动的实现就越困难。

从公共价值管理模式的视角看，网络化治理一改传统社会治理模式对公民社会和公民主体性的忽视，通过多元行动者的协商合作，影响政策的制定与执行，进而实现公共价值再生产。在此过程中，公共价值一方面作为网络化治理的最终目标，为各行为主体提供共同的价值指引。另一方面通过对差异化目标间的冲突性的缓和，实现了共处网络中的多元主体之间的彼此黏合。在网络化治理中，公共价值的核心地位正在于此。

3. 多元协商的治理格局

在现代社会的发展过程中，政府所面临的，以医疗保障、区域发展和教育公平等为代表的社会问题日益复杂和严峻。而伴随着权力的分散化、社会的多元化以及组织边界的模糊化趋势，政府作为单一主体进行社会治理的难度显著提升。这样的客观现实需要一种比传统政府机构更加灵活、更具包容性的治理机制。

作为对社会公共事务治理方面的现实问题的回应，网络化治理涉及政府、政治团体、企业组织、社会团体以及公民个人等诸多主体的广泛参与，因此类似于一种"多中心治理"模式。身处网络中的各行为主体就社会公共事务治理的现实需求，共享信息与资源、交换观点与思路、协商利益与目标，进而通过有效的集体决策与行动达成预期的治理目标。在这一过程中，通过保持多元化和开放性的特征，网络化治理在最大程度上将社会公共事务所涉及的多方利益相关者纳入治理体系，从而建构起多元协商的治理格局。

4. 相对制度化的运行模式

网络化治理的运行模式是相对制度化的。相对于传统的社会治理模式，网络化治理的主体更加多元，这些共处网络中的多元行为者，在治理过程中需要采取集体行动以实现治理目标。而在制度真空之中，多元化的主体无法实现有序且有效的协商互动。因此，为了提高现代社会的可治理性，网络化治理需要制度化的体系框架作为基础和支撑。

然而，现代社会治理是复杂的，由于面临的棘手公共事务（wicked problems）具有高度的不确定性，网络化治理难以构建一个固化的制度框架和体系来将多元主体的治理行为限定在特定的规则和过程之中，而只能在相对制度化的运行模式之中，更强调制度框架和体系的灵活性。

在这样的运行模式之下，网络化治理将利益相关的行为主体纳入集体行动体系，强调行为主体在责任分配方面达成协议，根据具体情况对社会公共事务进行针对性治理。在此意义上，这种制度化和去制度化的过程，为网络行为者之间开展协商共治，构建了一种规范性与可调控性并存的运行框架。

5. 难以预测的治理结果

从现实需要来看，网络化治理是对现代社会日益碎片化、复杂化和动态化发展趋势的回应，其主要目的是实现对现代社会的有效治理。然而，正如有学者批评的那样，网络化治理"不能为政策过程的结果提供解释"（Klijn et al, 2000）。换句话说，网络化治理在政策过程及其结果中表现出复杂而不可预测的属性和特征。这主要有两个方面的原因。

一是网络化治理所要治理的问题层面。棘手公共事务具有复杂的社会内涵，很难对其进行清晰的概念界定和准确的事务归因。在网络化治理过程中，对于这类问题，治理主体往往无法直接采取行之有效的具体策略，只能在相对制度化的体系框架内，通过多元治理主体之间的协商互动，动态而渐进式地探索解决路径。换言之，面对复杂的现实社会环境和棘手的社会公共事务，网络化治理进行的探索性尝试能否实现预期目标，往往难以准确预测。

二是网络化治理的行为主体层面。网络化治理过程中的多元主体在资源层面处于相互依赖和横向互惠的关系，然而这些主体之间也不可避免地会存在价值分歧和利益冲突。与主体单一的传统社会治理模式相比，网络化治理主体之间存在的问题会对网络化治理的结果或直接或间接、或多或少地造成影响，因此网络化治理的结果更多地呈现出难以预测的特点。

（三）网络化治理的类型

从不同的判断标准和维度出发，我们可以把网络化治理分为多种类型。网络化治理，以其动力来源为标准，可分为自生型和外力推动型；以其制度化程度为标准，可分为非正式型和正式型；以其主体关系为标准，可分为组织间型和组织内部门之间型；以其存续时间为标准，可分为短期型和长期型；以其实践范畴为标准，可分为专门型和一般型。以上划分在一定程度上反映了各种网络化治理类型的外在特征，但缺少了对其核心内涵的把握。在此，我们采取基于结构和功能标准进行的类型划分方式，将其分为共享治理网络（shared governance network）、领导组织网络（lead governance network）和网络行政组织（network administrative organization）等三类（Kenis et al，2009）。

1. 共享治理网络

在共享治理网络中，作为节点的多元行动者通过治理网络中的社会化纽带得以连接。这种纽带的运行主要依赖于治理网络中的社会化规则（social norms）。各主体的权威和权力通过网络进行横向分配。

共享治理网络模式主张多组织共同嵌入治理网络中进行协作式的集体行动。相较于传统的科层化治理模式，共享治理网络中不存在专门而正式的行政实体。基于其较高的包容性、灵活性和互动性，在共享治理网络中，充分、积极、面对面的参与行为的深度开展成为可能。然而它也展现出一些不足，如治理效率偏低，仅适用于规模较小、地域集中的网络化治理系统等。同时，该模式对参与者之间的信任程度也提出了较高的要求。

2. 领导组织网络

领导组织网络存在单一组织担任领导者角色。在治理过程中，领导组织在更大程度上掌握权威和权力，并规范和协调其他各组织的行为，作出关键性决定，推动网络层面主要活动的开展，进而实现网络化治理的总体目标。基于这种权力分布的非对称性前提，网络化治理呈现出相对明显的集中化与中介化特征。

从关系结构上来看，与横向的共享治理网络不同，领导组织网络中横向治理网络与垂直组织关系并存。网络中的多元行动者一方面追求自身目标的实现，另一方面也基于某种或某些共识，对自身目标与网络化治理总体目标之间的张力进行动态调适，从而实现自身利益与总体利益的基本平衡。在这一过程中，由于领导组织所具备的更大程度上的权威与权力，以及其在协调多元主体共同进行社会治理过程中所发挥的核心作用，网络化治理的总体目标和最终成效在一定程度上会更加接近于领导组织的自身目标。

3. 网络行政组织

网络行政组织是一个治理实体。网络化治理的多元参与者以点线状的关系链条进行交流、互动和协作，它们的主要行为和关键决策由一个独立的网络行政组织进行协调。这一组织可能是非营利的法人团体、非法人的非营利组织以及政府组织等。一般来说，该模式中的网络参与者之间的信任程度介于共享治理网络模式和领导组织模式之间，处于中等水平。在网络参与者的集体行动中，以治理实体形式存在的网络行政组织发挥着重要作用，协调网络化治理过程中主体之间的互动合作，并维系社会治理网络的良性运转。

第二节　网络化治理的基础理论

网络化治理作为一个体系化的治理理论，最初是由斯蒂芬·戈德史密斯和威廉·埃格斯在《网络化治理:公共部门的新形态》一书中提出的。网络化治理理论认为,传统上以等级制政府管理为特征的科层制时代正在走向终结,取而代之的是网络化治理模式(斯蒂芬·戈德史密斯等,2008)。

与科层制和市场化的治理模式相区别,网络化治理是一种政府、市场、社会、公民等多元主体广泛参与,共同提供社会公共产品和服务的新型社会治理模式。网络化治理强调通过建立并维系尽可能广泛的社会关系网络,一方面实现社会需求的整合,另一方面推动多元主体共同参与供给,进而达成社会公共服务供给问题的最优解和社会公共价值生产层面的最大化。其实质是在公共治理的多元化主体之间建立起一种协作共治的治理形态。网络化治理理论的提出和发展有其特定的学术渊源,诸多理论和概念为网络化治理理论的形成、发展及其对社会公共事务治理的指导提供了基本的理论指南。以下对多中心治理理论、政策网络理论、协商民主理论和资源依赖理论等相关理论的介绍有助于我们更好地理解网络化治理理论。

一、多中心治理理论

(一)多中心治理理论的内涵

多中心治理指的是形式上相互独立的多个权力中心共同治理社会公共事务、共同提供社会公共服务。多中心治理反映出去中心化的特征,它反对权力的垄断和集中,将权力分散和管辖交叠视为充满竞争而富有成效的治理模式(王兴伦,2005)。多中心的建立存在三项前置条件:不同政府单位与不同公益物品效应的规模相一致;在政府单位之间开展合作和互利的共同行动;存在决策安排来处理和解决政府单位之间的冲突。传统的公共行政理论主张通过层级节制的强化和权责界限的明晰来提高效率。而多中心的治理机制则认为多样化的权力和政府单位有助于解决公共治理问题。这些问题需要权力或政府单位之间更多通过合作、协商和谈判,而非简单的行政规划和命令来解决。

从微观层面上来看,多中心治理强调多主体参与公共物品的生产与公共事务的处理。具体而言,在公共物品生产和公共事务治理过程中,相互独立的多元主体共同进行产权、契约等的供给,从而基于地域、特性等,实现公共物品生产和提供上的分散化。多中心治理主张在保持公共事务的公共性的前提下,多主体提供在性质和特征方面相似或相近的公共物品,从而改变单一主体生产的垄断模式,建立并维持一种竞争或准竞争机制。这种竞争或准竞争机制推动各生产者不断进行自我约束、降低成本、提高质量和增强回应性。

从宏观层面上来看,多中心治理强调政府和市场在治理过程中的共同参与以及多元化治理手段的综合运用。传统观点认为应该由政府进行公共物品的生产和提供。后来有观点认为市场应该参与公共治理,要求建立起以市场为中心的"私有化"模式。这两种观点实际上是政府和市场非此即彼的思维,本质上都是单中心的治理思路。在单中心的治理模式下,一方面政府对公共物品生产和供给的垄断会造成公共物品的过度单一,无法满足社会多元化的需求,并可能导致效率低下和权力寻租等问题。另一方面"私有化"的治理模式可能导致治理的公共性缺失,进而导致公共利益受损。而多中心治理模式主张政府和市场共同进行公共物品的生产和公共事务的治理,在发挥政府公共性与集中性优势的同时,充分利用了市场的回应性和高效率优势，成为综合政府和市场双主体、双手段的公共治理范式。

（二）多中心治理理论的特征

多中心治理理论强调多元化的公共物品供给，要求公共部门、私人部门和社区组织等多元主体共同参与到公共物品的供给中。通过引入多元竞争机制，公共物品供给过程得到改善，避免了公共产品和服务提供的不足或过剩，从而提高了服务质量和效率，满足了社会的多元需求。

多中心治理理论强调治理和组织的自主性，主张相互依存的人们通过组织化运作，围绕特定社会公共问题，在特定规则框架内，通过灵活而多样化的集体行动处理和解决公共问题，从而实现自主治理。在这一过程中，人们努力拒绝搭便车、回避责任和机会主义诱惑，以实现共同利益的持久性取得。

多中心治理理论强调多元主体的共同参与和互动沟通。在此过程中，社会大众在公共服务领域的主体意识得以培育和增强。这一方面有助于推动公共服务的社会化，从而降低公共机构的成本。另一方面有助于增强政府与社会公众的互动，从而提高公共决策和社会治理的民主性。

多中心治理理论强调合理和有效的制度安排。多中心治理的良性运转有赖于合适的组织框架和行为规范。通过设计、运作、评价和变更等步骤，多中心治理的制度安排在动态和渐进的过程中得以建立和完善。

二、政策网络理论

（一）政策网络理论的内涵

西方学者对网络化治理的关注，在很大程度上缘起于对政策网络的研究偏好。20 世纪 70 年代以来，国家政策主体结构逐渐显露出碎片化、部门化和分权化趋势，社会发展的去中心化格局愈发明显。面对变化中的社会治理现实，政策网络理论将网络引入政策科学研究，成为新的政策解释理论。

政策网络是基于资源层面的相互依赖关系而联系起来的一群或若干群具有自主性的、彼此存在共同利益的组织的联合体（孙柏瑛等，2008）。20 世纪以来，现代社会功能呈现出高度分化的发展趋势，欧洲社会治理形式发生了巨大转变：私营部门发展迅速，控制了许多重要资源，在政策形成与执行时逐渐发挥重要作用，而政府角色则相应减弱，国家机构和社会的不同部门相互依赖，共同参与到公共治理过程之中。因此，从宏观上来看，政策网络理论是对国家与社会关系的分析。

实际上，政策网络与官僚组织、市场等相互独立，是一种有其特殊价值的国家治理模式。在社会发展进程中，变动着的社会现实使纯粹的科层制组织和市场治理模式逐渐失灵，具有平等、协商与自我糅合特征的政策网络成为治理的新选择。

就其本质而言，政策网络是适应决策、规划和执行能力广泛分散于多元私营与公共主体的社会治理背景的一种政策动员机制。在政策网络结构中，各行动主体进行互动，基于自身资源、能力和偏好，通过目标冲突、利益博弈和协商合作，对其他行动主体及网络结构产生影响，从而影响政策结果。

（二）政策网络的分类

政策网络结构主要包括四种形式。

（1）权威主导型网络结构。即执政党在政策网络结构中处于支配地位并发挥主导作用。

（2）政府自主型网络结构。即政府在政策网络中发挥主导作用，政府部门及其部门间的相互作用在政策网络中对其他行动者及网络产生显著影响，进而影响政策目标和取向。

（3）平等互动型网络结构。即权威、政府、社会和市场等多元主体在政策网络中居于相对平等的地位，在政策的制定和执行过程中进行平等互动，共同发挥作用。

（4）团体制约型网络结构。即利益集团在政策网络中居于支配地位，发挥主导作用，政策的制定和执行实际上是对各利益集团的特定利益诉求的回应与实现过程。在这一过程中，基于自身地位和影响力，某些利益集团可能挟持政府部门并左右政策进程。

（三）政策网络的分析方法

政策网络中主要存在两种关系：结构性关系和人际性关系，相对应地，在运用政策网络进行政策分析时，主要有两种分析方法。

（1）网络结构分析法。该方法认为，网络结构是影响政策进程及结果的主要因素，不同的网络结构对政策进程及结果产生不同影响。在强结构中，主体关系的紧密性能够对政策网络中的多元行动者和利益相关者进行有效的约束和制衡，从而对政策进程及结果产生显著影响；而在弱结构中，由于主体关系的疏离，网络对多元行动者和利益相关者缺乏约束力，因此政策进程及结果较少地受到网络结构的影响。

（2）人际交换分析法。该方法认为，相较于网络结构，结构中各元素的特质及其特征在更大程度上影响政策进程及结果，而政策网络只是一种毫无影响的隐喻。换句话说，该方法认为，对网络结构的分析，无法得出政策网络中多元行动主体之间进行相互作用的充足信息或资料，因此分析的重点应该是各行动主体的特质及主体间的关系和影响。

对网络结构分析法和人际交换分析法的机械割裂，无法完全解释政策网络对政策进程及结果的影响。实际上，多元行动者基于相互之间的关系构建起网络结构，而各行动者又在网络结构的框架内相互作用，进而推动政策过程。因此，考察政策网络应将上述两种分析方法辩证结合起来，即一方面注重网络结构的前提和框架，另一方面避免忽视对行动者间人际关系的分析。

三、协商民主理论

（一）协商民主的历史发展

20 世纪 80 年代，协商民主逐步兴起，在批判与反思以往选举民主或聚合式民主弊端的基础上，实现了西方民主理论与实践的进一步发展。从实践上看，协商民主主要有三种形态：政府内部的民主协商、政府与民众间的民主协商以及社会民众自组织的民主协商。到

20 世纪 90 年代中期，协商民主引起了学界的充分关注和热烈讨论。

古希腊时期，人们通过公民大会、五百人议事会等协商形式来参与政治生活和处理公共事务。然而这一阶段的协商民主与现代意义上我们所说的协商民主存在根本上的区别。当时的协商活动对参与资格进行了严格限定，奴隶、外邦人和妇女等无法参与到公共事务的处理之中。因此，在这一阶段，这种原始的所谓协商民主，更多的是协商的因素，而无法体现民主的本质。

随着现代意义上的公民身份的确立，协商民主立足于自由与平等的价值理念，真正实现了民主与协商二者的有机统一。在社会的网络化治理过程中，一方面，公共决策涉及和影响的利益相关者都有平等的机会参与公共决策，这种机会均等反映出其民主的部分。另一方面，公共决策在理性多元主体的互动对话中得以形成，这种对话程序反映出其协商的部分。

（二）协商民主理论的内涵

就社会治理而言，协商是指受到政策影响的公民或其代表参与到集体决定之中，在这一过程中，秉持理性与无私态度的参与主体通过意见表达与倾听、利益协商与谈判的方式进行政策制定。换句话说，公共协商是政治共同体的成员参与到公共讨论之中并批判性审视具有集体约束力的公共政策的过程。

作为一种民主治理的形式，协商民主的过程指的是，自由且平等的公民及其代表在广泛考虑公共利益的基础上，以有形或无形的公共论坛为载体进行交流，使彼此的立场和观点被各方知晓和了解，通过陈述理由的过程进行协商，并以此进行决策同时对决策的正当性和合法性作出证明。在协商民主中，陈述的理由应当具有可理解性和可接受性，作出的决策在特定时期内对所有公民产生约束力，同时它也体现出开放性，即具备对变动着的社会现实的适应力。

基于此，协商民主理论强调公民的主体地位，鼓励和推动公民参与到民主政治体制和公共事务治理之中。值得注意的是，这种公民参与不局限于选举、请愿等，还包括对公共政策制定等的公开讨论以及由此形成的有价值的意见和可行方案。当然，这种讨论应当基于信息获得充分性、发言机会平等性和决策程序正义性的前提。

（三）协商民主理论的意义

协商民主理论是对西方社会在发展过程中所面临的诸多问题的反思与回应，例如多元文化背景下深层次而持久化的价值冲突、不同种族在认知资源层面的不平等以及由此造成的民主困境等。协商民主要求公民担负起对公共利益的责任，推动多元主体在协商互动的过程中了解彼此的立场，减弱或弥合利益冲突，从而弥补选举民主的制度缺陷，实现"民意"的质的提升。

实际上，在多元文化背景下，协商民主为各主体提供了一个便捷而有效的对话协商途径，有利于推动更加注重全体公民利益同时具有较高的集体约束力的公共政策的形成。在此意义上，协商民主作为一种前置机制发挥着重要作用，通过这一机制，诸多潜在问题与冲突能够在集体决策和行动之前得以发现和处理。

因此，可以说，协商民主理论是对传统政治体制局限性和民主本质的深刻反思，是对自由主义和选举民主过度强调自由而忽视平等的倾向的修正，是民主理论的新发展。

四、资源依赖理论

（一）资源依赖理论的内涵

在社会治理中，包括政府在内的各主体存在于具体环境之中，通过对环境资源的获取来维持生存并实现发展。实际上，在开放式的社会中，主体自给自足式的发展是难以实现的，各主体都需要与彼此共处的环境进行资源交换，从而形成相互依赖的生存和发展状态。

资源依赖理论认为，组织间的资源依赖关系使特定组织受到来自其他组织的外部控制，这种控制体现在对特定组织内部权力安排的影响上。同时，来自外部的控制和组织内部的权力构造共同影响着组织的各种行为。因此，基于权力的相互依赖关系，涉及集体行动的各个社会机构，包括政府、市场、非政府组织乃至公民个人等，依托占有的不同资源，共同实现公共物品的生产与公共服务的供给。在这样的治理过程中，各行动者的行为在很大程度上受到自身资源及各主体间资源依赖关系的限制。

资源依赖理论假设了一条基础性逻辑，即，出于生存和发展的需要，一切主体或组织都会给予资源足够的重视，最大程度地实现与外部环境的资源交换。在资源相对匮乏的条件下，主体和组织难以独立进行社会治理的实践。因此，在不断发展的过程中，各主体和组织协作互动，建立起利益网络，获取并利用外部资源以满足自身需求，从而与外部环境建立起某种程度上的依赖性关系，并在这种关系网络的纵横交织中走向网络化治理。治理网络的形成主要基于主体之间存在资源上的相互依赖关系，换言之，如果不能达成主体间的合作互惠和资源交换，治理主体就难以有效应对社会治理过程中出现的棘手公共事务等情况。在此意义上，主体或组织之间的资源依赖成为网络化治理的起点与缘由。

（二）网络化治理中的资源依赖

资源依赖理论认为，治理网络是一种相互依赖者之间进行利益分配和调节的组织。网络化治理模式中多元主体或组织之间形成并维系的这种资源依赖关系，与科层制治理模式中的等级依赖关系存在显著差异。尽管在科层制治理模式中，主体或组织之间也会呈现出一定程度上的依赖关系，但是这种依赖关系的建立以科层制治理模式中正式而严格的等级和从属制度为基础，更多地依附于科层组织的正式结构。而网络化治理中的多元主体或组织之间形成的资源依赖关系，在更大程度上是平等的横向合作关系，它是合作治理网络得以存在的主要原因。具体而言，网络化治理的各主体依据自身占有的资源进行博弈，但这种博弈并非零和博弈，而是互动协同。传统治理主张实现资源的有效利用，而网络化治理则强调对各方资源进行组织、整合和利用，从而实现公共服务的目标。因此，在此意义上，网络化治理是一种基于资源的新型社会治理模式。

在资源依赖理论看来，任何主体或组织都无法在所有资源的获取和占有方面拥有绝对优势地位，因此，资源依赖为网络化治理过程中多元主体的协作行动提供了物质基础。资源层面的相互依赖是网络化治理得以形成的重要原因，同时也在一定程度上形塑着治理网络的基本特性。这种形塑主要体现在四个方面：①需要采取集体行动促进战略行动的认知；

②共同目标和共享价值观的接受；③增加主体之间的交换和互动；④超越相互联系的相互依赖（O'Toole, 1997）。

第三节　网络治理的过程与结构解读

作为一种新型的社会治理模式，网络化治理在过程和结构上表现出新特点。就其过程而言，网络化治理在其各个环节都表现出开放性特征。与传统的科层制和市场化治理模式不同，网络化治理过程更多依赖多元主体之间开放而包容的协商合作与集体行动，并由此提供更为普惠且能够更加精准满足社会多元需求的公共产品与服务。这从本质上对行动主体、互动过程和治理结果的开放性提出了更高要求。具体而言，身处网络中的各个主体都被允许参与到网络化治理过程之中来，在多元主体参与过程中，协商、博弈与合作也都在一个相对灵活而宽松的框架内进行，并且治理成果的公共性也基于整个治理过程的开放性而得以实现。

就其结构而言，网络是诸多关系曲线相交之处的节点的连接，其结构天然具有网络化的特征。从网络的形成过程来看，当行动者意识到作为整体中的一个部分，彼此之间独立的行动无法解决某些问题时，其就在互动中逐渐构建了网络结构。在此意义上，网络化治理的结构反映的是不同节点在相互依赖和协同行动的过程中逐渐形成的连接关系。网络结构的一个重要内涵体现在成员间地位的平等性。因此，即使是传统社会化治理模式也主张各主体间建立关系，但由于主体关系的不平等性，这种关系更像是"科层"或"等级"，而非"网络"。如基斯特等所言，网络结构的特征表现在共同使命、网络成员之间的相互依赖关系和独有的结构安排等方面（Keast et al, 2004）。

一、开放式的治理过程

（一）主体输入

在传统民主制度所包含的线性结构中，社会成员的意见往往无法得到有效的表达和聆听，网络化治理模式试图超越这种线性结构，通过对社会治理的网络化重构，实现政府、市场、社会和公民等多元行为者对社会公共事务的共同治理。基于主体输入层面的广泛性，网络化治理模式体现出自由而开放的特征。

在这一意义上，网络化社会中的治理网络呈现出包容式的开放性，政策制定者不应局限于选举或行政程序，治理主体应该广泛涉及各级政府、市场主体以及各种社会团体等利益相关者。与传统的科层制治理模式中政府居于绝对主导地位不同，在多元主体共同参与的公共行动主体系统中，政府并非权威中心，而仅仅作为网络构建者和合作网络的主要负责人而存在。多元行为主体具有相对平等的地位，政府的基本职责更多地体现为推动多元主体的积极参与，并建立相应的行为规范与约束机制。

需要指出的是，主体输入层面的开放性使得各主体之间的信任显得尤为重要，信任机制成为网络治理运行的基础。这主要是因为，一方面，各主体间的广泛连接需要以相互信任为前提。没有信任，网络的构建与维系就无从谈起。另一方面，在网络结构中，各主体之间的协商互动行为在更大程度上依赖以情感为基本特征的弱连接关系来进行,而非完全依靠传统的行政命令等正式规则。

(二)互动过程

参与网络化治理的多元主体在协商互动中实现有序和有效的集体行动。网络化治理的互动过程所体现出的自由开放性特征,主要源于其协商机制的开放性和多元主体间的横向互动关系。从功能视角出发,治理网络就其本质而言是多元主体协商谈判与互动合作的平台。其运行逻辑是以谈判为基础,强调行为者之间的对话与协作。在主体互动过程中,权力是多向度的,而非单一等级自上而下的控制。

通过平等主体之间的对话、协商与说服,网络化治理的互动过程表现出相当程度的开放性。这种开放式的互动过程避免了对某些行为者的排斥,体现出社会治理的主体包容性,这具有两个方面的意义。

一方面,开放的互动过程有利于协调多元主体之间的分歧,从而构建共识型利益。社会治理过程中的多元主体处于网络化的利益关系之中,在这种关系网络中寻求超越分歧的共识型利益,需要一个基于持续性合作的协商系统,这一系统应该是自由开放而具有包容性的。网络化治理实际上是民主协商原则在社会治理领域的叙事表达,在此意义上,作为民主协商系统,网络化治理在开放式的主体互动中推动了多元主体自身利益与他者利益的有机统一,实现了降低机会主义和提高持续性合作的内在契合。

另一方面,开放的互动过程有利于协调多元主体之间的责任分配,进而构建起合理的责任网络体系。多元主体的广泛参与使得网络化社会中的公共领域变得日趋模糊,诸多活动以私有化的方式脱离了国家的直接管理,一部分履行公共职能的责任也通过委托代理归属于高度自治于中央政府的代理机构。因此,在网络化治理过程中,传统意义上的自上而下、分工负责的责任体系逐渐难以适应社会治理的需要,在开放的互动过程中对多元行为者的责任进行动态调整成为应有之义。

(三)输出结果

从输出结果来看,网络化治理通过对以棘手问题为代表的社会公共事务的处理,创造公共价值并形成公共价值链体系。这包含问题治理和公共价值两个层面的内容,而这二者都深刻反映了网络化治理过程中输出环节的开放性特征。

第一,棘手公共事务的治理成效有赖于网络化治理过程的开放性。一方面,棘手公共事务表现出治理边界层面的模糊性和跨域性,为了适应这种特征,国际合作、公私合作等多层次合作在一定程度上逐渐成为发展趋势。在开放式的社会治理过程中,多元主体以及与之相应的社会公共责任机制的广泛建立,有利于提高棘手公共事务的治理成效。另一方面,面对棘手公共事务的复杂性,治理主体的思维模式应该从寻找完美解决方案到探索令人满意的解决方案转变。一般来说,完美的解决方案可能具有唯一性,而令人满意的方案则意味着手段的多样化。治理手段层面的自由开放表现出更多动态性、多样性和混合性的特征,即并不拘泥于某种特定模式,而根据社会治理有效性的需要,对治理手段进行动态化调试和调整,从而使网络化治理在手段上更加契合棘手公共事务治理的需要。

第二，在网络化治理过程中，由于各治理主体的自由、自主、自治状态，需要某种或某些共同利益和共同价值（如公正、效率、互惠、透明等）作为基本共识来推动网络成员相互之间更好地连接与互动。而这些价值的创造与实现是在各治理主体的开放式协同行动中进行的。换句话说，这些涉及广泛主体参与的公共价值生产，本身就是自由开放过程的产物。在此意义上，治理结果的公共性从根本上反映出治理过程的自由开放。具体而言，单一主体难以实现公共价值的创造，只有基于开放包容的原则，将更为广泛的利益相关者纳入治理过程，公共价值生产的正义性和广涵性才能在公共建构中得以实现。正如斯托克（Stoker，2006）指出，公共价值的创造并非个体利益的简单相加，而是集体合作的结果。

二、网络化的治理结构

（一）经济结构

从经济层面来看，网络化社会中的经济组织方式发生了深刻变革，市场和社会关系网络共同形塑了经济主体的行为模式。

就其表面而言，以互联网技术为基础，以知识经济和服务业的发展为特征，社会经济结构呈现出网络化的发展趋势。供应、生产、消费以及技术合作网络等多重网络共同构建出经济结构的网络化格局。在这样的经济结构中，随着信息化经济的发展，以信息科技为基础的技术范式得以构建，成熟工业经济所潜藏的生产力得到进一步发挥。

就其本质而言，经济结构层面的网络化实际上是社会关系和社会结构层面的网络化在经济领域的反映。在网络化社会结构中，经济组织和个体成为网络节点。依托这样的社会结构，资源的配置得以通过网络化的关系链条实现高效运行，经济主体之间的协作关系也在网络中得以在更广范围和更大程度上构建。此外，在网络化连接过程中，各经济主体之间的信任程度逐渐提高，各种信息实现无界流通。这对经济组织而言有重要意义，一方面体现在运行成本的降低，另一方面体现在合作效率的提高。

需要指出的是，网络化经济结构并不否认市场机制的重要作用，而是强调在承认、依赖进而超越市场的过程中，更大程度地发挥社会关系网络在经济运行中的作用，降低维系市场结构的成本，在更广阔的范围内，以更合理的方式提高经济运行效率，同时最大程度减轻甚至避免市场所固有的过分自利性。在此意义上，网络化社会中的市场更多地作为基础设施存在，而社会关系网络则发挥着激发和维持经济组织之间协同合作的重要作用。

（二）政治治理

从政治层面来看，网络化社会改变了以往传统政治结构仅限于科层制的局面，推动政治结构逐渐向网络化方向发展。需要指出的是，作为一种趋势，政治结构的网络化是一项系统性工程，而并非一种确定性状态。

与网络化社会相应的政治结构的创立，不会完成于一次单独的社会变动趋势，实际上，它是千百次革新和冲突的结果，这些革新和冲突可能发生在许多地方，涉及各个层次，经过数十年时间。就现阶段而言，政治结构逐步从科层制走向合作制，其网络化趋势更多地体现在各组织间的壁垒的日益消弭，基于共识的组织网络的广泛建立，以及由此推动的各组织间交流合作的深度开展。

从表面上来看，在网络化社会的发展进程中，随着协作网络的建立和完善，各组织之间、组织与环境之间进行彼此区隔的清晰边界逐渐显露出模糊化趋势。

从根本上来说，政治结构的网络化发展趋势，在很大程度上是由于网络化社会中的某些公共事务越来越呈现出棘手问题的特质。这类社会公共事务在一定程度上消弭了私营与公共部门之间的边界，展现出对传统管辖范畴的跨越性，以及实质、战略和制度三个层面的不确定性。这使得政治层面传统的分工原则在网络化社会治理过程中显得越来越捉襟见肘。在此意义上，政治层面的网络化建构，为各政治组织提供了交流和合作的平台和途径，在互动协作过程中，各政治主体实现了信息共享和对棘手公共事务的更深刻认识，进而权衡各解决方案的利弊并逐渐制定有效的治理方案。由此，组织间的协作网络成为克服分工原则带来的“治理真空”的有效路径。

（三）文化塑造

从文化层面来看，多元化的价值体系在网络化社会发展过程中实现了网络化建构。随着网络化社会形态在世界范围内的显现，一个具有多元价值，实现交流、互鉴与融合的“地球村”逐渐形成。这种文化塑造的网络化表现有两层含义。

第一，社会关系网络的形成与发展为多元价值的交流互鉴提供了组织基础。各种社会关系网络在纵横交织中跨越了地域、行业、阶层等多方面界限，使得自我与更为广泛的他者之间价值对话的进行成为可能。这推动了身处网络中的多元行为者之间基于差异与共识而建立的复合型价值认知的形成。考虑到网络化特征对社会价值体系的内在调和作用，网络化社会实现了对工业社会中的自我中心主义发展理念的超越，真正实现向“他者”的开放，进而推动真正意义上的人类社会共同体的形成与发展，使得文明进步的所有成果为人类社会所共享（张乾友，2014）。

第二，互联网技术的发展与普及为多元化价值的交流互鉴提供了媒介基础。互联网作为交流平台，体现着开放、平等和自由的特征，这意味着它从观念上不排斥任何价值与文化。这些价值和文化经由数字化过程，能够实现在网络化社会中的有效而广泛的传播与扩散。在此意义上，互联网通过推动全球不同文化之间的碰撞与交流，使这些文化在交流互鉴中展现出一定程度上的一体化趋势，同时也导致这些文化之间的冲突和对抗表现出更加持久和激烈的态势，从而使得全球范围内的文化塑造仍然呈现出多元化的发展状态。

第四节　影响网络治理的核心元素

网络化社会的形成与经济模式的变动、社会运动的发展和技术革命的演进等诸多要素及其相互作用存在着重要联系。作为一种新型的社会治理模式，网络化治理的产生与发展在很大程度上也与社会治理所面临的迫切现实需要紧密相关。在此意义上，网络化治理并非仅是理论层面的思考和探讨，相反，它表现出强烈的实践取向。因此，如何提高网络化治理成效从而更好地回应现实社会的治理需要，就显得尤为重要。

有鉴于现实社会和社会治理的复杂性，网络化治理被认为是一项系统性工程，它涉及诸多层次和要素。从系统化的视角出发去考察影响网络化治理成效的基本要素，理念、主体、客体和介体等诸多环节和因素都表现出重要性。具体而言，从当下复杂的网络化社会背景来看，网络化治理面临多重困境，碎片化的价值理念、多元化的治理主体、棘手化的公共事务和复杂化的治理环境等多重因素都对网络化治理的实践成效有着重要影响，对这些环节和因素的分析与讨论有助于为网络化治理的现实实践提供参考和启示。

一、价值理念

价值理念是行为者内化的价值系统，既作为影响行为者认知能力的要素存在，也作为影响行为者能动性发挥的要素存在。作为一项系统性的复杂工程，社会治理表现出相当程度的层次性和结构性。具体而言，社会治理在宏观层面表现为社会治理模式及其发展变革；在中观层面表现为社会治理过程中多元行为主体之间的互动协作；在微观层面表现为社会治理的运行机制与制度体系。从实践上来看，价值理念对社会治理的三层级结构产生了深刻而长远的影响。

在宏观层面上，社会治理模式的发展变革在很大程度上依托于价值理念的指导。价值理念以其定向、指导和规范性作用，在一定程度上反映出社会的核心特征和发展方向。就社会治理模式而言，从科层制治理、市场化治理到网络化治理模式的转型，一方面是对社会治理新形势和新问题的回应，另一方面也作为社会治理价值理念变革的产物而存在。受到效率、理性和民主等核心理念的影响，科层制治理成为社会治理的主导模式。一方面，通过科层制治理，公共事务被逐级切割为复杂化程度较低的次问题，治理效率得以提高。另一方面，在科层制治理模式中，民主控制和监督的作用逐渐显露，公共事务治理相对地更加注重社会大众利益。到 20 世纪 80 年代，新公共管理运动受到广泛关注，市场化治理逐渐被应用于社会治理实践之中。在这一过程中，新公共管理运动和市场化治理变革，体现了社会治理在价值理念层面，从效率与理性到市场机制和顾客导向的变迁。随着国家和社会在治理过程中共同创造公共价值的理念逐渐产生并得到广泛认可，网络化治理成为重要的社会治理模式。在网络化治理过程中，行为者通过相对制度化的合作机制，实现了社会公共事务的共同治理，进而推动公共利益和价值的生产。在此意义上，网络化治理模式的形成与发展依赖于为多元行为者所接受的合作型治理价值理念。

在中观层面上，价值理念对网络化治理的影响主要体现在多元行为者围绕社会治理进行的互动与合作方面。在网络化治理过程中，多元行为者在协商交互中构建并维持的协作网络从表面上来看体现着治理主体间的利益关系，但就其根本而言，它反映的是治理主体在价值理念层面所建立和发展的相互关系。在实践中，当多元行为者持有的价值理念具有较高程度的共识时，就较易达成一致意见并实现良好协作。反之，当多元行为者在价值理念层面的分歧达到一定程度时，其协作治理的集体行动就往往容易陷入困境。对于现代社会组织而言，内在价值理念的重要性甚至可能高于纯粹的结构性组织（李永杰，2014）。在此意义上，社会治理共同体的成立在很大程度上依赖于共识型价值理念的黏合作用。

在微观层面上，价值理念对社会治理的影响主要体现在运行机制与制度体系上。一般来说，共识型价值理念主导的社会治理运行机制突出信任、互惠和合作，社会治理制度体系也更加规范；而分歧化价值理念主导的社会治理运行机制更多地表现出灵活化、弹性化以及多样化的特征，社会治理制度体系的规范性也相对较低。例如，基于不同的价值理念，北欧和南欧的社会治理运行机制与制度体系呈现出明显的差异性。在社会治理中，北欧更加注重规范的作用，对法律、法规和其他正式规范体系等给予了更高的重视。南欧则倾向于突出经验与传统的价值，在更大程度上强调习俗、道德和宗教等非正式的社会规范体系在治理中的作用，显示出其灵活的特质（Bull et al, 2007）。

就价值理念因素对网络化治理的影响而言，鉴于网络结构层面的开放性和多元行为者之间的交互性，在传统与现代、主流与大众、本土与外来等多元价值的交织中，社会价值理念日益呈现出碎片化的发展趋势。面对碎片化的价值理念格局以及其可能带来的分歧与冲突，网络化治理应尽可能地聚焦价值理念层面的基本共识，通过多元主体之间持续的协商互动过程，凝聚集体性偏好，调和不同价值、对立价值之间的内在张力，警惕价值理念之间深层冲突的出现。

二、治理主体

现代社会治理越来越体现出主体多元化的特征，从这一角度来说，网络化治理实际上是来自政府、企业和社会等领域，利益不完全一致甚至存在一定程度的冲突的多元行为主体共同参与并通过利益协商得以整合，进而实现集体行动的持续性的互动过程。具体来说，网络化治理的主体构成表现为多中心治理，包括政府、市场、社会组织和公民个人在内的各主体都有机会成为社会治理的资源中心、信息中心和决策中心，多元参与主体之间的部门边界也呈现出柔性化的发展趋势。治理主体的组成及其行动是网络化治理的能动影响要素。

在现代社会治理中，政府始终发挥着重要作用。在制度保障、秩序维护与利益调和等方面，政府体现出其他治理主体难以比拟和替代的优势，因此，即使是多元主体共同参与的网络化治理，也不能没有政府的参与和引导。需要指出的是，政府作为社会治理主体，其政治统治职能和社会治理职能是分立的。不同于政治统治职能的排他性和垄断性，随着从社会管理到治理的转型，政府的社会治理职能在一定程度上表现出包容性，这也是网络化社会多元主体参与社会治理的重要基础，为政府在网络化治理过程中的定位和处理与其他治理主体之间的关系提供了必要前提。

在市场中进行经济活动的企业是现代社会治理的重要主体之一。就现阶段而言，市场在资源的高效配置方面发挥着无可替代的重要作用。在现代社会治理过程中，社会资源通过市场运作实现高效配置，治理成本得以显著降低，同时社会效益也得到充分保证，这在很大程度上提高了社会治理的成效。正如有学者所提出的“企业家政府”概念：在社会治理中引入市场机制，让企业和社会组织在更大程度上提供社会公共服务，而政府的社会治理职能则更多体现为“掌舵”而非“划桨”（戴维·奥斯本等，2006）。在此意义上，作为治理主体的市场对社会治理所产生的影响往往不体现为独立进行资源配置，而更多地反映在市场运作过程中，政府与企业、政府与社会之间达成的协作治理模式。

在网络化社会的治理体系中，社会组织与公民也日益发挥着重要作用。在社会发展程度不断提高和公民价值观念显著进步的当下，社会组织因其多样化、个性化、自主性和参与性的特点，逐渐成为社会公共事务治理领域涉及面广、个性化强、门类繁多的重要主体。一方面，社会组织通过强化社会层面的组织化水平，发挥社会成员自我管理和服务的自治作用，展现了社会自主性。另一方面，社会组织基于其贴近社区、回馈高效的优势，在很大程度上满足了大众对更加多样化、个性化和高质量的社会服务的需求。因此，可以预见的是，社会组织和公民个人在某些特定领域的影响将越来越显著，在社会治理方面发挥出日益重要的作用。

需要承认，与理论上多元主体依托网络高效协同从而推进社会治理水平不断提高的理想状态相比，现实中的主体多元化在很大程度上意味着网络化治理可能面临着集体行动的困境。这种现实品格与理想诉求之间的差距使得治理主体要素对网络化治理效果的影响更为突出。

一方面，主体多元化意味着利益诉求的复杂化。身处社会治理网络之中的多元主体的确存在着一定程度的利益共识，然而各治理主体自身具体的、特殊的利益诉求也不容忽视。在社会治理过程中，集体的共识型利益和多元主体各自的分歧化利益可能存在矛盾和冲突，一些治理主体为了在最大程度上实现自身的特殊利益，在社会治理过程中尽可能地对治理议程施加影响，试图在治理收益的分配格局中占据优势地位，这可能导致网络化治理面临合法性危机。在此意义上，能否以及在何种程度上调和治理主体的多元化和治理结果的正义性之间的矛盾冲突，深刻影响着网络化治理的成效。

另一方面，主体多元化意味着治理责任的虚化。在网络化治理过程中，多元主体的广泛参与带来了社会治理边界的模糊化，进而使得治理主体责任的明确界定遭遇困境。此外，就问责机制而言，社会网络中的多元行动者处于相对平等的横向连接之中，这就造成这样一种局面：如果参与主体出现有悖于网络规范或目标共识的行为，协作网络中实际上缺乏一个有力的权力中心将其意志施加给其他行为者，从而无法进行传统问责制式的处罚或制裁。因此，是否或在何种程度上实现多元主体具体责任的清晰界定并由此构建合理的责任分配体系，也深刻影响着网络化治理的成效。

三、公共事务

在一定程度上，社会治理体现出问题导向，其直接指向公共或私人组织的运行及需要解决的社会问题。作为社会治理的客体，公共事务是指有关社会公众整体生活质量与共同利益的社会事务，它与社区或社会的存在和发展密切相关。其公共性特征主要表现在三方面：①问题的产生是由不特定的社会公众造成的；②问题的负面后果涉及不特定的社会公众的利益；③问题的解决会带来公共性利益。

以事务的具体内容为划分标准，公共事务总体上可以被分为社会政治事务、社会经济事务以及狭义上的社会事务。社会政治事务是指社会公共层面的，涉及国家主权、领土完整、社会安定等方面的政治性事务，例如外交工作、国防工作、公安工作、司法行政、民族工作等。社会经济事务是指社会公共层面的，与经济活动和行为相关的事务，例如宏观调控和经济管理等。狭义上的社会事务是指除以上两种事务外的社会公共事务，例如教育、文化、科技、卫生、民政等。需要指出的是，我们所讨论的社会公共事务特指狭义上的社会事务。

社会公共事务是影响社会治理的现实因素，在社会治理过程中，对这种现实影响的评估实际上是对这些事务复杂程度和涉及要素的综合判断。一般而言，简单社会公共事务所涉及的公民数量较少、所造成的社会影响也较小，并体现出线性、单一性和程序性的特点，因此其治理难度也较低。然而,网络化社会的形成与发展一方面改变了公共事务治理所面临的社会环境,另一方面也在一定程度上改变了公共问题的本质属性。

在现实的社会治理过程中,不可避免的棘手问题表现出动态的复杂性和不确定性,它们具有多种不同利益立场的解释,并且缺乏明确正误的、可供检验的版本,这使得传统治理中进行问题界定并提出解决方案的模式在处理该类问题时,往往陷入失灵状态。在此意义上,棘手问题实际上是弱共识的、缺乏确定性的治理问题,治理者对其概念定义、形成原因、解决方案、行动后果的共识程度偏低。这种不确定性主要来自三个方面:①关于该类问题的相关知识或信息的缺少导致实质上的不确定;②多元主体在决策过程中体现出相当程度上的自治,导致战略上的不确定;③多元化的规则、价值、制度背景和行政水平等导致制度上的不确定。棘手问题跨越了组织结构、政策领域以及利益团体的边界,因此难以按照传统的科层结构和主体界限进行清晰的问题界定与分解。同时,棘手问题所涉及的多元利益相关者,由于立场与诉求的差异,既相互依赖,又存在冲突的可能性。鉴于这种复杂性和不确定性,治理者只有通过棘手问题的处理和解决过程,才能明确其本质与属性。换句话说,更好地解决问题需要明确的问题界定,然而棘手问题界定的实现却是以解决问题的行动过程为前提的。这大大提升了社会治理的难度,对网络化治理的成效产生了更大程度上的影响。

在网络化社会背景下,棘手问题越来越成为社会治理过程中公共事务的基本形态。由于缺乏对成因和影响的清晰而系统化的界定和归因,诸多社会、公共以及经济问题日益被视作棘手问题。如果仅仅依靠单一主体的独立行动,这些复杂化的棘手问题几乎无法得到成功解决(谢琦等, 2020)。这是因为,一方面,社会分工和资源分配的日益专门化,以及社会环境和公共事务的日益复杂化,共同使得单一治理主体的单独行动在公共治理中显得脆弱和单薄。另一方面,由于棘手问题难以界定归属于哪个人、哪个学科或哪个组织,因而难以将责任定位到具体的治理主体身上,只能在多元协同的网络化治理中被探索性地处理和解决。然而这种探索性的尝试能否达到令人满意的效果,如前文所述,是难以预测的。在这一意义上,以棘手问题为代表的社会公共事务对网络化治理的影响显得尤为突出。

四、治理环境

作为一种社会治理模式,网络化治理的治理环境主要包括自然和社会环境。自然环境是人类社会赖以生存和发展的自然条件的综合,包括大气、土壤、水文和地形等诸多要素。社会环境是治理环境的主要方面,指的是人类生产和生活的具体社会系统,包括社会结构、文化传统、社会关系、政治生活、生产消费等各种领域。作为社会治理主体与客体之间的事物,治理环境实际上是社会治理的介体,而自然环境和社会环境是这一介体的基本内核(王彩波等, 2015)。从系统视角出发,社会治理行为发生于特定的自然环境和社会环境中,其运行过程所涉及的输入、转换、输出和结果等环节都受到治理环境的影响。

一是输入环节,特定社会公共事务的出现,必然涉及相应的自然和社会因素。在这一意义上,治理环境作为现实因素对社会治理过程产生影响。二是转换环节,社会治理过程中多元主体的互动需要以治理环境为载体。具体而言,治理主体的思想观念与行为方式在现实的自然和社会条件下形成并发展,其治理行为就不可避免地带有自然环境和社会环境的烙印。三是输出环节,社会治理需要综合考量自然因素、社会因素以及这两者与其他因素之间的相互影响，进而输出相关公共政策和治理方案。四是结果环节，相关公共政策和治理方案形成之后，有时还需要根据实际的社会治理效果作出调整。而这种调整实际上是依据所处的自然环境和社会环境的相关要素，对公共政策和治理方案所进行的反馈与再构。在此意义上，治理环境展现了对社会治理过程的持续性与系统性影响。

当作为介体的治理环境处于低度复杂性和不确定性时，社会治理也在较低的程度上受到治理环境的影响。而在网络化社会中，社会治理环境逐渐表现出高度的复杂性和不确定性，这种介体复杂化的趋势反映了网络化治理所面临的外在困境。与治理环境的主要内容相对应，介体的复杂化及其对社会治理的影响主要包括两个层面，一是自然因素，二是社会因素。而在人类社会的不断发展中，显然，社会因素表现出更为重要的影响力。

就自然因素而言，不同的社会阶段，自然因素对社会治理展现出不同程度的影响。这种影响的程度与人类认识世界和改造世界的能力紧密相关，然而这并非意味着两者之间的关系总是呈线性负相关关系。实际上，受到人类活动的影响，自然因素的复杂化程度可能更高，从而对社会治理造成更大程度的、更具不确定性的影响。具体来说，在人类社会的发展变迁过程中，人类认识世界和改造世界的能力不断提高，在很大程度上突破了自然环境对人类社会发展的诸多限制，自然因素对社会治理的影响不断降低。然而，随着科技的进步和社会的发展，人类的实践活动对自然环境的影响也越来越大，这种影响推动自然环境在更大程度上反作用于人类社会。因此，作为治理环境的重要内容，自然因素所表现出的复杂性和不确定性趋势，在可预见的未来，依然会对网络化社会治理产生相当程度的影响。

就社会因素而言，基于复杂、动态和多元的特征，在治理环境对社会治理的影响中，社会因素起到更为重要的作用。在一定意义上，社会因素不仅影响着社会治理的效能，还决定着社会治理模式的发展与变迁。当社会整体处于低度复杂性和不确定性的历史时期时，政府作为单一主体进行社会公共事务的治理往往能够取得积极的效果。而自 20 世纪后期起，政府所处的治理环境，尤其是社会环境，日趋复杂、动态和多元。这种环境变化使得政府作为单一主体的社会治理面临越来越多的困难。建立政府、公众、企业和非营利部门等共同参与社会治理的模式日益必要。因此，多元主体以网络化形式开展对社会公共事务的共同治理成为重要的社会治理模式（张康之，2014）。

思考题

第一节

1. 与传统社会形态相比，网络化社会有哪些新特点，它何以被认为是一种新的社会形态？

2. 如何理解公共价值在网络化治理中的核心地位？

第二节

1. 网络化治理理论和协商民主理论有何异同？

2. 如何从资源依赖的角度理解网络化治理？

第三节

1. 为什么说网络化治理的过程是开放式的？

2. 除经济、政治、文化之外，你认为网络化治理还在社会结构的哪些层面表现出网络化特征？

第四节

1. 试从价值理念的角度分析，网络化治理在当下的社会背景下何以成为必要？

2. 网络化治理模式对棘手公共问题的应对表现出哪些优势？

第八章　智能媒体背景下的政府公共传播

近年来，随着智能媒体技术的蓬勃发展，互联网、手机媒体凭借交互性、实时性、超文本性与个性化等特点在公共传播中拥有了举足轻重的地位和影响力，已成为社会主导性媒介。在当前的智能媒体背景下，信息传播呈现出新特点，其对于政府公共传播所产生的影响也日益突出。政治信息透明度扩大，政府形象呈现更加全面，公众民主批判和监督意识逐渐增强。公众利用媒介获取有关信息或发表个人意见与观点，利用相关信息以影响社会舆论、左右政府有关政策制定与政府行为等现象日益增多。因此，政府公共传播如何适应智能媒体环境，如何在当前媒介环境中变被动为主动，最大程度地发挥政府传播效果成为摆在政府、学界面前的一项迫切而重大的课题，它不仅事关政府施政的成效，也事关社会主义和谐社会的建设大业。本章我们将重点探讨当前我国政府公共传播的现状及存在问题，并结合国内外的政府公共传播经典案例进行分析，由此总结出破解我国政府公共传播困境的方法，并对未来的政府公共传播发展趋势进行预测。

第一节　数字时代背景下的政府公共传播理论

一、公共关系理论

公共关系（public relation）可以定义为一个组织为了加强与社会大众的联系，提高大众对该组织的认识、理解和支持，从而塑造正面的组织形象，并促进商品销售等一系列的公共活动（李满良，2022）。国内专家一般认为公共关系具有如下特征：①公共关系是具体某一组织与它的目标公众所建立的联系；②公共关系是一种在组织所有活动中普遍存在的独特理念和行为；③公共关系的核心目标是实现组织与其目标受众之间的紧密联系，从而确保组织能够满足公众需求，帮助组织实现成长与进步；④信息的交流和传递在公共关系领域占据了重要地位。

显然，公共关系是由组织、公众以及传播这三个部分组成的。公共关系的主体主要为社会组织，尽管部分身份、地位特殊的个人，例如参与竞选的候选人、国家公务员和社会名流等，会出于特定的目的或利益组织公关活动，但他们在公共关系活动中并不是自然人，而是法人。社会组织的特性包括集体性、导向性、系统性、合作性、变动性和稳定性，这些特性共同决定了公共关系的社会组织性质。

公共关系主要针对的是广大公众。为了建立良好的公共关系，社会组织需要深入了解并研究他们。公众与大众、群众之间存在显著的差异，它并不是泛指社会集体中的所有人，也不是泛指日常生活中某一阶层、某一领域的部分人，而是组织面向的对象。只有针对组织的才能称为公众。公众与组织之间的互动和影响是不可避免的。公众通常表现出集体性、同质性、变动性以及相关性等特点（Pieczka，2019）。

公共关系利用传播作为中介手段。当组织明确了公共关系的目标、确定了目标群体并开始具体的公共关系活动构想后，应当思考如何通过传播渠道将这些目标和构想转化为实际行动。传播的定义是指在个人与个人、团体与团体或个人与团体之间，进行关于消息、事实、观点和情感等各个方面的互动和传达。这种信息的交流和共享是双向的，对于公共关系中的主体和客体建立相互的信任、理解关系具有极其重要的意义。

二、政府公共关系理论

政府与社会大众之间的公共关系是一种传播与管理的行为。从动态的角度来看，政府的公共关系实际上是政府部门与社会大众之间的双向沟通与交流活动；从静态的角度来看，政府与公众之间的公共关系主要体现在信息的交换和传播的各种行为上；从管理学的角度看，政府的公共关系是组织职能的一部分，而政府公共关系管理则是对政府机构和社会大众的传播行为和状态进行管理（刘小燕等，2021）。

基于这一理念，我们可以观察到，政府的公共关系不仅继承了普通公共关系的核心属性，同时也展现出其行政管理的特点。首先，政府本质上是一个普通组织，其中公共关系便是其核心职能之一。其次，政府又是物质利益实体，它既不可能兼并又不可能侵害特定经济关系、特定经济过程下的其他大众利益。政府不可能利用其特权，将自身放置在超社会的地位中。就此而言，其地位应和其他社会组织完全对等。最后，政府作为一个特殊的社会治理实体，拥有极强的权威性，其存在的根本目的是维护和提升民众的权益，为社会创造福祉，这也构成了其合法性的根基和起源。由于政府组织具有非生产性和管理的公共性，也决定了政府的所有活动都必须追求公共利益和社会利益，把服务公众、服务社会作为政府行为的基本出发点与归宿。从近代开始，强制型的政府公共关系已经被现代社会所抛弃，因此，在现代政府的公共关系体系中，有必要构建政府与公众之间的健康互动和反馈机制，使政府和公众之间实现合作共赢而不是进行对立。就此而言，政府公共关系所要承担的基本职能如下。

（一）搜集民众意见，给予定期反馈

民意和民情被视为现代政府管理的核心，它们是政府在执行管理任务时必须实现的关键前提。政府的公共关系功能是，确保在任何与民众生活息息相关的关键政策或措施发布之前，公众的基本观点和态度都能被及时了解。政府在进行改革和发展时，应当关注那些历史遗留问题和不断出现的新挑战，同时也要关注政府官员所面临的棘手问题和公众关心的焦点问题。通过大众传媒，鼓励公众发表自己的观点或提供建议。这不仅有助于集思广益，寻找解决问题的有效途径，还能增强广大民众参与政策制定的凝聚力和向心力。

（二）深入剖析政府形象

由于我国政府对众多的传播媒体有着严格的控制，再加上信息收集渠道不畅通等诸多因素，在某种程度上对公众意见的输出表达造成了影响，使得政府部门在主观上容易产生“自我感觉良好”的情况。针对这一点，我们应该从四个角度进行全方位分析。第一，对政府的实际情况进行分析。明确认识到政府正在进行何种活动，有什么值得做的事情，已经达到了何种水平，存在哪些机遇或挑战。第二，对社会公众态度进行分析。了解民众是否支持

政府工作,政府的管理工作是否让人满意。第三,对管理层进行深入分析。了解干部团队对政府的观点、态度和意见。第四,对决策层进行分析。探究政府高层领导的价值观和行为模式是否会对政府形象造成某种影响。

(三)政府事务的透明化

由于政府部门规模庞大且结构复杂,因而有必要在行政操作过程中提高透明度,以增强公众对政府的了解,并为公众提供更便捷的服务。我们有责任通过多元方式向大众公开政府的实际工作情况,以赢得他们的支持,让群众的一言一行都向着有利于实现政府管理目标的方向发展。政务公开在我国实行已有较长时间,但在很多地方还尚未达到预期。目前,政务公开的手段和平台仍然落后,公开内容不全面,平台缺乏定期修订和维护,以及内容与实际情况不符等现象仍普遍存在(方伶俐等,2020)。

(四)协商对话

人大、政协、民主党派与群团组织等协商对话渠道,能够跨越不需要的中介,让领导直接掌握群众对重大事项的看法,让群众能够将意见直接反映给领导,比如约见和建议。社会发展过程中,投资客商、外来人才、下岗失业人员和土地被征收人等新利益阶层不断涌现,传统的社会组织无法全面反映这些方面的问题,因此我们还需要进一步拓宽和缩短社会沟通的途径,并采取措施来协调和解决各种问题冲突,防止矛盾的长期累积和恶化。

(五)应对危机的措施

政府公关危机指的是那些突如其来的事件,这些事件可能导致经济上的巨大损失或政府公众形象的严重损害。应对危机的主要措施包括预先建立预警系统、优化管理流程和模拟准备。在事件发生时,政府可以设立专职机构来控制事态的进一步发展,进行案件调查,安抚受害者和设定统一新闻报道的标准,并在事件结束后公开处理流程,利用媒体消除不良影响。在公共关系领域,危机处理被视为关键实践活动。通过观察危机处理的效果,我们可以洞察到政府在公共关系方面的表现,这也是评估其治理能力的一个直观标准(李曦等,2019)。

三、公共传播理论

公共传播是指组织利用报纸、广播、电视等大众传播工具,并结合人际传播,将组织各个方面的信息传达给组织内外公众,这一界定至少包含三个要素:一是公共传播以组织而非专门信息传播机构为主体;二是公共传播对象包括组织内公众和组织外公众两个部分;三是公共传播以大众传播媒介为主、人际传播为辅。在以上论断中我们发现公共传播是信息交流的一种特定过程,此外,它也被视为组织公共关系活动的关键手段。如果没有传播这一介质,一个组织就无法与大众进行有效的沟通交流。传播充当了组织与大众沟通的桥梁和联系的纽带,而许多时候组织和公众的错误认识恰恰是因为信息传递不畅。一个高效的社会组织,不但要有清晰且与大众利益相符的目标、策略和行动,也应该在公关活动上运用行之有效的传播手段,去创造积极的外部氛围,从而获得公众的广大支持,并追求更高的经济和社会回报。

公共传播可以分为自发传播和自觉传播两种类型。对政府而言，自觉传播的目标更加明确，效果也更为突出。因此，为了提升传播效果，政府需要高效运用各种媒体手段。公共关系的传播渠道包括大众传播媒介（如广播、电视、报纸等），群体媒介（如演讲、发布会、展览等）和人际媒介（如具体的个人）；包括但不限于掌声、手势和表情的符号媒介，还有如礼品和吉祥物的实体媒介，以及如社会名流和政要人物等的个人媒介。由于这是一种有意识、有组织的信息传播方式，因此这种主动的信息传播方式比自发传播更为高效。

四、危机传播管理理论

美国学者罗森豪尔特认为，危机是指“对于社会系统基本价值与行为准则架构造成严重威胁并在时间压力与不确定性极高时不得不作出关键决策的事件”。危机有自然灾害、人为危机、以自然灾害为基础的人为危机之分。在公共关系领域，危机传播被视为一项至关重要的任务。它涉及企业、组织或政府在遭遇危机时应采取的公关策略，其最终目的是减少危机带来的损害，并致力于信息的有效沟通和形象的塑造（Eaddy，2023）。危机传播是指在危机爆发前后，政府、各大组织、媒体和广大公众之间信息交流的过程，目的是防止冲突进一步加剧并有效地应对危机。在应对危机的过程中，政府应当发挥核心领导角色，确保相关信息能够及时且透明地发布，防止信息真空现象出现。危机传播管理的关键在于有序地整合和组织危机传播的各个环节，例如情境、资源、沟通和行为管理等，以实现资源的高效利用。

第二节 解析政府公共传播的典型案例

一、当代中国政府公共传播总体述评

20世纪初兴起的现代公共关系体系是在当时美国与资本主义社会间的基础性矛盾，以及经济、政治、科技和文化等多个方面的综合影响下产生的。这不只是社会进步的必然结果，同时也是社会文明发展的必然产物。同样地，它的发展也与现代社会的需求密切相关。随着商品经济的快速发展、民主政治制度的确立，现代化的管理观念以及大众媒体的兴盛，传统的以灌输为主的政府公共信息传播手段已逐步被取代。新型的政府公共传播方式，具备全球化、开放性、信息多样性和舆论复杂性等特点，其重要性也逐渐受到了公众的关注。现阶段，政府在公共传播方面正处于不断发展的时期，与完全成熟的运营模式相比，还存在一定的差距。然而，大众已经对政府在公共传播中的作用及其重要性有了初步的认识。在大众媒体和其他媒体平台的推动下，政府的公共传播正逐步向职业化、专业化和规范化的方向发展。当今我国政府在公共传播领域所面临的重要挑战是：具备优良传统，但急需科学规范的手段；发展势头迅猛，但从整体角度看，仍存在发展不平衡现象，同时公共关系理念也较为薄弱；新兴媒体平台亟待进一步的发展和完善；政府的舆论引导力有待提高；公共传播内容过于单一片面。

首先要明确的是，我国的政府公共传播起源于政党的宣传活动，拥有其独特的优良传统，但现在迫切需要更加科学和规范的方法。自新中国成立之日起，中国共产党始终站在各

族人民根本利益的立场上。同时,党和政府始终坚持为人民服务的核心理念,始终坚守群众路线,并有着积极关注、推广公共关系的深厚历史背景。在现阶段,国内民生发展、对外经贸往来等都对政府形象和公信力提出了更高的要求,在这一时期,我国的政治体制改革尚未彻底完成,很多部门在政府职能的转型上稍显迟缓,甚至出现了形式主义、政府与民众分离以及权力滥用等问题,政府与公众的关系也未能达到一个和谐的状态。必须指出,中国政府在公共传播领域拥有深厚的传统,但我们也不能忽视中国一些基层政府,对于具有中国特色的政府公共关系的理解不够充分,其公共传播事务的处理有时显得盲目、分散并缺乏科学依据。从宣传到公共传播的过渡才刚刚开始,政府公共关系与公共传播也需要科学化、规范化。

二是中国政府公共传播的发展不够均衡,基层政府领导和工作人员的公关观念普遍薄弱。我国自改革开放后,经济、政治等各个方面得到了长足发展,但是在履行政府公共关系职能方面仍然存在许多缺陷,最为重要的体现是政府公共传播发展失衡,中央和省(自治区、直辖市)政府在公共传播方面已经基本达成共识,关于政策、条例、组织结构以及其他相关的硬件和软件建设,已经开始逐步推进,与此同时,领导层的公共关系意识也在逐步建立。但是,在地方政府层面,尤其是在基层的行政领导和员工当中,政府对于公共关系的理解和重视程度较低。他们对政府公关活动的重要性缺乏深入的认识,同时也缺乏必要的实践能力,这导致他们既不能将其融入日常工作,也无法通过高质量的活动策划来有效提升政府形象。虽然部分领导干部对政府的权威性和政策性有深入的思考,但他们对于有意识地利用传媒工具来投资、管理和塑造公共形象的认识仍然不足。他们缺乏为公众提供服务、协调的意识,并且习惯于用行政指令来代替公共关系的调节,这导致他们很难塑造一个积极正面的政府形象。

三是新媒体平台亟待进一步的发展和完善。传统的政府信息发布主要依赖新闻发布会和政策发布会,但在进入智媒时代之后,如何确保公共传播信息的全面性、客观性和高效性,已经成为政府赢得公众信赖和认同的核心要素。因此,政府应该对崛起的大众传媒资源给予足够的关注,积极与之合作,将一切信息传播资源有效地整合起来,实现信息的及时、高效发布以及舆论的正确引导。政府也应进一步加大与主流媒体合作的力度,争取公共传播专业的扶持,以更好地引导舆论。新媒体平台信息更加真实、传播更加迅速、交互更加强大,在一定程度上有助于政府公共信息的精确传递,因此,它逐渐被视为推动政府公共信息传播的有效手段。

目前,政府的门户网站、官方微博以及微信公众号已经成为政府公共信息传播的核心媒体平台。首先要明确的是,政府门户网站曾是政府信息发布的早期网络平台,在及时公布信息资讯的同时,还提供在线解答和其他服务。从根本层面上,我们已经实现了信息透明、公众舆论引导以及交互性信息传递的目标。然而,从现在的情况来看,我国政府门户网站所面临的主要挑战包括:一是其安全性问题不容乐观,二是运维还有待提高,三是技术水平较低。同时,除门户网站外,政府部门还会开通微博、微信公众号等平台,实现信息发布和交互同步进行。这说明政府公共传播在信息发布方式上正朝着更加亲民和平等的形式发展。然而,目前中国一些政府微博也面临着诸多问题,包括注水内容过多、原创内容稀缺且更新速度缓慢,以及大量的内容转载需求等,这些因素都限制了政府微博发展粉丝并产生积极影响的可能性。尽管内容普通且缺乏吸引力,但其标题往往令人震惊,部分媒体甚至通过吸引公众眼球来博取流量关注。其主要特点是内容简短而新颖,画面丰富但文字较少。为了更好地吸引读者,这种内容必然导致用户在阅读时仅停留在初步浏览层面而难以进行深入全面的思考。这种阅读方式势必会严重削弱政府的宣传力度和其他信息的传播效果。

四是政府舆论引导力不强。无论在哪个历史时期,“舆论”(public opinion)始终被认为是一种至关重要且具有巨大影响力的社会动力,正如马克思所阐述的那样,它是一种“普遍的、隐蔽的、强制的力量”。但是,由于公众在表达观点时往往具有直观性、局部性和情感化的特质,因而缺乏完整性、系统性和深刻性(“公共舆论中有一切种类的错误和真理”——黑格尔《法哲学原理》)。所以,政府部门有责任对公众舆论进行方向性引导,其中,新闻宣传和媒体传播手段的应用无疑是最有效的方式。政党、民间组织也可以通过媒体平台制定议程、建立框架和传达主流价值观点,在形成一定社会影响力的同时赢得公众对其立场、观点的广泛认同。舆论引导的核心在于运用新闻媒体的强大社会力量消解公众内部的冲突矛盾,以在一定程度上达成社会共识,进而推动社会思想的发展。

在融合媒体的时代背景下,得益于先进的信息技术和高效的传播路径,多元社会舆论可以通过多种途径快速产生、汇聚并扩散,我国主流媒体只有与时俱进地改革和创新,才能有效引导社会舆论,其前提是要正视自己过去所出现的问题并找到症结。新媒体环境中信息碎片化的飞速传播,对政府舆论引导提出了新的挑战。在面对网络舆论时,主体普遍采取的对策主要包括“舆情应对”和“舆论引导”两种。前者看起来相对被动,主要描述了事故发生后如何进行“灭火”和“善后处理”;而所谓的“舆论引导”,其核心思想是预防问题的发生,意味着在事件发生之前或舆论还未蔓延之前,积极主动地实施预警和预防措施,这是一种前瞻性的做法。舆论引导被视为一种主动的行为模式,其核心在于系统性的管理和源头的治理。通过及时公开政务信息和发布权威新闻,可以有效地解决舆情危机,实现社会沟通、共识固化和公众信任的稳固。

在过去的几年中,我国政府已成功进行了“开展网络舆论战”和“掌握互联网话语权”等新媒体时代的战略规划和高级部署。然而,在具体的执行策略和方法运用上,仍未找到高效实用的解决途径。近几年,面对突如其来的公共事件,由政府官方发布的信息往往更像是“权威辟谣”,导致政府官方处于被动位置,无法有效地引导网络舆论,从而陷入一种尴尬境地。在 2016 年,习近平总书记强调:“建设网络良好生态,发挥网络在引导舆论、反映民意的作用。”他强调了六个“及时”的原则,分别是:“对建设性意见要及时吸纳,对困难要及时帮助,对不了解情况的要及时宣介,对模糊认识要及时廓清,对怨气怨言要及时化解,对错误看法要及时引导和纠正。”六个“及时”主要涉及政府新媒体传播中的网络舆论管理方向和导向问题,同时也影响了线下和线上资源的共享以及各职能部门之间的相互协作和交流。因此,我们必须克服信息传播中的各种障碍,确保线上与线下、互联网与现实生活能够相互融合。我们应当充分运用新媒体平台,确保及时、准确地发布权威信息,并在尽可能广泛的范围内进行持续传播,诚实地向公众揭示事实的真相,迅速回应公众的质疑,并解决他们的诉求,这样“谣言”就能自行瓦解。当某些心怀不轨的人试图误导公众、破坏事实真相时,他们会意识到相关政府部门已经进行了适当的干预和处理,原本被视为“坏消息”的信息可能已经成功转化为“正面信息”。

五是政府公共传播具有片面性。在一定层面上，我国公众对政府公共传播存在一定程度的不信任感，这种不信任感与国家发展历程及国情有着极大的关系。多年以来，中国政府的公共信息传播主要依赖单向推广和单一信息发布，这种方式的优点在于其高度的控制性和广泛的传播范围，能在短时间内给公众留下深刻的印象。随着国家的发展，时代的进步，这种单一的传播方式显然已经无法跟上时代发展的步伐，改革开放后，社会公众的自主意识逐渐增强，这一单向传播方式已难以被人们所接受，在某种程度上甚至增强了民众对政府的不信任感。

在传统媒体的时代背景下，政府在信息传播过程中表现出强大的控制力和绝对的权威性，大部分信息传递都是单向的，凡是登载、发布的政府信息均经过预先审核、编排，政府时刻将信息传播主动权掌握在自己手中。而部分官员深受“官本位”观念的影响，他们将媒体看作歌颂的吹鼓者，只能进行积极的宣传。他们甚至傲慢地将媒体当作自己的附属机构，坚信媒体应当从政府的角度为他们发声，更有甚者视媒体为对立方而对其采访持排斥与傲慢的态度。发布新闻稿件时，政府通常采用的策略是“统一发稿，统一口径”。然而，随着新媒体时代的兴起，观众获得了更多的选择权。根据观众选择的3S理论，观众在作出选择的过程中将会经历三个不同的阶段：选择性关注、理解和记忆。大众可自由选择自己所关心的资讯，也可对政府所公布的资讯不予关注，此时政府传播角色应由最初的资讯发布者转变为资讯诠释者，实现更深层次的社会资源整合，将政府的政策行为有效地转化为公民的自主决策，这样可以赢得公众的关注，并获得他们的理解与支持。

随着新媒体时代的到来，信息已经更加公开和透明。在这种背景下，政府的所有政策决策几乎无法隐藏。因此，政府迫切需要提高其在危机传播方面的能力，并能够熟练运用各种传播工具，以实现政府和公众认知的统一。同时，政府需要通过全面而持续的信息沟通来尽量减小其和公众间的摩擦，创造长期稳定的和谐统一关系。最大程度地发挥各种新媒体交流平台的优势，以解决公共危机并维护社会的稳定和团结。另外，为了确保传播效果最大化，我们需要控制传播的内容、提升传播的技巧，选择最受大众喜爱的传播途径和渠道。尽管我们在发展过程中遇到了一些问题和挑战，但我们仍需认识到，我国政府已经开始加强对公共传播的重视，并积极制定策略来促进公共关系的进步。根据中国国际公关协会的调研数据，截至2022年底，中国公共关系全行业市场营业规模达到765.3亿元人民币。未来公共关系行业如何运用高效手段提升中华文化国际影响力、帮助中国企业走向海外市场将成为整个行业的重要议题。

今后，中国公共传播将朝着以下几个方向发展。一是国际化。目前，许多国际知名公关公司已经进驻中国内地市场，并在北京、上海、广州等一线城市初步构建了商业网络，并且逐渐扩展开来。在许多以政府为主体的重大公关项目上，例如，在奥运会、世博会和花博会等大型活动中，已经涌现出了国际化、大融合的公共传播手段。二是朝着专业公关的方向发展。随着中外公关市场的日益接近和市场化操作的规范性不断增强，政府的公关策略已经从单纯的灌输转变为更加专业和规范的方式。在公关手段与技术方面，除常规的新闻发布、媒体推广和营销公关活动外，政府公共传播还采用了多种创新的公关策略，如政府间的专业协调和大型活动的策划等。三是网络化。随着现代信息技术的持续进步和信息化时代的到来，传统媒体如报纸、电视等已被互联网所取代，这也带来了政府公共传播的网络化趋势。

目前,绝大多数政府部门已经深刻认识到信息网络在公众宣传活动中所扮演的关键角色,网络传播已成为支撑政府公共传播发展的主要媒介,随着政府微博、官方网站等多种政务平台的出现,政府的公共传播在平等性、双向性和反馈渠道上都得到了显著的改善,使得信息传播双方能够实现平等交流、双向互动。

二、当代中国政府公共传播经典案例

(一)北京奥运会

2008 年北京奥运会的成功举办让世界感受到了中国的国力之强大及发展之迅速,成了政府公共传播的典范。政府通过高效的传播机制,塑造了一个坚定、宽容、健康向上的中华民族新形象。由政府主导的北京奥运会的公共传播活动不仅在全球范围内受到了媒体的广泛关注,而且还以志愿者、形象大使评选和开闭幕式为媒介,展现出成熟的公共传播整体思路与运作手段,使"同一个世界,同一个梦想"这一概念深入人心并赢得较高声誉。在这一近乎全国总动员式的政府公共传播中,来自世界各地的一万多名运动员、三万多名记者以及两万多名来自不同国家(地区)的志愿者形成了强大的支持力量,由无形变有形,带着北京发展、带着中国前进,帮助北京奥运会成功举办,也实现了增强民族凝聚力、深化中外友好关系、提升双方好感等公共关系目标。

一是,借助奥运这一平台来提升中国在国际舞台上的地位和形象。不管是参赛国(地区)数量、运动员数量还是前往中国观看比赛的各国领导人数量,北京奥运会都创造了奥运历史上的最高水平,这本身就产生了一个全新的传播主题。本届奥运会开闭幕式的精彩绝伦,赛会安排的严谨细致,中华文化的博大精深,无不令国际社会印象深刻。北京奥运会为世人提供了一次亲密接触和认识中国的绝佳机会,许多发达国家通过此次奥运会一改对中国的刻板印象,纷纷对中国的建设成果表示深深的敬意,并期望从中国的建设中吸取教训。在奥运会结束后,中国迅速成了全球社会的关注中心。

二是,对中国国力和模式的深入论证。奥运会主场地的大量基础设施投资、出色的组织和动员能力,以及中国人民深厚的爱国情怀和严格的纪律观念等,都充分体现出中国特色社会主义"集中力量办大事"的治理理念。尤其是在离奥运会开幕还有不到三个月的时候,我国四川汶川地区发生了一场震惊中外的地震,给当地人民带来了巨大的生命财产损失。在突发灾难面前,中国共产党领导着全体中国人民对灾区的灾后重建提供了全面的支持。全国人民团结一心,成功地战胜了这场灾难,确保了北京奥运会的顺利举行。在那之后,尽管国际社会普遍对"后奥运经济"的衰退表示担忧,但中国却在 2009 年国际金融危机蔓延和全球经济下滑的背景下实现了 8.7%的经济增长,并迅速成为国际社会的关注焦点。在展现国家实力的同时也充分体现出中华民族的传统美德,打破了外国民众长期以来对中国"妖魔化"的误解。

三是,通过奥运活动,国人的凝聚力和民族自豪感得到了增强。北京奥运会对中国民众产生的影响主要体现在三个方面:首先,境外敌对势力策划的一系列负面事件激发了公众的国家、民族认同感。2008 年在拉萨发生的"3·14"事件和奥运火炬境外传递的事件,对正处于筹备阶段的北京奥运会造成了一定困扰。然而,这些负面事件也激发了中国民众,尤其是海外华人华侨，前所未有的凝聚力。民众强烈的反抗意愿使得许多对中国持有敌意或对中国施压的阴谋落空。其次，人民群众的广泛参与，为顺利举办奥运提供了有力的民意支持和保障。奥运组织进程把中国人民紧密地团结在一起，中国民众展现出前所未有的参与热忱和奉献精神，“我参与，我奉献，我快乐”已经成为一种社会风气。城市志愿者自信的微笑、中国年轻一代的朝气活力已成为北京乃至全国最好的名片，打动了来自世界各地的外国观众。北京奥运会的完美收官，实现了中国百年奥运的梦想，这不仅给全体中国人民带来了巨大的鼓舞和激励，也为中华民族带来了近现代以来一次“成功”的体验。中国人民在民族自豪感、国家认同感等方面都有了显著提升。

（二）上海世博会

上海世界博览会的成功申办，也是现代中国政府展示其现代公关策略的一个标志性实例。在该项目的调查过程中，政府的公共传播就已展现出强大驱动力，“长江三角洲的全面发展”以及“1 美元的展览投资将刺激 5~10 美元的城市相关产业投资”受到了全国民众的热切期待。根据对全国 50 个城市的民意调查，89.4%的人认为中国有必要申办 2010 年世博会，94.4%的人支持中国申办 2010 年世博会，92.6%的人认为中国有能力申办 2010 年世博会，而 78.6%的人认为中国能够成功申办 2010 年世博会。

在此案例研究中，上海政府确立的公关目标——“将上海塑造为国际化大都市的形象，展现上海的独特魅力，并最终获得世博会的主办权”，吸引了大量关注。上海市政府以此为核心，最大程度地利用上海的五大特点。第一，超过 7 000 万的游客将为世博会创下历史新高；②与当前全球趋势相匹配的明确主题——“城市让生活更加美好”；③选址与世博会目标一致，通过场馆的建设来推动旧城区的改造，使该区域在未来成为经济、科技和文化交流的中心；④依赖于改革开放之后所积累的经济力量；⑤社会运行稳定且有序，民众的支持率相当高。随后，以上海的五大优势为核心，展开了一系列公关活动，致力于让全球认可上海这一选择。在项目的执行过程中，上海市采取了分发宣传册的方式。随后，通过举办世博会知识网络竞赛、世博主题文艺表演、举办“万人支持申博在线签名”活动、组织“上海居民骑自行车申博万里行”和“长江三角洲申博之旅”等系列活动，以及征集申办标志、口号和国外媒体宣传等方式，成功地在申办会议前营造了一个积极的舆论环境。活动主体正式启动后，通过申博市民代表袁鸣、瑞士罗氏制药有限公司总经理等代表的介绍，从各角度、各阶层都展现出上海申办世博会的诚意和信心。经反复审查，终于赢得国际展览局成员国投票支持，中国也获得 2010 年世博会主办权。

毫不夸张地说，上海申博在政府的公共传播领域取得了显著的成就，并在全球范围内产生了深远的影响。韩国的 YTN 电视台对中国的成功申办给予了高度评价，认为这不仅展现出中国经济的强大实力，还提高了中国在国际上的声誉和地位；西班牙的《世界报》把 2010 年世博会的成功申办作为关键的前提条件，确定上海作为 2002 年全球最具知名度的城市；据国际展览局的相关人员所述，今天世界诞生了一个伟大的希望。

第三节 面对公共传播问题的基本原则和策略

一、解决中国政府公共传播问题的原则

(一)追求真实原则

在现代公共关系工作中,追求真实始终是一个核心原则。自从被誉为"现代公关之父"的美国艾维·莱德拜特·李(Ivy Ledbetter Lee)提出"讲真话"的理念后,向公众揭示真相就成了公关工作的首要任务(Ihlen et al, 2019)。在政府的公关传播活动中,隐瞒和欺骗不仅会误导公众对信息的理解,还可能严重损害政府的声誉,甚至对政府的形象和政策执行产生负面影响。特别是在当代社会中,信息发布的平台变得前所未有的广泛,传播手段空前发展,任何一个组织尤其是政府机关都不可能对信息进行长时间的封锁和控制。正如美国总统林肯所指出的,你有能力在任何时刻对任何人进行欺骗,也有可能在任何时刻对某些人进行欺骗,但你绝对不能在任何时候对所有人进行欺骗。事实的真相终将为众人所知。因此,在政府公关传播活动中实施公共关系的核心原则——真实可信原则,意味着政府需要以实事求是的态度将真实的信息传达给公众,以便赢得他们的信任和理解,进一步支持政府的施政方针和行政作为。

遵循政府公共传播真实可信的原则意味着,政府在进行公共传播活动时,必须以良好的行为组织为基础,以准确把握事实为前提,向公众真实地传达有关组织的信息,同时也要向组织的决策者准确地传达有关公众的信息。信息既是政府决策的根本依据,也是政府管理有序进行的关键工具,因此,信息的失真对政府产生的负面影响是难以想象的。信息的传递是双向的,既包括外部信息进入政府内部,也包括政府内部信息向外输出。信息的失真可能会误导大众对政府真实形象的评估,并使行政决策走向错误的方向。

如何确保政府的公共传播遵循真实可信的准则?首先要确保传播的源头是真实可信的。在进行公共信息的传播时,政府各部门必须始终关注信息的传播源,确保所发布的信息既是权威的,同时也保证其独特性,尽量摒除不实言论带来的不良后果。其次,我们需要建立一个流畅且高效的信息传播路径,确保政府、媒体和公众能够及时获得信息,并确保信息总是能够在第一时间被公之于众,这是保障政府公关传播真实可靠的重要途径。最后是保证政府公共传播的影响力得到最大限度的发挥。要实现公共传播的有效性,政府既需要保证公众总是能从政府信源获得真实可靠的信息,还必须通过主动且有效地发布信息来塑造政府的诚信形象,确保为公众提供服务的同时,也能塑造政府的正面形象。

(二)双向沟通原则

政府公共关系是一种建立在现实基础上的双向沟通,而非政府向公众单向传递信息,因而监控公共舆论是至关重要的。从一方面看,政府应当参考民众的情感和意见来调整其决策并进一步完善;从另一个角度来看,这也是一种向外界传播的方式,以便让公众更好地了解和理解政府,并促进双方观点的有效交换。应当看到,今天的政府正处于一种全新的传播

环境中，政府公共传播已经不能停留在单向、唯一和一成不变的特征上，而我们以往固守的宣传思维也是如此，它已不再适应当今时代无限制扩张的传播媒介。如今，政府部门在媒介传播中已不再占据话语霸权，它逐渐演变为一个与大众平等交流的平台。为了最大化公共传播的效果，政府部门必须积极、主动地进行双向的信息传递和交互式意见分享。这意味着政府与公众之间需要实现积极的互动和双向交流。一方面，政府部门需要及时发布并详细解释公众所需的信息；另一方面，也需要有效地收集公众观点，并对其进行准确的评价和反馈（Yudarwati et al，2022）。

（三）公众利益优先原则

在新闻法和大众传播法中，“公众利益”（public interest）被定义为一个核心概念。其核心思想是，当媒体公开某些信息时，会以公众利益为理由进行辩护，并为新闻媒体提供“有限的特许权”。在政府的公共传播活动中，这一原则必须受到充分的重视和尊崇。我们必须清楚地认识到，在当代社会背景下，政府的公共传播活动是无法绕过媒介的。这种传播必须通过媒介来呈现。同时，媒介的核心价值观，如新闻传播的理念和从业人员的职业素质，都会对传播内容的构建产生影响，进而改变公众的看法并对政府的公共传播策略产生影响。随着新型大众传播平台的出现，由于信息资源的丰富性、价值评估和思维反馈的增加，单一媒体的价值评价在政府的公共传播活动中所起到的作用逐渐减弱；然而，从另一个角度来看，不同的个体有能力通过网络平台来传播自己的观点和评估政府形象的价值，这无疑给政府的公共信息传播带来了极大的挑战。在这种情况下，任何试图封锁信息通道或规避媒体焦点的行为，都被视为政府在公共传播领域的不明智选择。与此相对应，维护和尊重公众利益也是如此，既要确认公众知情权与媒体发布权，也要维护政府部门自身形象，塑造公正、廉洁、可信的政府公权力。

总的来说，政府公共传播的有效开展必须在确保公众利益最大化的前提下，这就需要公权系统内部传播，需要政府和社会以及公众之间互动传播，此外，大众传媒在公共政策的制定和执行过程中对健康传播环境的塑造起到了关键作用，进一步增强了公众在公共事务中的参与和监督。

（四）政府引导原则

政府公共传播目的非常明确，即为了达到信息有效传播、满足社会公众知情权、诚恳接受社会监督等目的，以争取社会公众对政府部门工作的认可与支持、塑造与巩固良好的政府形象。为了实现目的，政府必须在公共传播活动中居于引导地位，不能放任自流或“颐指气使”。政府公共传播与其他传播实体有所不同，它在信息传递的过程中扮演了两重角色：一是信息的传递者，二是公共传播活动的主导者。作为信息的传递者，政府通过特定的信息途径，获取了辖区内权威的信息来源，并能全面准确地了解事件的具体情况；作为信息的管理者，政府采用行政措施来对其他传播实体的行为进行监控和管理。这导致政府传播表现出传播主体的权威性、传播行为的管理性、传播内容的目的性以及传播渠道的融合性等特点。

在传统的媒体背景下，政府往往扮演着公众信息的守护者角色，而与此相关的政府部门往往能够轻松地屏蔽有害内容、删除或关闭可能造成伤害或产生负面效果的信息和网站来进行管理。在新媒体的背景下,特别是当网络成为公众主要的信息获取和发布渠道后,政府所处的舆论环境更为复杂。这意味着信息来源渠道的多样性增加了,如果不对海量数据进行及时审查,其负面效应可能不会因为删除或关闭等行为而被完全消除,反而可能会因此而变得更为显著。在当前的社会环境下,政府已经很难再有效地扮演信息把关者的角色。因此,传统的管理方式也逐渐展现出其应有的作用。有效的解决方案不是通过堵塞,而是通过疏导,即通过建立健全新闻发言人机制、设立意见领袖、创建政府博客和微博等方式,来对公众舆论进行积极的引导,加强与公众的联系,塑造一个全新的形象(李琴等,2019)。

二、解决中国政府公共传播难题的构想

(一)遵循以人为本的指导思想

"以人为本"是政府公共传播中一个核心的指导思想,它强调在所有传播活动中,人民的需求和利益应当是最首要的考虑因素。这个指导思想要求政府公共传播不仅仅是一个单向的信息传递过程,而应当是一个多元、开放、透明和参与性强的双向互动过程,最终目的是服务于人民,提升社会福祉。在政府的公共传播活动中,遵循以人为本的指导思想不仅具有深远的理论价值,而且在实际操作中也具有重大意义。只有当一个正确的价值观得到广大民众的普遍认同、深入理解和精准把握时,它才能被视为正确的价值体系,才能内化为社会群体意识并得到人民群众自觉的遵守与实行。在政府的公共传播活动中,我们应当始终以广大民众的核心利益为行动的起点和终点,尊重绝大部分人的权利,如知情权和参政权,并始终秉持服务的原则,深入了解和收集公众的意见和需求。在此背景下,政府的公共传播策略应聚焦于构建政府与公众之间的积极互动,以引导公众舆论,为政府施政创造一个积极的外部舆论环境,并获得公众对政府的广泛支持,以实现和谐发展的最终愿景。

(二)遵循良性沟通原则

早期,我国的政府与公众之间的信息交流主要是单向的和宣传式的。这意味着政府在信息传递中起到了主导作用,但信息往往存在不对等的情况。在某些特定的历史背景下,这种信息传播起到了推广执政思想和与广大民众建立联系的作用,但是在新时期新形势下,这一宣传式信息传递已不再适用于当今社会实际。我们应清楚地认识到,随着现代信息技术的快速进步,大众对信息的依赖程度也在不断上升。在当前阶段,政府公共传播的核心目标是确保公众的知情权得到满足,有效地引导公众舆论,并赢得广大民众的支持。为此,政府需要以积极的态度在适当时机下发布信息、提供情报,这意味着将宣传活动转化为有益的互动,并将单向的信息传递转变为双向的平等交流。

在目前阶段,西方国家的政府在公共信息传播方面具有很高的参考价值。例如,媒体和新闻发布会,可以为公众及时传达信息,确保政策方针以大众能够理解的方式被准确、客观地传达,从而实现预期的效果,发挥媒体议程设置的作用,使公众能够通过媒体了解事件或议题,依循媒体所展示的视角进行反思(Graham,2014)。根据媒介对于各类议题的关注度,调整其自身对于此类议题重要性的认知,让媒介优先议题转化为大众优先议题并引导舆论朝着正确的方向发展,选择合适的宣传时间和适当的宣传措施会起到事半功倍的效果。

（三）尊重社会公众知情权

民本思想，是中国历代政府一贯坚持的执政理念。在两千多年前，当孔子提倡“节用而爱人，使民以时”的理念时，孟子便阐述了“民为贵，君为轻”的思想。在他们的观点中，一个政权的稳固和统治的安定都与民众息息相关，因此统治者需要倾听民众的建议、深入了解民众的感受并满足他们的需求。这种强调官民关系的开放政治理念对后代产生了深远的影响，对于当今政府的公共传播也具有一定的启示作用。为了真正实施以人民为中心的思想，政府必须尊重大众的知情权。

“知情权”被视为公民的基本权利之一。党和政府提出重大事件应供群众了解、供群众讨论，这是我们国家维护公众“知情权”的表现。随着 2008 年 5 月 1 日《中华人民共和国政府信息公开条例》的正式生效，我国公民的知情权和监督权也得到了法律的保障，这对我国政府的公共传播产生了深远的影响。该条例明确指出，任何涉及公民、法人或其他组织核心利益的事件，都需要社会公众的广泛认知或参与。反映本行政机关的组织结构、职责和办事流程等方面的信息，以及其他根据法律、法规和国家相关规定应当主动公开的信息，都应由政府行政机关主动公开。这一规定也为政府在公共传播方面提供了有力的法律支持。我们必须认识到，只有当得到公众的广泛支持与参与时，政府的政策才能得到顺利有效地执行。公众的参与建立在对政府的了解和信赖以及对政策的积极认知和理解的基础上。只有当政府的公共传播真正保障公众的知情权时，它才能真正发挥其作用，并通过多种方式进行宣传和呼吁，从而激发公众的政治参与热情，并将政府的政策转化为公众的实际行动。

（四）正确舆论导向是基础

在很长一段时间内，政府所进行的宣传活动主要利用传播工具来影响和控制公众的思维，这被称为“灌输式宣传”。在现代社会背景下，政府的公共传播需要经历角色的转变，从“主导”模式转向“引导”模式，基于公众的权利，为主流价值观提供更为有力的动态指导，以实现国家整体利益的最大化。

当我们将传统的宣传方式与政府的公共传播手段进行对比时，会观察到几个显著的差异。第一，传统的宣传方式在目标受众方面并没有明显的区别，而这些受众可能是全国甚至更广泛地域的普通民众；但政府公共传播中的受众则具有指向性，会被细致地区分，通过选择特定部分的受众，有针对性地进行传播。第二，传统传播媒介注重利用某一种或多种媒介传递信息，政府公共传播则往往作为媒介的信息源以组织报道、新闻发布会和其他形式进行传播，并不直接掌控媒体。第三，传统的宣传策略旨在通过传播工具改变受众的观点和态度，从而推动实际行动，而政府的公共传播则专注于确保政府与公众之间的沟通平等和积极互动，以确保政府行政工作的顺利进行。我们必须认识到，在不断进步的时代背景下，中国媒体所代表的主流意识形态在社会意识形态中的融合作用和在推动社会和谐发展中的导向作用，已经逐渐从革命战争年代和阶级斗争年代对教育和改造人的功能期待，过渡到对人的尊重、关怀与激励。在此情况下，如果政府机构能对舆论导向进行正确把握并对媒体进行有效引导，将媒体变成社会秩序的“稳定器”和社会情绪的“安全阀”时，我们才能确立正确的思想政治立场、提供强大的精神支持、营造积极的舆论环境，并建立和谐的人际交往（牛娜，

2020）。

三、破解中国政府公共传播困境的方法

（一）构建政府公关传播的中枢系统和子系统

当前我国的政治体制改革还未完全结束，在这样的大环境下，一个高效的运作机制成为确保政府公关传播能够正常进行的基础和必要条件。政府公共传播归根到底就是作为行为主体的政府运用多种信息传播手段同公众进行信息双向交流，以期获得公众支持、信任和配合的一切活动。为了构建并维护政府与公众之间的互信和支持关系，我们需要对传统的官僚体制进行改革，打造一个政府公共传播的核心系统，并配备功能强大、结构完善的子系统，确保在政府公共管理和公共服务的价值观指导下，充分发挥政府的公共传播作用。

确立责任制度——打造政府公共传播的核心平台。在传统的组织模式中，政府机构的主要职责通常是对政治领导者负有责任，而政治领导者则被认为需要向外界承担责任，这种责任结构是基于等级结构提供的正式联系来确定的。受这种责任机制的支配，大众在传播中处于被动状态，只能被动接受政治领导者的意见和信息，这已明显不符合当前中国政府的运行模式和舆情现状。因此，为了建立一个高效的政府公共传播机制，我们需要确保作为核心系统的责任机制更为灵活且具有政治性，增强其对公众的直接责任，并优化政府与公众的互动关系。这在某种程度上意味着政治责任对他们的控制能力会减弱，但我们也必须明确，随着管理责任的进一步完善，任何政治责任的减弱都可能得到补偿。

在目前的政府操作体系中，我们可以通过构建高效的组织结构、紧急响应机制、监控手段和反馈策略等，确保其成为一个支撑中枢高效运作的子系统。构建并不断优化组织的运作机制。根据实际需求，各级政府机构有权设立专门的职能部门，以对公共传播活动进行深入的研究和执行。在这一阶段，要逐步确立有法律保障、有政府授权、相对独立的政府公共传播部门以及一整套自上而下行之有效的组织机构。举例来说，中央政府已经建立了专门负责政府公关的领导机构，并通过组建政府公关专家咨询团等专业组织，进行决策研究并全面规划政府的公共关系目标；在省级和市级可以成立政府公共关系专门机构，对区域政府公关传播活动进行具体的协调和指导；在基层政府部门中，可以成立专门的办公室来承担特定的政府公共传播活动并做好信息收集和决策咨询，实现与民众的直接交流等。

构建一个高效的紧急响应体系。为了与国家的应急政策和法规保持一致，我们正在加速构建一个能够覆盖各级政府的应急信息传播机制，以提高政府部门的应急响应速度和舆论处理能力。我们的目标是建立一个由政府公共传播部门快速响应和相关职能部门主动解决的高效工作体系，确保在突发事件发生需要紧急处理时，政府公共传播部门能够有效发布权威信息并占领舆论的制高点（吴文静，2020）。

建立有力的监督机制。政府公共传播作为一种由政府向大众负责并由大众拥有相应监督权力的传播系统，意味着政府的公共传播机构应当受到各大社会组织和广大公众的监控。为了确保政府的公共传播充分发挥其功能，有必要构建一个由政府各部门、社会组织、新闻媒体以及广大民众共同支持的监管体系，这一监管既包括对政府公共传播信息公布内容的监管，也包括对信息流通渠道和相关组织人员等政府公共传播支撑系统的有效监管。

构建一个快速的反馈机制。政府的公共传播实际上是政府与社会公众之间的双向沟通，为了建构信息交流的关键桥梁和纽带，我们需要确保公共传播不只是“上级指示”，同样还要关注公众“发言”的有关反馈意见。为达到这一目的，政府应着力拓展舆情收集渠道，建立信息交流平台，进一步提高政务公开水平，及时地提供反馈和掌握的相关信息，以增强公众对政府的信赖和满意度，并在政府与公众之间构建一个良好的互动环境。借助这种机制的保障，政府可以通过各种媒体和其他渠道，更好地了解公众对政府治理问题的关注程度和他们对政策问题的看法，这有助于政府调整策略并提高相关政策的执行力效果。

（二）为政府公共传播制定相应的法律和政策保障

我国现行的《中华人民共和国政府信息公开条例》和《中华人民共和国突发事件应对法》等相关法规，都为政府的公共传播提供了明确的指引。例如，《信息公开条例》明确指出，行政部门必须确保政府信息的及时和准确公开。根据《突发事件应对法》的规定，各相关的人民政府和部门有责任定期公开公众对相关突发事件的预测和分析评估结果，以确保突发事件的发展和应急处理情况得到统一、准确和及时的公开。这些条款无不说明中央已经把政府公共传播纳入国家法律法规体制。然而，我们还应看到，我国虽已制定并出台了若干与政府公共传播有关的法律法规，但仍不够全面。在许多与具体操作、责权划分有关的环节上，常常无法找到可供遵循的法律。因此，为了确保政府的公共传播活动能够真正走上法制化的道路，有必要加快与政府公共传播相关的立法进程，明确政府在公共传播方面的管理权限，并严格按照法律程序进行操作，以维护法律的权威和规范性。

（三）增强政府的公共传播意识

在现阶段，部分地方政府和职能部门出现的公共关系问题，往往是由政府内部的某些人，包括高级领导或新闻发言人的不当行为所导致的。例如，在 2011 年，“不论你信不信，反正我信了”这样的语句被广泛传播。尽管我们认为这句话在传播过程中已经偏离了其原始语境，产生了一些歧义和误解，但这句话同样揭示了当今政府公关传播中存在的问题：政府部门和相关工作人员公关能力不足。在思想和意识层面上，公共传播仍旧停留在口头和纸面，并没有得到政府部门的充分重视（周珣，2019）。

一是要提升政府高层领导的公共传播意识。《论语·子路》中提到“一言兴邦”，鉴于政府所承担的客观职能，社会事务的管理者，特别是政府高层领导的发言，往往能吸引更多注意力、带来更强的传播效果，但也更易被置于聚光灯与放大镜之下进行诠释、解剖。所以，政府高层领导更应该提升其政府公共传播意识。在处理紧急情况或发布重大新闻时，妥善运用公关技巧可以为自己和部门塑造一个正面的领导形象，同时赢得更多群众的支持拥护，给政府营造一个良好的舆情环境与外部氛围。

二是致力于提升政府一线工作人员在公共传播方面的意识。政府各部门的一线员工与公众的互动是最频繁的，他们基本上代表了政府的办事风格和办事形象。当前还有许多职能部门未能落实建设“服务性”政府这一理念，导致公众产生不良印象。因此，提高政府基层人员的公共传播意识和能力，我们才能赢得更广泛的公众信任和理解。需要明确的是，公众理解政府的政策决策并将其转化为实际行动完全取决于公众对政府的认知度和接受度。

（四）优化各种形式的传播技巧

1. 社交媒体上的传播策略

社交媒体正在逐渐取代传统媒体，通过其即时、多角度和互动的特性来发布信息，这已经成为现代人们获取信息的主要途径。随着社会化时代的到来，公众的互联网参与逐渐成为互联网政治的新舞台。这种参与增强了政府在信息传播中的影响力，极大地缓解了突发公共事件应急响应的冲击，进而有助于控制社会的不稳定性。显然，在社交媒体的信息传播中，公众的信任与双方的关系是紧密相连的，许多政府部门和官员都会建立相应的社会账户，以反馈他们的观点、议题、政策和事件。正是出于这个原因，政府需要努力提高公众的信赖度，掌握大众媒体的恰当运用，强化二者间的密切联系，进一步扩大政府传播在公众中的影响力。基于"善治"思想，政府需要构建各种用户关系网络，而社交媒体能够通过转发、关注和话题等多种方式协助其构建用户关系网络。

在现阶段，政府部门应当最大化地利用微博、微信等社交媒体平台与公众进行深入的信息交流，这将为建立政府与大众之间的高效合作关系奠定坚实的基础。通过在传播方面建立信息合作关系并有效地利用微博和微信在信息多样性、传播速率、来源范围以及影响力深度等多个方面的优势，实现信息的有效补偿。将社交媒体平台作为主要的公众渠道，识别其在信息传递上的缺陷。这将有助于推动政府采纳"善治"的策略，并鼓励公众参与公共事务。各种新媒体平台都有其独特之处，微博不仅拥有信息公开、公共传播、舆论导向和网络形象等功能，而且是一个即时的媒体平台，同时具备新闻发布的功能。微信的独特之处在于它提供了精确的送达、定制化的服务和国际化的推广，这既是一种工具媒体，也是一种服务媒体。博客则属于早期涌现的媒体工具，汇聚了专业知识、读者文摘以及各专业领域的内容。那些具有独立空间的应用，如聚合客户端和自有应用，都配备了新闻推送、功能创新、流量转化和移动门户等多种功能。

在新媒体的运营策略中，一方面需要满足网民的娱乐需求，采用网络语言，强调流行文化，利用"段子手"策略来吸引更多的网友。借助幽默的言辞和诙谐的风格，拉近与粉丝的心理距离。另一方面要始终以用户立场为导向，重视满足用户的各项需求和期望，努力缩短与用户的情感距离。社交分享在整个媒体消费模式中的核心地位越来越明显，尤其是对于年轻用户群体，他们更倾向于关注新闻之外的附加或"增值"的信息和功能。相较于热门新闻，年轻用户更多地将自己的兴趣作为内容消费的起点。

2. 公共危机传播技巧

政府危机公关指的是在政府管理国家事务的过程中，面对突如其来的事件，如地震、严重疾病、恐怖组织的活动或经济不稳定等情况，给公共生活和社会秩序带来巨大损害时政府所作出的回应处理行为。公共危机事件的扩散呈现出明确的阶段性和时间节点，危机公关策略优化则是一种普遍采用的方法，也就是在事件扩散过程中，正确判断与处理社交媒体、公众、意见领袖之间的行为关系。在突发事件发生之后，只有迅速公开事实、有针对性地引导公众舆论和主动辟谣，才能有效地阻止流言的传播，从而减轻公众的恐慌和焦虑情绪。与此同时，官方主流媒体应当主动与其他大众媒体建立联系，确保官方与民间媒体之间的紧密合作。例如，在政务微博上，应能够实时追踪并发布事件的进展，并与大众媒体建立合作关系,及时进行转发和评论,积极引导公众舆论加强舆论支持,从而确保信息的有效传播。

微博和微信凭借其信息的多样性、传播的高效性,成为媒体获取新闻线索和公众获取首要信息的关键平台。此外,微博和微信在分工上也有其独特之处,内容互补性强,已经成为危机发生时的舆论主阵地。

微信因其具有"圈子"效应,使用者会按照个人兴趣分享朋友圈,更多地集中精力于碎片化信息的综合处理、深度研究和分析。微博则以其公开性为显著特征,使得其极易成为人们获取信息的首要渠道,这有助于公共舆论的快速传播和官方信息的及时发布,具备极强的时效性。通过微博的即时公开和微信的深入报道,"双微平台"在功能方面实现了优势的互补。相较于传统媒体,它们在传播范围和深度上都具有更大的优势,在公共舆论的引导上也起到了重要作用。

3. 政府形象传播技巧

1)转变传统观念,增强新媒体意识

我国政府媒体历经传统媒体时代已久,如今各种机制和传播方式都已经相当成熟。国家对于政府形象的塑造一直给予高度的关注。无论是在传统媒体中展现的政府的独立形象,还是在新媒体时代对政府形象更为开放的塑造,都是党中央一直关注的。然而,在很多地区,特别是在县镇等地,政府对新媒体的理解和应用仍然不够深入,其观念仍然停留在传统媒体时代。为了解决这些问题,政府部门需要从自身开始,逐渐引导上级和下级去适应和融入新媒体环境,这不仅需要改变形式,还需要更新观念。我们需要摒弃传统媒体时代中的某些"形式主义",确保政府的形象真实地转化为政府与公众共同塑造的形象。在新的时代背景下,地方政府除了需要吸引专业的人才外,还应积极学习和掌握相关的技术,以确保与时代同进步共发展。

2)构建并持续优化阳光政务平台

2016 年 2 月,我国发布了《关于全面推进政务公开工作的意见》。该意见明确指出,我们需要进一步加强决策、执行、管理、服务和结果的公开,同时加强对社会关切问题的回应和公开平台的建设,以确保在面对重大突发事件或社会热点事件时,能够不失声、不缺位。首要任务是搭建微博、微信、短视频等多功能政务媒体平台,从多个渠道为网络用户提供资讯,并在此基础上持续完善政务平台的架构。首先,政务平台的主要功能是为人们提供处理相关事宜的途径,因此它应当是简单易用、容易检索且适合各个年龄段的用户进行查询和操作的。其次,在处理信息时,我们应当确保信息的公开性和真实性,同时确保信息的权威性,信息形式应亲民、丰富。最后,应始终紧跟时代步伐,把握时代发展的最新动向,以吸引当地群众更多地了解政务新媒体,树立政府形象。

第四节 政府公共传播的未来发展趋势

一、政府公共传播走向战略发展模式

未来,政府在公共传播领域的发展方向将是从短期效益模式转向更加注重关系管理的战略发展模式。在公共关系的早期阶段,人们更关注短期、即时的效益,而未将其看作长远

的任务，政府公共传播通常仅着眼于某个竞选者发表讲话或某个州政府颁布新法律条文等，影响仅为一时。目前，公共关系领域的研究者们已经意识到了这个问题，并在未来的公共关系研究中逐渐采纳了将公共关系视为长期任务的战略思维。与此相对照，目前的政府公共传播更加重视政府的长期利益和目标。首先，近几年信息技术和传播技术的快速发展，以及媒介的多样性、互动性和个性化，为政府的公关传播提供了全新的发展机会，还引出了一个全新的话题——作为一种传播策略，公共关系将把塑造政府的“全球形象”融入政府的战略管理，其战略重要性逐渐提高。其次，某些具有全球影响的问题，如环境保护、人口增长、战争与和平、人权问题等，已经超出了任何一个国家或民族所能承担的范围。为了解决这些问题，我们必须依赖国际沟通和对话，达成共识以制定国际化的标准，并依赖全人类的共同努力。这也是我们在公共传播领域必须面对的挑战。在这一战略地位确立的背景下，公共传播发展迫切需要有目标、有计划的长期发展战略加以引导。最后，未来各国之间的“交锋”不再只是短时效应下的事件博弈，而是观念、主义和文化差异等层面的碰撞与融合，政府公共传播作为外交的重要工具，肩负着“正面交锋”之重任，也就决定政府公共传播要有保障国家主权独立的长远发展策略。

二、从双向不平衡模式到双向平衡模式的转变

公共关系的“双向不平衡模式”始于 20 世纪 30 年代，并在此后的大半个世纪内一直占据着公共传播模式的主导地位。该现象的出现是受到了 20 世纪二三十年代美国经济危机和第二次世界大战后市场饱和的影响，商品供大于求，企业间的竞争日益激烈，消费者的需求和权益对市场的影响也在不断扩大，这迫使企业和组织在认可公众利益的同时，也必须尊重并满足公众的需求。尽管市场调查、民意调查等现代研究手段已经出现、完善并得到了广泛的应用，但它们为组织更好地了解公众，特别是消费者的需求和获取公共信息创造了条件，由此突破了过去从组织到公众单向传播的限制，实现了组织与公众间的双向沟通，但是这种沟通仍处于失衡状态，在这一状态下，组织仍是传播的主体，公众只是被动的客体。

未来，双向平衡的模式将是政府在公共传播领域发展的关键路径。在此模式中，信息的传播双方都扮演着同样的关键角色，他们既是信息的传递者，也是信息的接收者。在公共关系领域中，组织和公众都是核心参与者，两者同等重要，没有明显的优先次序，它们之间是相互依赖的。为了确保政府利益的实现，公众的利益必须被视为基础前提。因此，当政府在追求和实现其自身的利益时，除了要高度重视公共利益外，还应有意识地去关心、保护公众并确保其利益得到实现。当双方的利益出现冲突时，政府不能以损害公共利益为代价，也不能仅仅损害自身的利益。相反，应该通过平等的对话和协商来达成共识，双方都可以作出必要的妥协和退让，从而在双方的利益都能得到保障和实现的前提下，建立新型的合作关系。双向平衡模式与我们党致力于服务人民和构建和谐社会的发展目标是完全吻合的。

三、政府的公共传播方式高度技术化

随着互联网时代的到来，我国政府逐渐认识到信息网络和其他现代传媒新技术在公共

传播领域的关键作用。随着网络技术的不断进步，我国的政府网站、政府博客和政府微博等公共传播平台也在持续地进行更新。这些创新技术已经在政府的公共传播沟通管理策略和工具上进行了优化，从而极大地增强了公共传播的平等性、双向互动和反馈机制，使得信息传递的双方真正成为平等的交流伙伴，实现了更为深入的双向交流。从信息的角度看，创新技术的发展降低了对个人表达的技术门槛，使大众能够围绕个人生活抒发真实感受，完全不带有任何功利性，更加接近个人的心理状态。从传播的角度看，多用户之间的网状传播方式导致了信息的病毒式传播。这一传播具有覆盖面广、传播迅速等积极意义，但同时也存在着难以控制的负面影响。但是，不论结果如何，这一新媒介手段都将成为政府公共传播最主要的方式之一。

四、政府和大众媒体之间的协同性会进一步增强

政府和媒体之间是一种共生关系。媒体时常处于一种由政府监管的状态，有共同的利益但地位不完全对等。政府和媒体之间的关系在经历了多年的发展和变化之后正逐步得到重建。媒体由原来的传播工具变成了“喉舌”进而演变成了政府体察民情、搜集民意的渠道，媒体和政府之间的关系已不再单一，但政府治理媒体的原则始终没有改变。除此之外，政府和媒体之间还有合作关系。通过协作，媒体能够利用自身优势开展与政府公共传播相关的工作，使广大人民群众了解政府工作、推动政府政策顺利落实。同时，媒体手段的运用能够辅助政府了解民意，进而促进社会的发展（高雁，2013）。

其实政府和媒体之间本来就是一种相互依赖的关系。政府需要借助媒体开展公共传播和其他活动，媒体的责任就是将政府行为传递给大众。媒体不仅需要充当政府“喉舌”，还要充当公众“喉舌”。加强政府与媒体的互动应注意以下三点：强化对媒体管理的同时，也要接受来自媒体的监督；运用媒体把握舆论主导的同时，也要广泛搜集民意；尊重媒体信息自由，但也要避免权力异化。

思考题

第一节

1. 公共关系包含哪几个方面的构成要素？
2. 政府公共关系要承担哪些基本职能？
3. 公共传播与大众传播有什么区别？

第二节

1. 现阶段我国政府公共传播主要面临哪些问题？
2. 未来我国公共传播的发展方向？
3. 2008 年北京奥运会的成功举办对我国政府公共传播的未来发展有何借鉴意义？

第三节

1. 解决我国政府公共传播问题要遵循哪些原则？
2. 解决我国政府公共传播问题的思路？
3. 简述破解我国政府公共传播困境的方法。

第四节

1. 如何理解政府公共传播的双向平衡模式?
2. 新媒介手段对政府公共传播的积极、消极影响表现在哪些方面?
3. 强化政府与媒体界互动的同时需要注意什么?

参考文献

[1] 巴胜超，2014. 传播[J]. 民族艺术（6）：33-39.

[2] 卜长莉，金中祥，2001. 社会资本与经济发展[J]. 社会科学战线（4）：217-222.

[3] 蔡华杰，陈小捷，2021. 社会主义生态文明理论的政治经济学基础：何以必要与可能[J]. 当代经济研究（1）：43-50.

[4] 常桂祥，2020. 社会资本的特性与构成要素探析[J]. 中共济南市委党校学报（2）：83-88.

[5] 常江，罗雅琴，2023. "新闻人"：数字新闻生产的主体泛化与文化重构[J]. 福建师范大学学报（哲学社会科学版）（2）：119-128，171.

[6] 陈剩勇，于兰兰，2012. 网络化治理：一种新的公共治理模式[J]. 政治学研究（2）：108-119.

[7] 陈振明，2012. 寻求政策科学发展的新突破：中国公共政策学研究三十年的回顾与展望[J]. 中国行政管理（4）：12-15.

[8] 大卫·克罗图，威廉·霍伊尼斯，2007. 运营媒体：在商业媒体与公共利益之间[M]. 童关鹏，金城，译. 北京：清华大学出版社.

[9] 戴维·奥斯本，特德·盖布勒，2006. 改革政府：企业家精神如何改革着公共部门[M]. 周敦仁，等，译. 上海：上海译文出版社.

[10] 戴元光，夏寅，2010. 莱文森对麦克卢汉媒介思想的继承与修正：兼论媒介进化论及理论来源[J]. 国际新闻界（4）：6-12.

[11] 邓建国，2016. 时空征服和感知重组：虚拟现实新闻的技术源起及伦理风险[J]. 新闻记者（5）：45-52.

[12] 邓理峰，2021. 公共传播教育的三种使命[J]. 新闻春秋（6）：24-35.

[13] 丁良超，袁勇志，2019. 从服从的政治到认同的政治：大学生政治认同的逻辑演进[J]. 中国青年社会科学（2）：67-74.

[14] 方伶俐，胡潇，王雨璇，等，2020. "互联网+"背景下我国政务公开的困境与对策[J]. 理论观察（2）：54-57.

[15] 冯建华，2017. 公共传播的意涵及语用指向[J]. 新闻与传播研究，24（4）：113-119.

[16] 冯建华，2019. 后真相、公共传播与共同体构建[J]. 宁夏社会科学（2）：204-208.

[17] 冯务中，李艳艳，2008. "网络社会"概念辨析[J]. 广西社会科学（9）：175-178.

[18] 高雁，2013. 我国政府公共关系传播与媒体路径纠偏[J]. 当代传播（4）：19-20，58.

[19] 郭台辉，2004. 社会资本：公共政策过程的变量[J]. 理论与改革（3）：24-28.

[20] 韩红，2005. 交往的合理化与现代性的重建：哈贝马斯交往行动理论的深层解读[M]. 北京：人民出版社.

[21] 汉娜·阿伦特，2011. 过去与未来之间[M]. 王寅丽，张立立，译. 南京：译林出版社.

[22] 何舟，陈先红，2010. 双重话语空间：公共危机传播中的中国官方与非官方话语互动

模式研究[J]. 国际新闻界, 32(8): 21-27.
[23] 洪静, 2015. 社会资本对韩国国会政治中肢体冲突现象的影响[J]. 山东社会科学(3): 103-107.
[24] 胡百精, 2021. 建设性新闻与公共协商的可能性[J]. 青年记者(2): 4.
[25] 胡百精, 杨奕, 2016. 公共传播研究的基本问题与传播学范式创新[J]. 国际新闻界, 38(3): 61-80.
[26] 胡百精, 杨奕, 2019. 社会转型中的公共传播、媒体角色与多元共识:美国进步主义运动的经验与启示[J]. 中国行政管理(2): 128-134.
[27] 黄旦, 2015. 重造新闻学:网络化关系的视角[J]. 国际新闻界, 37(1): 75-88.
[28] 黄建友, 2018. 表达权还是知情权: 信息自由概念的内涵变迁[J]. 国际新闻界, 40(9): 116-127.
[29] 黄小洲, 2023. 马克思主义解释学的具体应用: 哈贝马斯对黑格尔哲学的批判[J]. 学术论坛, 46(4): 49-57.
[30] 简世德, 张洁萍, 2019. 社会资本与政府公信力:一个理论分析框架[J]. 法制博览(36): 243-244.
[31] 蒋冬青, 2015. 社会资本视阈下我国公民政策参与路径探析[J]. 福州党校学报(3): 27-30.
[32] 雷跃捷, 2013. 社会转型时期我国新闻传播教育的成就和问题[J]. 现代传播(中国传媒大学学报), 35(3): 135-138.
[33] 李满良, 2022. 公共关系与企业品牌建设[J]. 公关世界(9): 16-17.
[34] 李琴, 吴飞, 2019. 融媒体时代政府传播困境及策略研究[J]. 传媒(5): 90-93.
[35] 李松龄, 2019. 社会资本理论的辩证认识与现实意义[J]. 贵州社会科学(1): 125-133.
[36] 李曦, 陈晖, 2019. 浅析新媒体环境下的政府公共危机管理[J]. 新闻前哨(9): 68-69.
[37] 李毅, 李纪阳, 2022. 社会博弈与公共理性: 义务教育“公民同招”的治理逻辑与路径[J]. 华东师范大学学报(教育科学版), 40(8): 115-126.
[38] 李永杰, 2014. 现代社会组织与社会和谐发展[M]. 北京: 社会科学文献出版社.
[39] 李智, 张子龙, 2022. 算法赋权与价值隐喻: 智媒时代算法扩张的异化风险与规则调和[J]. 编辑之友(3): 48-54.
[40] 梁丽萍, 2008. 公共政策与公民参与:价值、困境与对策[J]. 山西大学学报(哲学社会科学版)(4): 108-114.
[41] 刘杰, 2021. 公共传播的价值底色与实践品格[J]. 华中师范大学学报(人文社会科学版), 60(3): 83-90.
[42] 刘少杰, 2012. 网络化时代的社会结构变迁[J]. 学术月刊, 44(10): 14-23.
[43] 刘小燕, 崔远航, 2021. 政府传播研究的多元路径与未来方向[J]. 中国人民大学学报, 35(5): 107-116.
[44] 迈克尔·舒德森, 2020. 新闻社会学[M]. 徐桂权, 译. 北京: 中国人民大学出版社.
[45] 南长森, 2010. 简论当前新闻传播学科教育的矛盾关系[J]. 现代传播: 中国传媒大学学报, (1): 133-136.

[46] 牛娜，2020. 突发公共事件中政务新媒体的传播特征与作用[J]. 新媒体研究，6（24）：11-13.

[47] 齐格蒙特·鲍曼，2003. 共同体[M]. 欧阳景根，译. 南京：江苏人民出版社.

[48] 沈鲁，乔羽，2023. 场域的逻辑：智能媒体时代信息传播的关系性重塑[J]. 现代出版（3）：96-103.

[49] 师曾志，仁增卓玛，季梵，2019. 沟通与对话 交往与实践：改革开放40年来公共传播发展[J]. 广西师范学院学报（哲学社会科学版），40（1）：6-17.

[50] 石永军，龚晶莹，2020. 论公共传播消解“共识困境”的结构性作用[J]. 现代传播（中国传媒大学学报），42（1）：58-61，77.

[51] 石长顺，石永军，2007. 论新兴媒体时代的公共传播[J]. 现代传播（中国传媒大学学报）（4）：12-14，77.

[52] 斯蒂芬·戈德史密斯，威廉·D. 埃格斯，2008. 网络化治理：公共部门的新形态[M]. 孙迎春，译. 北京：北京大学出版社.

[53] 孙柏瑛，2009. 我国公民有序参与：语境、分歧与共识[J]. 中国人民大学学报，23（1）：65-71.

[54] 孙柏瑛，李卓青，2008. 政策网络治理：公共治理的新途径[J]. 中国行政管理（5）：106-109.

[55] 孙海荣，周燕，2023. 智能升维与跨界融合：我国智能媒体研究述评与趋势展望[J]. 宁夏社会科学（3）：200-209.

[56] 谭天，张子俊，2017. 我国社交媒体的现状、发展与趋势[J]. 编辑之友（1）：20-25.

[57] 谭小荷，2019. 从 Platisher 到“平台型媒体”：一个概念的溯源与省思[J]. 新闻记者（4）：28-37.

[58] 陶东风，1999. 大众传播与新公共性的建构[J]. 粤海风（2）：22-24.

[59] 田新颖，2004. 运用社会资本的互惠原则及反思[J]. 湖北社会科学（3）：83-84.

[60] 王彩波，陈亮，2015. 中国特色国家治理现代化的核心要素及其表征：基于“价值多维性—主体层次性—方法复合性”的分析[J]. 江苏社会科学（4）：113-120.

[61] 王洛忠，崔露心，2020. 公民参与政策制定程度差异的影响因素与路径模式：基于31个案例的多值定性比较分析[J]. 南京大学学报（哲学·人文科学·社会科学版），57（6）：99-111，159-160.

[62] 王绍光，2006. 中国公共政策议程设置的模式[J]. 中国社会科学（5）：86-99，207.

[63] 王兴伦，2005. 多中心治理：一种新的公共管理理论[J]. 江苏行政学院学报（1）：96-100.

[64] 王莹，2020. 社会资本理论视角下应急管理多元参与面临的困境及其化解[J]. 党政干部学刊（1）：64-70.

[65] 邬焜，1996. 试论信息的质、特性和功能[J]. 安徽大学学报（1）：79-85.

[66] 吴飞，2012. 公共传播研究的社会价值与学术意义探析[J]. 南京社会科学（5）：102-111.

[67] 吴文静，2020. 基于新媒体时代刍议政府公共信息传播的管理创新[J]. 中国管理信息

化, 23(21): 156-157.
[68] 吴晓江, 2004. 芒福德的技术观:破除机器的神话[J]. 世界科学(1): 44-46.
[69] 谢琦, 陈亮, 2020. 网络化治理的叙事重构、中国适用性及理论拓展[J]. 行政论坛, 27(3): 34-40.
[70] 许德娅, 刘亭亭, 2021. 强势弱关系与熟络陌生人: 基于移动应用的社交研究[J]. 新闻大学(3): 49-61, 119.
[71] 叶大凤, 2006. 论公共政策执行过程中的公民参与[J]. 北京大学学报(哲学社会科学版)(S1): 64-69.
[72] 尹瑛, 2009. 从新闻常规视角看新闻偏见的产生:麦奎尔关于媒介文化生产研究的启示[J]. 新闻界(3): 46-48.
[73] 于尔根·哈贝马斯, 1999. 公共领域的结构转型[M]. 曹卫东,王晓珏,刘北城,等,译. 上海: 学林出版社.
[74] 于淑婧, 荆学民, 2022. 自媒体时代政治传播与协商民主的衔接进路[J]. 浙江学刊(3): 43-53.
[75] 喻发胜, 张振宇, 黄海燕, 2017. 从传播到"传联": 一个新概念提出的学理依据、现实背景与理论内涵[J]. 新闻大学(2): 63-72, 149.
[76] 约翰·杜威, 2015. 公众及其问题[M]//杜威全集　晚期著作(1925—1953):第二卷(1925—1927). 张奇峰, 王巧贞, 译. 上海: 华东师范大学出版社.
[77] 张康之, 2014. 公共行政的行动主义[M]. 南京: 江苏人民出版社.
[78] 张磊, 胡正荣, 2022. 重建公共传播体系: 媒体深度融合的关键理念与实践路径[J]. 中国编辑(1): 4-9.
[79] 张乾友, 2014. 公共行政的非正典化[M]. 北京: 中国社会科学出版社.
[80] 张鑫蕊, 张海涛, 李依霖, 等, 2022. 突发公共卫生事件信息协同关键要素识别研究[J]. 情报理论与实践, 45(3): 141-148.
[81] 张志安, 晏齐宏, 2016. 网络舆论的概念认知、分析层次与引导策略[J]. 新闻与传播研究, 23(5): 20-29, 126.
[82] 赵阵, 2015. 探寻技术的本质与进化逻辑:布莱恩·阿瑟技术思想研究[J]. 自然辩证法研究, 31(10): 46-50.
[83] 珍妮特·V. 登哈特, 罗伯特·B. 登哈特, 2004. 新公共服务: 服务而不是掌舵[M]. 丁煌,译. 北京: 中国人民大学出版社.
[84] 郑知邦, 张义祯, 2017. 社会资本与关系资本论析[J]. 中共福建省委党校学报(5): 93-99.
[85] 郑中玉, 何明升, 2004. "网络社会"的概念辨析[J]. 社会学研究(1): 13-21.
[86] 钟瑛, 李苏, 方晨, 2017. 新媒介环境中用户生产内容的价值及实现路径[J]. 西南民族大学学报(人文社科版),38(1): 163-168.
[87] 周红云, 2002. 社会资本理论述评[J]. 马克思主义与现实(5): 29-41.
[88] 周珣, 2019. 新时代媒介生态格局下政府公共传播的困境与对策[J]. 科技传播, 11(5): 42-43.

[89] 朱鸿军，苗伟山，孙萍，2019. 学科建制下的规范化：新中国新闻与传播学方法研究70年（1949—2019）[J]. 新闻与传播研究，26（10）：21-35，126-127.

[90] 朱江丽，2017. 新媒体推动公民参与社会治理：现状、问题与对策[J]. 中国行政管理（6）：49-53.

[91] BULL M，RHODES M，2007. Introduction-Italy：a contested polity[J]. West European politics，30（4）：657-669.

[92] BUSCO C，2009. Giddens' structuration theory and its implications for management accounting research[J]. Journal of management & governance（3）：249-260.

[93] CASTELLS M，2000. Toward a sociology of the network society[J]. Contemporary sociology，29（5）：693-699.

[94] EADDY L L，2023. Unearthing the facets of crisis history in crisis communication：a conceptual framework and introduction of the crisis history salience scale[J]. International journal of business communication，60（4）：1177-1196.

[95] GARDNER H，HATCH T，1989. Educational implications of the theory of multiple intelligences[J]. Educational researcher，18（8）：4-10.

[96] GIDDENS A，1996. Affluence，poverty and the idea of a post-scarcity society[J]. Development and change，27（2）：365-377.

[97] GOLDING P，MURDOCK G，1991. Culture，communications and political economy[J]. Mass media and society，2（1）：15-32.

[98] GRAHAM M W，2014. Government communication in the digital age：social media's effect on local government public relations[J]. Public relations inquiry，3（3）：361-376.

[99] HAMILTON L，MCCABE D，2016. "It's just a job"：understanding emotion work，de-animalization and the compartmentalization of organized animal slaughter[J]. Organization，23（3）：330-350.

[100] HUSU H，2013. Bourdieu and social movements：considering identity movements in terms of field，capital and habitus[J]. Social movement studies，12（3）：264-279.

[101] IHLEN Ø，GREGORY A，LUOMA-AHO V，et al，2019. Post-truth and public relations：special section introduction[J]. Public relations review，45（4）.

[102] KEAST R，MANDELL M P，BROWN K，et al，2004. Network structures：working differently and changing expectations[J]. Public administration review，64（3）：363-371.

[103] KELLNER D，2000. Habermas，the public sphere，and democracy：a critical intervention[J]. Perspectives on habermas，1（1）：259-288.

[104] KENIS P，PROVAN K G，2009. Towards an exogenous theory of public network performance[J]. Public administration，87（3）：440-456.

[105] KLIJN E，KOPPENJAN J，2000. Public management and policy networks：foundations of a network approach to governance[J]. Public management an international journal of research and theory，2（2）：135-158.

[106] KUHN T S，STERNFELD R，1970. Book and film reviews：revolutionary view of the

history of science: the structure of scientific revolutions[J]. The physics teacher, 8(2): 96-98.

[107] MATTHES J, KNOLL J, VON SIKORSKI C, 2018. The "spiral of silence" revisited: a meta-analysis on the relationship between perceptions of opinion support and political opinion expression[J]. Communication research, 45(1): 3-33.

[108] MCQUAIL D, 1987. Mass communication theory: an introduction[M]. 2nd ed. London: Sage Publications.

[109] MORGNER C, 2018. Trust and society: suggestions for further development of Niklas Luhmann's theory of trust[J]. Canadian review of sociology, 55(2): 232-256.

[110] O'TOOLE L J Jr, 1997. Treating networks seriously: practical and research- based agendas in public administration[J]. Public administration review, 57(1): 45-52.

[111] PIECZKA M, 2019. Looking back and going forward: the concept of the public in public relations theory[J]. Public relations inquiry, 8(3): 225-244.

[112] POST R, 2006. Democracy and equality[J]. The annals of the American academy of political and social science, 603(1): 24-36.

[113] RAWLS J, 1988. The priority of right and ideas of the good[J]. Philosophy & public affairs, 17(4): 251-276.

[114] REDFORD E, 1969. Democracy in the administrative state[M]. New York: Oxford University Press.

[115] SAILO A, 2018. Contesting the "territorial aggression thesis" in environmental psychology, ca. 1965–1980[J]. Journal of the history of the behavioral sciences, 54(3): 198-214.

[116] SPLICHAL S, 1999. Public opinion: developments and controversies in the twentieth century[M]. Washington, D.C.: Rowman & Littlefield.

[117] STAPPERS J G, 1983. Mass communication as public communication[J]. Journal of communication, 33(3): 141-145.

[118] STOKER G, 2006. Public value management: a new narrative for networked governance?[J]. The American review of public administration, 36(1): 41-57.

[119] TAYLOR C, 1998. The dynamics of democratic exclusion[J]. Journal of democracy, 9(4): 143-156.

[120] WITKIN H A, GOODENOUGH D R, 1977. Field dependence and interpersonal behavior[J]. Psychological bulletin, 84(4): 661-689.

[121] WITT U, 2002. How evolutionary is Schumpeter's theory of economic development?[J]. Industry and innovation, 9(1-2): 7-22.

[122] YUDARWATI G A, GREGORY A, 2022. Improving government communication and empowering rural communities: combining public relations and development communication approaches[J]. Public relations review, 48(3).